知识产权公平保护制度研究

全红霞 著

法律出版社
LAW PRESS · CHINA
——北 京——

图书在版编目(CIP)数据

知识产权公平保护制度研究 / 全红霞著. -- 北京 : 法律出版社, 2024
ISBN 978 -7 -5197 -9146 -9

Ⅰ. ①知… Ⅱ. ①全… Ⅲ. ①知识产权保护-研究-中国 Ⅳ. ①D923.404

中国国家版本馆 CIP 数据核字(2024)第 095967 号

知识产权公平保护制度研究
ZHISHI CHANQUAN GONGPING BAOHU ZHIDU YANJIU

全红霞 著

责任编辑 陈 慧
装帧设计 凌点工作室

出版发行 法律出版社
编辑统筹 法律教育出版分社
责任校对 王晓萍
责任印制 刘晓伟
经　　销 新华书店

开本 A5
印张 7.875　**字数** 188 千
版本 2024 年 6 月第 1 版
印次 2024 年 6 月第 1 次印刷
印刷 北京虎彩文化传播有限公司

地址:北京市丰台区莲花池西里 7 号(100073)
网址:www.lawpress.com.cn
投稿邮箱:info@lawpress.com.cn
举报盗版邮箱:jbwq@lawpress.com.cn
销售电话:010 -83938349
客服电话:010 -83938350
咨询电话:010 -63939796

书号:ISBN 978 -7 -5197 -9146 -9　**定价**:35.00 元
凡购买本社图书,如有印装错误,我社负责退换。电话:010 -83938349

前 言

知识产权法从某种意义上来说是一种公共政策的产物。国家决定赋予创新者著作权、专利权等，既是为了激励创新，也是为了促进科技进步和文化传播，改善社会经济文化面貌。政府在赋予创新者知识产权的同时，往往还设置一系列对知识产权专有权的限制规则以照顾公共利益，保持二者的平衡。知识产权法自产业革命后日渐兴盛，然而各国多采用单行法加以保护，编纂知识产权法典的国家也未设立知识产权法总则，而仅为单行法汇编。知识产权客体多样，法律属性难以统一，这或许是知识产权法缺乏总则的主要原因。知识产权与自然形成的传统有形财产权不同，前者仅需要法律加以确认，后者却必须以法律明确赋予才得以产生。公权力在知识产权的保护过程中作用巨大，影响深远。中国作为发展中国家，科学技术发展相对居于落后的地位，知识产权保护水平也较低。政府在知识产权制度设计中更多地倾向于保护公众利益，而忽视知识产权人的利益。知识产权人在维权过程中往往遭遇“举证难、周期长、成本高、赔偿低”等问题，使知识产权侵权现象难以得到有效遏制。有时即使创新者胜诉，赔偿额也较低，与侵权取得的收益难成正比。这对于创造者来说是不公平的，因为创造过程比常规劳动更为艰苦，前期研发投入的成本与后期获取收益回报的风险较高，而知识产权较有形财产权的保护期又较短，成果上市后难以通过有效的措施加以维护。

自2008年中国政府提出《国家知识产权战略纲要》以来，中国的知识产权保护取得长足进展。随着知识产权战略的深入实施，中国企业与事业机构的创新能力不断提高，我国企事业单位提升知识产权保护水平的愿望也日益迫切。政府顺应民情，及时提出健全以公平为原则的产权保护制度。2019年10月党的九届四中全会报告明确指出："我国应加快完善社会主义市场经济体制。建设高标准市场体系，完善公平竞争制度；……健全以公平为原则的产权保护制度，建立知识产权侵权惩罚性赔偿制度。"

公平的知识产权制度是公平的产权保护制度的重要组成部分。建立公平的知识产权制度，不能单单依赖对侵权的惩罚性赔偿，还须从整体上完善知识产权的侵权规制制度。首先，应根据知识产权的特点设置权利运行的基本规则，科学设置知识产权权能，在知识产权及公共利益间划定合理的权利限制界限。何谓公平的知识产权保护制度，并无统一的定论，不同国家的知识产权具体制度间存在较大的差异。知识产权制度是随着技术发展而逐渐拓展的产权保护制度，其公平价值在不同历史时期有着不同的表现形式。随着信息技术的发展，作品及商品（含专利产品）的销售与传播越来越依赖网络。网络平台等网络服务商凭借传播者优势地位，可以最大限度地垄断知识与信息。其次，各国纷纷调整知识产权制度，以保障知识产权创造者、传播者及使用者间的利益平衡。知识产权制度的公平价值，是通过权利保护与权利限制间不断地动态调整才得以实现的。发达国家由于生产力水平较高，知识产权的保护水平也相对较高。但是即使同为发达国家，其知识产权具体保护制度也千差万别，甚至连一些基本制度、基本原则、基础权能也存在较大的差异。各国应该结合本国所处的发展阶段制定适宜的知识产权保护制度，并且随着技术进步在基本原则和制度的指引下不断完善。

现今,不乏知识产权基础理论的著作,然而多浅析知识产权的共同属性。知识产权的主要客体即著作权、商标权、专利权的保护均以分述为主,缺乏统一的知识产权保护基本规则和基本制度,这严重防碍了对于知识产权的公平保护。知识产权法学本属私法,通常被视为民法学下的二级部门法学,然而知识产权法学不能简单套用民法的基本原理和制度,许多时候其有着自己独特的特色。这主要由于知识产权的客体具有非物质性,且主要客体通常蕴含创造性劳动在内。

另外,由于知识产权法学的发展与科技进步密切相关,产业发展不断演化生成的新的产业形态,激励创新与保障社会进步人民共享知识成果的利益平衡界限须合理划分并不断调整。特定技术背景下不同主体侵权认定及责任承担的具体规则,往往无法简单地沿用旧的技术环境下生成的既有规则,会不断激起新的争论。在产业发展由新兴至成熟的不同阶段,上述问题的判定标准和依据会发生变化。且不同国家法律传统和社会人文背景差异巨大,亦会对近似案情的判断产生重大影响。即使在一国之内对于主要知识产权客体的知识产权基础原理和基本制度也缺乏统一论述,导致在相关判例中适用的司法标准不一,这严重损害司法的公平与正义。

正是基于以上考虑,我萌生了写作此书的意愿,尝试结合知识产权主要客体的属性,总结知识产权基本原则和制度,在其指引下随技术发展不断完善侵权规制制度,以期实现对于知识产权公平保护的目的。

目　录

第一章　知识产权的创造性要素…………………………（1）
　第一节　知识产权的客体……………………………（1）
　第二节　智力劳动的独创性…………………………（5）

第二章　公平保护知识产权的原则……………………（20）
　第一节　创造传播共享知识的利益平衡原则………（20）
　第二节　知识产权的限制原则………………………（32）

第三章　知识产权权能的科学设置……………………（53）
　第一节　著作权的重构………………………………（53）
　第二节　专利与商标权权能的设置…………………（68）

第四章　知识产权侵权规制基本制度…………………（77）
　第一节　知识产权请求权的诉讼时效………………（77）
　第二节　知识产权的侵权行为………………………（85）
　第三节　知识产权侵权损害赔偿的归责原则………（118）

第五章 知识产权侵权责任的完善…………………………（153）
第一节 著作权侵权责任的完善…………………………（153）
第二节 我国与专利有关的刑事责任的完善……………（202）

参考文献…………………………………………………（223）

后 记……………………………………………………（243）

第一章　知识产权的创造性要素

第一节　知识产权的客体

一、知识产权与智力创造成果权

1970年生效的《建立世界知识产权组织公约》第2条第8项规定：在工业、科学、文学或艺术领域内，由于从事智力活动而产生的表现在知识创造物上的权利是知识产权。知识产权与有形财产所有权一样是一种绝对权，即权利主体在法律规定的范围内拥有排除他人干涉的权利。不过，知识产权与传统的产权（绝对物权）之间存在着巨大的差别，知识产权具有明显不同的特征。知识产权的客体是智力劳动成果，具有创造性。[1] 智力劳动成果，即运用人脑独具的思维创造能力所产生的结果。知识产权的客体虽同为智力成果，但各有特征。专利权的客体是公开的技术性智力成果。商标权的客体是承载由各种智力活动整合而成的企业综合品质的标识符号，是一种结构性智力成果。[2] 著作权中，智力创造的概念是《伯尔尼保护文学和艺术作品公约》（以下简称《伯尔尼公约》）中文学与艺术作品的

---

〔1〕 曲三强：《知识产权法原理》，中国检察出版社2004年版，第11页。

〔2〕 郑成思主编：《知识产权——应用法学与基本理论》，人民出版社2005年版，第155－157页。

隐含概念。[3] 我国2020年通过的《著作权法》第3条规定,本法所称的作品,是指文学、艺术和科学领域内具有独创性并能以一定形式表现的智力成果。2013年修订的《著作权法实施条例》第3条对"创作"作出了定义:创作是智力活动。知识产权中的智力创造性要素,从客体的角度来剖析包含三方面:首先,客体中包含智力劳动;其次,智力劳动满足独立性;最后,智力劳动体现创造性。满足这三点要求的独立作出的有创造性的智力劳动成果,一般都是知识产权保护的客体和对象。即使并不要求设计本身具有创造性的工商业标记,至少也要与相同或近似行业使用的标志存在可以识别的差别,且标志本身也凝结了商品生产经营服务过程中付出的智力劳动在内,是智力劳动的价值高度抽象显化后形成的印象标志。

二、知识产权智力劳动的来源

(一)现阶段智力劳动须含人的实质贡献

智力劳动并非无须动用智力即可从事的普通劳动。对于知识产权的智力创造性所要求的智力劳动有两种不同角度的理解:一种是从知识产权客体的视角观察,认为客体须包含智力劳动;另一种是从主体的视角出发,认为创造性的智力劳动须源自人。无论是作者权法体系,还是版权法体系,赋予客体著作权保护的前提都是一致的——要求智力创作源自人这一特定主体。作者权法体系原本不承认除自然人以外的任何法律主体为作者。早在1984年,美国在《版权实施第二次纲要》中就指出,作品必须有可追溯到的自然人才能获

[3] Paul Goldstein, Marketa Trimble, *International Intellectual Property*, Foundation Press, 2012, p. 204.

得版权保护。[4] 2018年猕猴自拍案中,美国法院将版权法意义上作品的创作主体限定为人类。[5] 动物的创作物不能享有版权,依此类推,人工智能生成的内容似乎也不属于作品。美国在人工智能机器学习创作方面强调,数字作品须有人类的贡献。[6] 美国版权局也重申,对于缺乏人类的创作干预而纯粹由机械自动运作产生的物品,版权局应当拒绝登记。我国司法实践中,法院强调作品需要嵌入人类的智力劳动才能获得著作权保护。完全由机器生成的外观符合作品的数据产品,难以纳入著作权客体。[7] 在菲林诉百度一案中,法院承认智能软件生成的分析报告具有一定的独创性,但是认为是威科先行库利用输入的关键词与算法、规则和模板结合创作了该文章。[8] 涉案文章不是自然人创作的,即使具有独创性,仍不是著作权法意义上的作品。不能认定威科先行库是作者并享有著作权。[9] 这种当前居于主流的观点的谬误在于:过于注重人工智能在作品创作中的作用,将人工智能视为创作主体。实际上,现阶段的人工智能尚不具备主体意识,无法成为真正的创作主体,人工智能生成内容的创作主体依旧是人类。目前仍处于弱人工智能阶段,人工智力并非自发生成内容,而是执行操作者的指令。人工智能尚属于辅助工具,

---

〔4〕 蔡曙山、薛小迪:《人工智能与人类智能——从认知科学五个层级的理论看人机大战》,载《北京大学学报(哲学社会科学版)》2016年第4期。

〔5〕 Naruto v. David John Slater, 2016 U.S. Dist. LEXIS 11041.

〔6〕 吴汉东:《人工智能生成作品的著作权法之问》,载《中外法学》2020年第3期。

〔7〕 李扬、李晓宇:《康德哲学视点下人工智能生成物的著作权问题探讨》,载《法学杂志》2018年第9期。

〔8〕 北京菲林律师事务所诉北京百度网讯科技有限公司侵害署名权、保护作品完整权、信息网络传播权纠纷案,北京互联网法院(2018)京0491民初239号民事判决书。

〔9〕 北京菲林律师事务所诉北京百度网讯科技有限公司侵害署名权、保护作品完整权、信息网络传播权纠纷案,北京知识产权法院(2019)京73民终2030号民事判决书。

智力劳动的来源主体仍是人，满足现有法律范式下赋予著作权的前提。我们可以认定人工智能生成内容为作品，赋予人工智能幕后的自然人或法人组织著作权主体地位。〔10〕

（二）未来智力劳动无须包含人的实质贡献

在元宇宙中，技术被视为人类脑神经的联结，人与技术的融合已经触及心智。〔11〕元宇宙网络中人机协同互通，科技使人的创作、生活不断向数字网络延伸，诞生出新型创作主体赛博人。赛博人的诞生冲击了人类创作中心主义，在一定程度上改变了人类独占主体地位的格局。赛博人体现了人类智能与机器智能的共生性。元宇宙中赛博人的创作，矫正了人类中心主义的认知偏差，构建了技术与人类的二元创作主体结构。虚拟数字产品创作的实质性贡献不仅来源于人，也来源于机器技术。在现行著作权法研究范式下，著作权法保护作品的前提为——作品中至少应含有人的实质性贡献。赛博人要想取得著作权，其所创作的虚拟数字产品至少应包含人的实质性贡献。未来人工智能将具有自我意识，能够主动创作。人工智能生成内容的质量未必高于人类作品，但是人工智能的创作效率高。如果依旧固守智力创造物须蕴含人的劳动才能获得知识产权保护的观点，将不利于推动人工智能产业健康发展和增加人类公共福祉。保护人工智能生成物并不是保护人工智能的权利，而是保护其背后投资者的利益。为了实现经济和社会效益的最大化，减少法律争议促进人工智能产业繁荣，我们应顺应时代发展，赋予人工智能背后的投资者、使用者相应的知识产权。这样才能激励在人工智能创造方面的投

〔10〕 李晓宇：《元宇宙下赛博人创作数字产品的可版权性》，载《知识产权》2022 年第 7 期。

〔11〕 郑智航：《人工智能算法的伦理危机与法律规制》，载《社会科学文摘》2021 年第 4 期。

资,进一步释放社会的创造潜力。[12] 反对赋予人工智能合成物著作权保护,仅同意以一般民事权利在反不正当竞争法中加以保护的观点,将使人工智能合成物面临保护期不确定、权利内容不清晰等问题,不如将人工智能合成物以著作权中的法人作品加以保护那样科学。

第二节 智力劳动的独创性

一、智力劳动的独立性

智力劳动成果要想取得知识产权保护,通常须满足独立性和创造性。独立性,即权利人必须独立完成有关创造或创作,不能通过剽窃或者抄袭及其他非法手段取得。智力劳动成果的独立性的表现形式有两种:一种是劳动成果是劳动者从无到有独立创造出来的。另一种是在已有创造物上再创造取得的,并且比之前的创造物有进步且明显不同。[13] 演绎改编他人作品须事先征求原作者同意,并支付报酬。很多仿冒作品都对原作进行了大幅度的改编,虽然借用了部分主干情节,但往往会变换时空场景和人物关系,对语言文字以相似表述替代。仿冒作品从形式上判定可能满足较低的创造标准,但是难以符合"独立创作"条件,因此版权的正当性不成立,会被判定为侵权剽窃。技术领域完全独立的创造行为,使技术方案可能满足专利法中的新颖性要求,即国内外之前没有公开发表或者使用过相同技

---

〔12〕 李胜利、武颖怡:《论人工智能生成内容的著作权保护——以两大体系为视角》,载《黑龙江工业学院学报(综合版)》2022 年第 7 期。

〔13〕 王迁:《知识产权法教程》,中国人民大学出版社 2021 年版,第 59 页。

术。技术领域的改进创新在研发阶段不需要征得原发明创造人的同意，但是如果改进专利覆盖基础专利全部必要技术特征，将改进专利投入生产及销售必须取得基础专利权人许可，否则构成侵权。商标权领域禁止假冒混淆，也是为了保护商标持有人的独立性劳动所产生的权益，防止他人"揩油沾光"。著作权领域中的独立创作并非指首创，而是指作品源于劳动者本人独立的创作。著作权领域比较特殊，承认各自独立完成雷同作品的巧合创作者可以分别享有完整的权利。依据最高人民法院通过《关于审理著作权民事纠纷案件适用法律若干问题的解释》(2020 年修正)第 15 条，不同作者就同一题材创作的作品，只要作品系独立完成且有创作性，作者就可以各自独立享有著作权。但是在专利领域，即使都是独立创造或设计的技术方案，如果在相同法域内已有在先主题被授权，则不可能再授权给第二个主体。商标权领域也相似，即使是独立设计的标志，如果在同一法域内类似行业已授予他人近似标志商标权的，不会再重复授权。反对赋予人工智能合成物著作权的一种理由是，人工智能的创作体现了一定的"非独立性"，人工智能的创作离不开基础数据材料的支撑，难以脱离基础作品的创作风格、模式的限定。[14] 但是这不应成为否定人工智能创作独立性的理由。试问哪个自然人的创作又能完全脱离对同类主题已发表作品的借鉴吸收转化呢？有时甚至是直接少量地引用原文。科学创作物尤其如此，其必须在原来的研究成果上继续深化发掘。在文学艺术等更偏向发挥主观想象力的作品领域，作品的要素和构成也不一定全然出自个体的原创。如《千手观音》舞蹈作品的素材取自敦煌壁画。因此，不能以吸收现有材料为由否认人工智能创造的独立性。

---

〔14〕 卢炳宏：《论人工智能创作物独创性判断标准之选择》，载《内蒙古社会科学》2020 年第 4 期。

二、智力劳动的创造性

在智力创造活动中，主体的创造力凝聚在客体中就形成了智力创造结果的创造性特征，其是主体具有的特殊的质在客体中的反映。[15]知识产权的权利客体中包含了人的智力劳动，还要求智力劳动达到一定的高度。这一高度要求突显了智力劳动较强的主观能动性和改进现实的特点。发明专利技术方案要求的创造性较高，要带来显著的技术进步和实质的功效突破，并且这些都能够在后续的推广与实施中得到检验和落实。行业内普通技术人员通过阅读专利文献难以实施并取得相应效果的，可以质疑并提出宣告专利无效的请求。对于商标本身没有智力创造性要求，但是商标的创造性越强，对商标权的保护水平就越高，商品或服务中蕴含的智力创造性劳动对提升品牌的价值具有重要的推动作用。与发明专利的创造性不同的是，作品的创造性因为通常与实用功能无关，只停留在高度抽象的主观领域。由于经验和学识的差异，个体对同样内容的作品的创造性高低有着迥异的判断。

（一）作品创造性标准模糊难以统一

独创性理论被认为是著作权法中最模糊、最具争议性的理论之一。不同法系国家对独创性的判定标准有所不同。基于独创性标准所具有的不确定性及模糊性，不仅难以对不同类型的作品统一制定法律规范进行预先指引，在司法中也无法适用精确的规则去判定。[16] 美国在1991年的Feist案中摒弃“额头出汗”标准，转而采用

---

〔15〕 金渝林：《论作品的独创性》，载《法学研究》1995年第4期。

〔16〕 李晓宇：《元宇宙下赛博人创作数字产品的可版权性》，载《知识产权》2022年第7期。

"最低限度创造性"标准。[17] 前者要求创作物只须满足收集整理或辛勤劳动的原则,就能被视为具有独创性。作者权法体系要求的作品的独创性标准较高。[18] 但是随着工业化的发展,德国、法国等国家将独创性司法标准逐渐降低。[19] 如德国的"小硬币"理论,法国的"零钱"理论。[20] "小硬币"这一词汇与德国1965年颁布的《著作权法》第2条第2款所规定的由于某种制作而生成的作品的创作相对应,将电话号码簿、菜单、数据库等也纳入著作权法的统一保护中。[21] 囿于不同体系与不同国家地区对作品独创性标准的判定要件有所差异,且这种差异难以调和,知识产权国际条约并未对独创性的定义作出明确规定。[22] 欧盟在起草《数据库保护指令》或《信息社会版权指令》时,也没有试图统一独创性标准。[23] 作品独创性是一个不具有确定含义的概念,几乎没有国家的著作权立法对独创性进行过明确规定,从而必须在司法实践中确定独创性的判断标准。作者权法体系与版权法体系就独创性的判断形成了不同标准。二者的作品独创性判断标准都在朝一致的方向调适,差异逐渐变小:既要契合新兴传媒产业的发展需求,又不能妨碍相关产业领域的公平竞争,

---

〔17〕 Feist Publications v. Rural Telephone Service, 499 U. S. 340(1991).

〔18〕 谢晴川:《论独创性判断标准"空洞化"问题的破解——以科技类图形作品为切入点》,载《学术论坛》2019年第5期。

〔19〕 Matthias Leistner, *Europe's Copyright Decade: Recent Case Law of the European Court of Justice and Policy Perspectives*, Common Market Law Review, Vol. 51, p. 559 - 565(2014).

〔20〕 Paul Goldstein, *Goldstein on Copyright*, Aspen Publishers, 2010, p. 162.

〔21〕 [德]M. 雷炳德:《著作权法》,张恩民译,法律出版社2005年版,第116页。

〔22〕 Daniel J. Gervais, *Feist Goes Global: A Comparative Analysis of the Notion of Originality in Copyright Law*, Journal of Copyright Society of the USA, Vol. 49, p. 949 - 970(2002).

〔23〕 European Commissoin, *Copyright and Related Rights in the Information Society - Green Paper*, COM(95)382 final, 1995, p. 27.

还要防止浪费及不必要的重复投入。[24] 版权法体系发展出了与作者权法体系的作者中心主义不同的判定路径——作品中心主义，即作者的个性化人格因素不再是作品独创性的必备要件，而将具有商业价值的财产因素作为判断可版权性的辅助依据，把没有人格性贡献的投资者视为作者。我国著作权法借鉴了版权法体系中去除人格因素、考察作品市场价值的路径，将软件、工程设计图等科技类作品也视为作品，并将法人与非法人组织等投资者纳入著作权人范畴。[25]

我国著作权的司法实践中形成了一种观点，认为独创性的标准是由作品的类型决定的，不同类型的作品不具横向可比较性。最高人民法院在乐高实用艺术品案中也持此观点，独创性是需要根据具体事实加以判断的，不存在适用于所有作品的统一标准。[26] 北京知识产权法院也认为：不同类型作品的独创性判断角度及高度不同，不具可比性。[27] 随着技术的发展，新型作品不断涌现。然而学界对于独创性标准不仅没有达成一致见解，反而产生了越来越多的分歧。那么是否意味着应结合作品类型拟定创造性认定的细分标准，其实不然。越是精细化的法律规则，越应进行深度广泛的合法性及合理性论证，从而调和各方主体的利益冲突，但同时也会提升法律规则的拟定成本和发生冲突的概率。[28] 行为法经济学的研究发现，追求绝

---

〔24〕 刘铁光：《作品独创性判定标准调适的准则及其遵守的路径——以体育赛事直播画面独创性的判定为例》，载《苏州大学学报（法学版）》2019 年第 4 期。

〔25〕 李晓宇：《元宇宙下赛博人创作数字产品的可版权性》，载《知识产权》2022 年第 7 期。

〔26〕 英特莱格公司诉乐高（天津）玩具有限公司、北京市复兴商业城著作权纠纷案，最高人民法院（2013）民申字第 1334 号裁定书。

〔27〕 央视国际网络有限公司诉暴风集团股份有限公司侵害著作权纠纷案，北京知识产权法院（2015）京知民终字第 1055 号民事判决书。

〔28〕 William N. Eskridge, Jr., *Politics without Romance: Implications of Public Choice Theory for Statutory Interpertation*, Virgina Law Review, Vol. 74, p. 275 – 338 (1988).

对精确的规则会导致无效率的结果。这不仅会产生高昂的规则制定成本,还会诱发不良的法律实施效果。采用模糊抽象的独创性标准,可缓和法律制度的确定性与飞速变换的现实的紧张关系。[29] 我国在立法上也并未明确独创性的含义,由法官在司法审判中具体把握独创性的认定规则。法官裁判时从著作权法的目的和精神出发,在把握独创性本质的基础上合理地调节独创性的外延,这样足以适应版权产业的发展。[30]

（二）应针对作品表达设置较低的创造性标准

1. 衡量创造性高低的标准不易掌握

任何文学、艺术、科学领域的智力创作物必须具备独创性,才可以获得著作权保护。对于作品中蕴含的创造性设置较高还是较低的认定标准,争论已久。有学者认为对于作品所需要的独创性,并非有无的问题,而是程度高低的问题。[31] 由于著作权法的立法目的在于追求文化的多样性,与专利法追求技术的先进性,商标法追求标识的识别力不同,因此,对创作性的程度不宜过严把握。作品具有一定程度的创作性即可。[32] 版权法体系国家认为作品的创造性高低不应由法官来评价。版权保护对待艺术作品一视同仁,不局限于优秀的艺术作品。在 Bleistein 案中法官指出,评估作品艺术价值的高低超

---

〔29〕 李晓宇:《元宇宙下赛博人创作数字产品的可版权性》,载《知识产权》2022 年第 7 期。

〔30〕 张玉龙:《论连续画面的独创性认定标准——兼论体育赛事画面的法律属性》,载《南京航空航天大学学报(社会科学版)》2022 年第 3 期。

〔31〕 王迁:《论体育赛事现场直播画面的著作权保护——兼评“凤凰网赛事转播案”》,载《法律科学(西北政法大学学报)》2016 年第 1 期。

〔32〕 李扬:《知识产权法基本原理Ⅱ——著作权法》(修订版),中国社会科学出版社 2013 年版,第 10－11 页。

出了法官和版权法的业务范围。[33] 作品艺术价值高低的判断带有较强的主观性色彩,用创造性的高低来衡量作品的艺术价值不够客观,法律标准应当是确定的、兜底的。[34] 在作品创造性的认定中,应当采用针对内容表达的较低创造性标准,该标准比较容易把握,也更利于保护创作者权益。对作品适用较高的创造性标准,基于作品外观的相似性和人的利益驱动性,判定侵权的比较成本会增加,识别效果会变差,不会产生太多的经济效益,反而会徒增制度运行和执行的成本,使著作权制度难以有效落实。[35] 作品中创造性高低的对比缺乏可靠的执行标准,不易掌握,容易导致相关领域的司法不公。

我国的独创性标准,糅合了作者权法体系与版权法体系的做法,不仅须判定独创性的有无,还须讨论独创性的高低。[36] 单纯以独创性高低的标准来划分作品和制品,将陷入标准混乱的尴尬境地。[37] 例如,实务界对体育赛事相关视频的法律属性认识不统一,其到底是电影类作品还是录像制品,各地法院的判决不一致。2020 年北京市高级人民法院在央视国际诉暴风影音一案的再审判决中,认定体育赛事视频的性质为电影类作品,而非录音录像制品。[38] 北京知识产权法院在原二审判决中认为:作品与录像制品的区别在于独创性程

---

〔33〕 Bleistein v. Donaldson Lithographing Co. , 188 U. S. 239(1903).

〔34〕 李胜利、武颖怡:《论人工智能生成内容的著作权保护——以两大体系为视角》,载《黑龙江工业学院学报(综合版)》2022 年第 7 期。

〔35〕 卢炳宏:《论人工智能创作物独创性判断标准之选择》,载《内蒙古社会科学》2020 年第 4 期。

〔36〕 卢海君:《著作权法语境中的“创作高度”批判》,载《社会科学》2017 年第 8 期。

〔37〕 张玉龙:《论连续画面的独创性认定标准——兼论体育赛事画面的法律属性》,载《南京航空航天大学学报(社会科学版)》2022 年第 3 期。

〔38〕 央视国际有限公司诉暴风股份有限公司侵害著作权纠纷案,北京市高级人民法院(2020)京民再字 127 号民事判决书。

度的高低，涉案体育赛事视频的独创性程度较低，是录音录像制品。[39] 体育赛事视频的独创性表达，可以从镜头的切换，画面的剪辑、编排以及画外解说等方面去分析。与单个摄像机拍摄的物体照片（摄影作品）相比，无疑由多台摄像机在不同机位摄制的体育赛事视频的画面更丰富，而且还添加了即兴创作的解说，因此将体育赛事视频看作电影类作品有一定道理。但是体育赛事视频的制作在主题选取方面是被动的，且拍摄手法也极其有限，因此将体育赛事视频认定为电影类作品又似乎不妥。如果采用较低的创造性标准，则不会产生这种认识分歧。显然体育赛事视频具有一定的创造性，可以将其视为作品。中国参考大陆法系的德国依据创造性高低分设著作权与邻接权制度，二者均属于广义的著作权领域。在维权时，权利人只能就一项权利提起诉讼。要么是狭义的著作权，要么是邻接权。如果当事人就著作权和邻接权的分割尺度与法官所持的标准不同，那么案件的结局就会南辕北辙。反不正当竞争法保护的民事权利带有模糊性，可以在一定程度上改变因著作权与邻接权分立造成的不公平结果，但是须以造成混淆或误认为前提。如果他人擅自利用别人的劳动成果，但是清楚地标明来源则无法适用这一补充保护。我国著作权法可以取消依创造性高低将著作权、邻接权并列分立的制度，而是像版权法体系国家一样，只要作品达到较低的创造性就给予相应的版权保护。这样可以降低因适用不易把握的创造性高低的标准导致同案异判现象发生的概率。

2. 汇编信息集合体宜在版权外保护

美国多年来采用“额头出汗理论”保护数据库或编辑作品。对于单纯的事实信息，如电话号码、地址等，只要是辛勤收集整理得到的

---

〔39〕 央视国际网络有限公司诉暴风集团股份有限公司侵害著作权纠纷案，北京知识产权法院（2015）京知民终字第1055号民事判决书。

成果，就可以获得著作权的保护。直至1991年的Feist案，美国才将“额头出汗”原则替换为最低创造性标准。原因在于“额头出汗”原则将版权保护延伸到了并非权利人创造的公共信息领域，妨碍了公平竞争。[40] Feist案确立的最低创造性标准，本来适用于汇编信息集合体的独创性认定，主要是从内容的选择和编排上判断，并非直接针对作品的内容。然而，Feist案确立的最低独创性原则带有高度的不确定性。对于编辑作品，其内容编排的独创性较易考查，但是回避常见的编排顺序也极为容易。材料的选择怎样才具有独创性，实践中难以掌握。著作权法最终想要保护的是内容，但是当手段有限时，只能通过保护独创性表达的方式来保护内容。汇编作品适用的最低独创性标准，如今却被泛化为所有版权客体的创造性认定依据，将汇编这一选择行为本身的独创性作为保护对象就已经背离了著作权法的基本原理。著作权法应保护内容的独创性表现形式，而非对内容的选择和编排。范围比汇编作品更大的数据库应当通过反不正当竞争法进行保护，而不是通过著作权法进行保护。[41] 适用最低创造性标准的后果，可能与“额头出汗”原则一样将版权保护延伸到了不具创造性的事实信息领域。这违背了作品应是创造性智力劳动成果的要求，也与著作权制度激励创作的宗旨不符。

由于内容选择的创造性很难把握，实际操作中很容易混淆汇编作品与不具创造性的仅有最低限度劳动投入的制作物。美国法院依据最低创造性标准确认电话号码簿（含地址）达不到所要求的至少有一点点创作的标准，不能将其视为作品。而德国的判例则正好相反，由许多地址汇编成的地址簿可以成为汇编作品。[42] “小硬币”标准

---

〔40〕 Feist Publications v. Rural Telephone Service, 499 U. S. 340(1991).

〔41〕 李扬：《知识产权法总论》，中国人民大学出版社2008年版，第46-47页。

〔42〕 ［德］M. 雷炳德：《著作权法》，张恩民译，法律出版社2005年版，第167页。

不应成为让汇编劳动成果获得较高保护的理由。针对内容表达的较低创造性标准应当坚守,这样著作权法才不至于被降格为仅用来反对剽窃的工具。另外设置特别权益来保护汇编的劳动成果或许更公平,因为反不正当竞争法的保护没有期限限制,可能使数据库的建构者一劳永逸地占有公有信息从而获利。由于汇编劳动成果没有创造新的内容,不宜过久地进行保护,应将期限统一限定为创作或公开后10年以上30年以下。对于电子数据库,如果保护期后仍有利用价值需要维护,可向用户收取使用费。欧盟于1996年通过了《数据库保护指令》,利用版权保护具有独创性的数据库,同时为不具有独创性的数据库创设了特别权利。数据库特别权利的保护期限为15年。欧盟数据库特别权利的设置并不意味着将传播者权利的保护范围引向公共的事实和数据,而是旨在照顾投资。[43] 15年的保护期自公开后次年的1月1日起算;如果数据库搭建完成后没有向公众公开,那么15年的保护期自完成后次年的1月1日开始计算。考虑到数据库不断更新的特点,该指令第10条还针对保护期作出了特别规定。对于数据内容的任何实质性更新,包括增删或者修改,只要构成了数据库的新贡献,就可以对更新部分重新计算保护期。

3. 应采用以作品为中心的客观创造性标准

创造性标准是抽象的法律原则,属于法官自由裁量的范畴。学界存在两种不同价值取向的判定标准:主观和客观标准。二者判断的逻辑也截然不同。对待同样的客体,选取不同的标准则会得出不同的结论。作者权法体系奉行主观的创造性标准,主张以作者为中心进行判定。版权法体系则奉行创造性的客观判断标准,以读者的

〔43〕 李明德、闫文军、黄晖、郃中林:《欧盟知识产权法》,法律出版社2010年版,第175－200页。

视角围绕作品本身去判断，更加侧重从作品的外在表现形式上判定是否具有创造性。[44] 18 世纪自然法哲学在欧洲兴起，在法国著作权被视为天赋的自然权利，逐步演化出以作者为中心的作者权体系。[45] 作者中心主义将作品视为创作者人格与精神之延伸。保护作品的正当性源于创作者个性化的智力创作。[46] 因此，在作者中心主义的创造性判定过程中，作者的个性、创作意图等被视为必须考量的要素。作品中心主义肇始于西方的结构主义哲学思潮，结构主义批判作者中心论，反对文学只是作者意志的反映，认为读者应通过自身的体验来理解语言的内涵。[47] 作品中心主义则奉行版权法体系实用主义的价值观，抛开作者的个性意图，将读者对作品的解读和作品的经济价值视为创造性的判定依据，能够提升作品的经济价值与社会福祉因而被视为保护作品的哲学正当性基础。[48] 作者中心主义与作品中心主义在人工智能合成物是否属于作品的问题上态度迥异。作品中心主义认为，人工智能生成之内容，只要不是对现存作品的复制，从外观上看与人类作品无异，便构成受版权法保护的作品。[49] 作者中心主义认为，人工智能输出的内容只是机械地运用算

---

〔44〕 卢炳宏：《论人工智能创作物独创性判断标准之选择》，载《内蒙古社会科学》2020 年第 4 期。

〔45〕 Ginsbrug, Jane C., *A Tale of Two Copyrights: Literary Property in Revolutionary France and America*, 64 Tulane Law Review 991(1990).

〔46〕 Burkitt, Daniel, *Copyrighting Culture – the History and Cultural Specificity of the Western Model of Copyright*, Intellectual Property Quarterly, 2001.

〔47〕 张庆熊：《语言与结构主义方法论：从索绪尔出发的考察》，载《社会科学》2020 年第 5 期。

〔48〕 李晓宇：《元宇宙下赛博人创作数字产品的可版权性》，载《知识产权》2022 年第 7 期。

〔49〕 杨利华：《人工智能生成物著作权问题探究》，载《现代法学》2021 年第 4 期；吴汉东：《人工智能生成作品的著作权法之问》，载《中外法学》2020 年第 3 期。

法和程序的结果，未体现个体的创造性，不构成作品。[50] 作品是否源自人的独立创作是权利来源和归属问题，作品表达是否具有创造性是客体属性的问题，创造性主观标准将人的创作规定为创造性的内涵进行判断，混淆了权利归属与权利客体的属性，破坏了法律逻辑。[51] 这显示出创造性的主观标准不够科学的弊端。创造性的主观标准坚持作品必须体现人的独特个性，基于主体不适格否认人工智能创作物的可版权性，这一价值倾向与著作权法的根本目的相冲突。著作权法鼓励创作的终极目标是满足公众的精神文化需求，促进文化产业多样性发展。创造性的客观标准则以普通读者为主体，考虑作品能否给他们带来审美或者其他精神感受、社会价值，以此决定是否给予版权。客观标准从作品的社会价值及公众福祉角度去评判创造性，更加契合著作权制度的宗旨和促进产业发展的公共政策目的。[52]

（三）知识产权创造性要求的调整

1. 著作权创造性要求放宽下调

如前所述，衡量作品创造性高低的标准不易掌握，因此对于著作权的授权应当采用较低的客观创造性标准为宜，这样不易造成太大的司法分歧。随着数字与信息技术的普及，人类已进入信息时代，对于各类信息的利用需求持续升温，投资信息服务业的技术服务商的

---

〔50〕 冯晓青、潘柏华：《人工智能“创作”认定及其财产权益保护研究——兼评“首例人工智能生成内容著作权侵权案”》，载《西北大学学报（哲学社会科学版）》2020 年第 2 期；王迁：《论人工智能生成的内容在著作权法中的定性》，载《法律科学（西北政法大学学报）》2017 年第 5 期。

〔51〕 乔丽春：《“独立创作”作为“独创性”内涵的证伪》，载《知识产权》2011 年第 7 期。

〔52〕 卢炳宏：《论人工智能创作物独创性判断标准之选择》，载《内蒙古社会科学》2020 年第 4 期。

利益急待保护。人们为了扩大著作权的保护范围而不断地降低对作品创造性的要求。[53] 数据库作为方便搜索利用的信息新形式，只要满足选择或编排上具有创造性的标准，就可以被视为汇编作品。汇编作品采用这一标准，本身就是著作权创造性标准下调的表现。选择汇编后的作品或作品片段、信息集合体，本身并没有创作任何崭新的内容，其贡献只体现在推广和促进作品、信息的传播利用。对于大量投资促进歌曲、影视与综艺等作品传播的唱片公司及电台电视台来说，其投资需要回馈，但是他们付出的劳动要么仅具较低的创造性，要么纯粹是技术性劳动，无法满足狭义著作权的创造性要求。为了保护这些作品传播者的利益，创造性标准向下调整，应以低创造性甚至无创造性为特征，为相关传播者提供广义的著作权的保护——设置邻接权或称传播者权。在狭义的著作权保护中仍然应坚持创造性标准，而在作品传播者权的保护上应引入传播贡献标准，包括资金、技术、人力、智力投入等。广义著作权保护中实行双重创造性标准，有利于保护作品传播者的劳动，消弥作品权益纷争的混乱局面。[54]

2. 专利的创造性要求逐步提高

(1)提高实用新型专利的创造性的审核要求。专利技术对于促进工业经济发展具有重要的推动作用，随着企业发明创造技术水平的提高，中国对于发明创造授予专利权的创造性要求也逐步升高。如发明专利的授权标准，由原来较容易达到的相对创造性标准，提高到较难达到的绝对创造性标准，将一些先行在国外公开使用过的技术排除在专利申请之外。多数发达国家专利法中仅保护创造性较强

---

〔53〕 韦之：《著作权法原理》，北京大学出版社1998年版，第35页。

〔54〕 骆电：《传统著作权法上创造性要求面临的挑战与回应》，载《法律适用》2010年第5期。

的发明，对于创造性较低的实用新型另外单独立法保护。我国专利法将发明、实用新型与外观设计一体保护，实用新型的创造性较低，且审查程序较宽松，仅采用形式审查，因此我国专利整体的质量与水平不高，其中被宣告无效的概率最高的专利就是实用新型。以2001年至2010年十年间的数据来看，被宣告无效的实用新型的数量约占被宣告无效的专利总量的40%，高于发明与外观设计所占的比例。[55] 随着国家创新驱动发展战略的实施与中国企业专利研发能力的提高，我国应不断提高专利的授权标准。应改革实用新型的专利授权程序，加强对其内部蕴含的创造性要素的审查。我国可以参考韩国的审查程序，要求申请人在申请实用新型专利时须提供专利检索报告，以初步证明实用新型的可专利性，防止鱼目混珠、滥竽充数等现象发生。那些将旧技术改头换面蒙混过关授予的专利，不仅不能促进工业效率的提升和经济发展，相反会阻碍企业的技术进步，损害公众的相关利益。与其事后再费时费力地将它们宣告无效，不如一开始提高专利的授权标准和要求，严格把控创造性要求，这样将大大减轻正当经营的企业的负累。

（2）取消具有实用功能作品的知识产权双重保护。可以适用双重保护的知识产权客体，一方面可能具有实用功能，可以申请获得排他性较强的专利权保护；另一方面，内容表达可能满足形式上的独创性要求，可以获得著作权保护。如具有实用功能的计算机软件。在没有多少实质性功能改进的前提下，这类作品可以通过单纯地变换表达形式来延长著作权保护期。这样一来，知识产权法就变成了阻碍技术创新、维持垄断性权利的利器，和不断剥削普通消费者的工具，并且让竞争企业长期处于不利的竞争局面，提高了在此基础上研

---

〔55〕 邓洁、崔利刚：《中国发明专利无效行为及专利权稳定性研究》，科学出版社2018年版，第29页。

发新技术的成本。如微软的办公软件正是如此，Word文档多年来并未增添多少实际功能，可实现多人共同操作是其为数不多的新增功能。软件文本的变化主要是为了弥补系统漏洞，与新的其他程序兼融。但是其通过不断变换界面与文本表达形式从而延长著作权保护期，让消费者支付高昂的代价获取该应用软件，既不公平也不合理。我国应取消对于具有实用功能作品的双重保护，采用单一的知识产权保护。对于实用功能较强、美感较低的作品，只能采用专利权保护，防止其利用著作权保护的缺陷稍微变换形式即可获得无限期延长保护，造成妨碍技术进步的结果。对于这类作品新增加的实用功能部分，可以授予专利权予以保护，但是对于原先已过专利保护期的功能则不再持续保护，也不能用变换形式的方式延长著作权保护期。这样才能不断激励创新，促进知识技能的传播共享。对于美感突出的实用功能产品，权利人可以在著作权或专利权中选择一种加以保护。如不申请专利，直接上市销售，这类产品自动获得著作权保护。

第二章　公平保护知识产权的原则

第一节　创造传播共享知识的利益平衡原则

一、激励创造又重视传播实现社会利益最大化

知识产权制度的设计应遵循效益原则，立法者在设计财产权利时应以社会福利的最大化为目标。在知识产权领域贯彻这一目标，要求立法者在以排他性权利激励发明与艺术作品创造的同时，对以权利限制公众享用其创造物的倾向予以控制，力求在二者之间实现最佳平衡。[1] 利益平衡原则是知识产权法律制度的基本精神，包括版权在内的知识产权制度保护相关权利仅是实现制度最终目标的手段。版权法的立法目的是实现版权利益分配的平衡，包括在创作者与传播者间、版权权利人与公众间的平衡。设置知识产权制度的目的，并非单一地保护创造者的利益，而是以激励创新为基础，推广知识文化有效传播和共享，实现社会福利的递增。根据世界贸易组织《与贸易有关的知识产权协议》第 7 条规定，知识产权的保护与权利行使，目的在于促进技术的革新、技术的转让与技术的传播，以及以

---

〔1〕［美］威廉・费歇尔：《知识产权的理论》，黄海峰译，载刘春田主编：《中国知识产权评论》（第 1 卷），商务印书馆 2002 年版，第 2 页。

有利于社会及经济福利的方式去促进技术知识的生产者与使用者互利。在平衡知识产权人的个人利益与社会公共利益的过程中，知识产品的生产与促进知识产品的传播和利用之间的平衡是关键性内容。知识产权法只有在对利益平衡目标的不断追求中，才能实现对社会资源最合理的配置，从而做到既充分激励知识产权人从事知识创造，又保障公众对知识产品的获得与利用。合理的利益平衡点的确定，取决于利益主体对利益的估价、选择以及价值取向。知识产权法赋予知识产权人对知识的专有权利，其下限必须能够激发人们创造知识的热情，其上限则不能妨害社会公共利益，不能阻碍社会公众对知识产品的合理需求。〔2〕

（一）版权非集合创作领域的利益向创造者适当倾斜

无论是传统版权规则还是仍在摸索阶段的网络版权规则，均应承袭利益平衡原则，不仅要激励创作还要推动知识文化传播，重视信息共享，最终实现人类文化利益的最大化。数字版权保护的核心议题是平衡信息生产者、包括信息平台在内的信息传播者和信息使用者三方间的利益关系。〔3〕 版权利益平衡机制的设计，在满足实际掌控版权的单位经济可持续发展的要求下，应基于公平原则更关注弱势直接创作者的利益，而非衍生权利人即商业投资者的利益，最终实现权利人、使用者、社会公众的版权集合利益最大化。〔4〕 这源于作品创作与技术发明的不同。除一些需要大量投资和群体集合创作的作品，如影视作品、软件外，文字、绘画、音乐等作品的创作更多地依

---

〔2〕 时建中：《著作权版权内在利益平衡机制与反垄断法的介入——美国录音制品数字表演权制度的启示》，载《法学杂志》2018 年第 2 期。

〔3〕 谢新洲、朱垚颖：《信息资源管理视角下的欧盟数字版权保护研究》，载《信息资源管理学报》2020 年第 6 期。

〔4〕 郑鲁英：《区块链技术冲击下版权集体管理的发展之路》，载《集美大学学报（哲学社会科学版）》2020 年第 1 期。

赖个人的独创性劳动,而技术的发明则更多需要单位的物质技术支持和团队长期的科研实验。因此在权益分配时,应适度向独立创作的作者倾斜。对于职务作品各国规定的版权归属不同,如果单位已经具有版权人身份,则无须再给予其特殊的照顾。现代信息技术日新月异,大量作品可以集中在大型的网络平台迅速扩散,单个作品传播的成本被分摊下降,相应地,创作者享有的利润应当增加。但是由于资金实力不平等,信息不对称且个人创作者较为分散,缺乏话语权,作品利润的分配并未向真实的创作者倾斜,而是由资本或技术、版权资源相对集中的传播者掌控。这种利益分配的不公,在不同行业、不同时期呈现不同的特点。在音乐作品的录音制作与传播领域,音乐平台为垄断资源而承担高昂的许可费成本,然而音乐的词曲版权人并未得到应有的利益回报,这是因为许可费在版权上游的权利人间分配不平衡,导致多数版权费用流入唱片公司手中,词曲版权人收益甚少,客观上不利于激励音乐创作。[5] 从美国版税委员会公布的《录音制品使用音乐作品的版税和条款》的规定来看,词曲版权版税税率在2018年占收入的比重约为11.8%或内容总成本的22.0%,未来几年预计保持稳中有升的态势,2022年预计上升至15.1%或内容总成本的26.2%。[6] 词曲作品版税占录音制品总版税支出的比例明显攀升,体现了版权保护中着重加强对于直接的创造性劳动者利益进行保护的趋势。

(二)限制无对价版权的强制转让

信息技术发达使得新兴传播者即网络服务商控制作品传播的能

---

[5] 郑淑凤、沈小白:《版权保护后时代互联网音乐平台营利问题的分析与对策——数字版权许可模式改进与新商业模式之探索》,载《科技与法律》2017年第6期。

[6] *Copyright Royalty Board News*, Content Govdelivery (Jan. 29, 2018), https://content.govdelivery.com/accounts/USLOC/bulletins/1d6a528.

力增强,版权产业上下游之间相互勾连,可以垄断作品传播乃至掌控版权利益分配的局面前所未有。网络版权的交易不能完全依合同自治原则建立,传播者的强势地位可能导致版权交易的实质不公平。我国版权法未对地位不平等引发的版权交易实质不公平的问题进行系统规制,这也是我国数字版权领域垄断现象频发的主要原因。这导致在版权合同缔结和履行阶段,创作者与传播者之间,以及传播者与使用者之间的利益可能失衡,传播者要求作者转让未来作品版权和版权转让后限制作者再创作的情况时常出现。〔7〕一般作品多由单个的劳动者独立创作,他们相对于资金技术密集且实力雄厚的大型出版社与网络平台来说处于劣势。信息时代网络日益普及,除了一些线下体验与线上体验差距较大的作品仍采用传统的传播主渠道外,现在许多作品主要通过网络进行传播,如音乐小说。平台往往集资金、技术、作品数量、用户集中等优势,成为超级传播者和版权集中方。有的平台还向作者提供作品推广服务,作者对推广服务有相当的依赖性。因此平台往往较为强势,可能强迫作者一次性签署全版权转让协议,从而占据向下游开发产品的主动权。2020 年 5 月 5 日“断更节”事件爆发,集中体现了势单力孤的作者与网络平台地位的不平等。阅文集团下属网站的网络文学签约作者宣布集体断更,不再更新作品,以抗议阅文集团强行与作者签署的不平等合约。该合约内容为:作者创作的书,直到作者死后 50 年,其版权都归阅文所有。作者和阅文不再是合作关系,作者是受阅文委托创作的,因此著作权属于阅文。作品在全球范围内的传播权、改编权、复制权、翻译权等著作权财产权利被独家授权予阅文,允许阅文自行使用或者进行上述权利的分/转授权以及商业推广、销售并签订相关协议。作者

〔7〕 熊琦:《著作权合同实质公平规则形塑》,载《法学》2020 年第 6 期。

虽受阅文“聘请”，但双方并非劳动关系或雇佣关系，作者不享受阅文集团福利，没有工资以及所谓的五险一金。合同签订后，作者能得到的是，扣除运营成本后，读者付费后“净利润”的分成。[8] 签约作品除署名权之外的全部权利被强迫独家授权给平台，直至作品财产权的最终保护期限。这使本应平等的创作—传播合作关系，变为“雇佣”关系，平台享有作者劳动成果且无须支付员工社会保险金。平台享有的权利包括作品的电子版权，纸质图书出版发行权，翻译权，表演权，作品改编权，文具、玩具等周边衍生品开发权，VR 体验、主题公园等基于作品角色和其他内容要素的各种商品化开发权，及上述权利的分/转授权。全版权运作方式残酷地剥夺了作者对作品在网络平台发表后的各项衍生权益。即使平台承诺给予作者版权费，其也按极低的标准支付，导致作者为了获得较高版税，动辄创作上千万字的作品。机械且苛刻的码字收入计算办法，让网络文学作品的质量下降，水分越来越多。全版权强制转让合同，是平台滥用优势地位剥夺创作者合法权益的格式合同，其合法性令人质疑。带有社交性质的开放性平台用户自动上传的内容，其原始版权往往归用户，但平台通过版权协议可免费取得多项版权权能的授权，通常包含复制、翻译、改编、汇编、出版等常见的版权权益。抖音、微信公众平台、新浪微博等 15 家网络平台的用户协议明确了用户内容的版权归用户或原版权人所有。对比用户协议后发现，网络平台不仅获得了不同类型的版权授权，部分平台还获得了再授权的权利，有些平台获得的再授权许可甚至无须单独获取用户同意。平台对授权范围与授权期限往往进行了最大化的表述，如约定授权范围为“全世界”等，授权期限为“永久”。在各大网络平台的版权协议中，均未对“支付报酬”作出

---

〔8〕 陈霄、孟伟：《“5·5 断更”事件：阅文新约引发网络作者大抗议》，载《法治周末报》2020 年 5 月 5 日，第 1 版。

约定。普通用户由于影响力有限,很少向互联网平台索取内容版权权益。专业化的媒体机构虽曾与网络平台发生过版权纠纷,但在信息日益借助网络平台提供且网络传媒强势崛起的背景下,也普遍接受了传统媒体与网络媒体融合发展的模式。网络平台与用户在版权的权责划分上失衡,网络平台通过版权协议合法获取了用户内容的版权授权,并且排除了用户分享收益的可能;版权协议对侵权责任的划分以及通知删除机制,规避了网络平台保护版权的义务与责任。[9] 为了防止网络版权交易的不公平和对市场的垄断,应确立普遍的网络版权交易限制规则:禁止签署一次性全版权转让协议;传播者未给付作者相应收益的,或未约定网络环境下利用作品的收益分配办法的,版权转让或许可合同中不能涵盖作品的数字化复制、演绎和网络传播等权利。网络版权交易须签署合同,应明确列举转让或许可的财产权权利类型,并分别注明使用权利的目的和范围,使用期限和版税标准等。

二、随技术发展协调知识产权各方的权利义务

信息技术发展使得作品可以被低成本无限复制与迅速传播,极易对版权人造成伤害。另外,网络产业发展急须海量作品来支持,传统的版权授权机制运作成本高,可能妨害数字经济的健康发展。在网络环境中,保护版权与促进网络版权产业发展、让信息社会的福利更多地造福人类等目标之间存在一定的冲突和矛盾。这些矛盾并非不可调和,我们可运用技术手段适当调整知识产权的权益分配规则,从而使二者兼容并蓄。传统版权保护规则不能照搬适用于网络环境,数字版权主体与使用者的权利与义务规范及相关程序仍在探索

〔9〕 郭晶、崔家勇:《网络平台版权协议权责失衡与再平衡》,载《中国出版》2021年第12期。

调整阶段。创作者与传统的传播者、新型的网络传播者、作品使用者之间，应当结合区域的法治文化建立起新型的利益平衡机制，促使网络文化产业的相关主体和协共生，这是知识产权法律保护的当务之急。版权规则随着技术进步与时代发展须不停地变换，无论是传统版权规则还是仍在摸索阶段的数字版权规则，均应承袭利益平衡的原则，不仅要激励创作还要推动知识文化传播，重视信息共享，最终实现人类文化利益的最大化。欧美较早探索了数字版权规则。欧盟于1995年开始关注数字版权，发布了《关于信息社会版权和邻接权的绿皮书》。欧洲议会和理事会于2000年发布了《电子商务指令》，强调为网络信息服务商提供安全港保护。如果网络信息服务商的行为是技术、被动、中立的，则可以免除任何形式的责任。数字复制与网络传播技术的发展，使内容创造者对自己产出的内容的把控度大大降低，网络平台使用数字内容的权利义务规范并不清晰，传统信息生产者保护自身的利益越来越难。因此需要在保障信息自由和传输自由的前提下，更加重视传统信息生产者的利益，寻求新的利益平衡保护框架。2019年欧盟正式发布《单一数字市场的版权指令》。数字版权指令的发布，显示出欧盟数字版权保护中加重信息平台版权义务、明确传统信息生产者权利、平衡不同体量互联网平台、增加版权例外规则的变化趋势。在欧盟数字版权保护规则的变革中，平衡是贯穿其中的指导思想。欧盟初期的数字版权保护模式为倾向于网络平台的安全港模式，后来以“链接税”等形式在一定程度上保障了信息生产者的利益。[10] 欧盟数字版权保护由过度照顾网络平台，转向也关注创造者与传统传播者的利益，寻求多方利益的平衡。

---

〔10〕 谢新洲、朱垚颖：《信息资源管理视角下的欧盟数字版权保护研究》，载《信息资源管理学报》2020年第6期。

（一）网络平台增加版权过滤义务

版权法的调整对象与调整方式随技术进步发展变化，因此立法具有滞后性。在新技术应用模式与规则尚未定型时，不能急于调整版权规则，只能通过合同自治构建规则。待技术与商业模式较完备时，数字版权的规则才应结合新的传播环境和技术条件及时调整，否则可能造成相关方权利与义务的失衡。2019年欧盟颁布的《单一数字市场的版权指令》给互联网巨头的商业模式带来了巨大挑战。欧盟的数字版权指令中的版权过滤机制及利益分享模式，加强了网络平台、版权人、用户之间的利益均衡。当用户擅自上传违法内容时，网络传播者最初只依据源于美国1998年《数字千年版权法》的"避风港原则"，[11]负担通知删除义务，无须承担其他责任。2000年欧盟《电子商务指令》第14条第1款规定了避风港原则：如果服务提供商不知道存储内容不合法且在被通知（告知和删除要求）后立即删除了有问题的内容，则不对存储的内容承担责任。这项规定被学者们称为网络平台的"平衡责任模式"，也被称为欧盟的"避风港"模式。[12]基于这一原则，互联网平台出现内容问题后主要采用删除、屏蔽、断开链接等事后措施来避开责任，这对于早期互联网的繁荣发展起到了良好的推动效果。通知移除规则诞生于静态网络时代，难以适应当前网络内容产业的发展需要。通知移除机制已成为互联网巨头规避侵权责任、独享经济收益的"保护伞"，创作者、版权人、网络平台及内容用户之间的权责亟待再平衡。[13] 随着网络服务商甄别处理信

---

〔11〕 U. S. Copyright Office Summary. The Digital Millennium Copyright Right of 1998.

〔12〕 彭桂兵、陈煜帆：《取道竞争法：我国新闻聚合平台的规制路径——欧盟〈数字版权指令〉争议条款的启示》，载《新闻与传播研究》2019年第4期。

〔13〕 郭晶、崔家勇：《网络平台版权协议权责失衡与再平衡》，载《中国出版》2021年第12期。

息能力的不断提升，其注意义务标准也需适度提高。〔14〕“通知—删除”规则在当前的网络环境中已稍显滞后，网络服务提供者应当建立起“版权内容过滤机制”，自动识别和阻止用户的版权侵权行为。为网络用户提供内容存储和发布服务的提供商是最适宜采用版权内容过滤措施的机构。〔15〕2016 年欧盟《单一数字市场的版权指令(草案)》第 13 条规定，要求提供内容储存和访问技术的网络服务提供者与权利人开展合作，以“有效的内容识别技术”这一充分的措施来保障权利人的作品不被随意获取。〔16〕2019 年 3 月，欧盟议会通过了备受争议的《单一数字市场的版权指令》。该指令的第 15 条与第 17 条重新确立了网络巨头的版权责任，指出其应通过“链接税”的方式与创作者共享收益，同时应承担版权侵权的审查责任。〔17〕《单一数字市场的版权指令》中关于网络平台审查义务的条款，体现了对网络平台的严苛要求，因此欧盟社会把该条款称为“过滤器”条款。〔18〕欧盟于 2019 年通过的《单一数字市场的版权指令》不再采用“通知—删除”这一事后规避措施，而是明确指出网络服务提供商负有版权过滤义务，平台必须获得版权人的许可才能将内容上传给不具备版权相关权利的用户。该指令的第 17 条指出，在线内容共享服务提供商应

---

〔14〕 田小军:《欧盟版权法数字化改革带来哪些启示》，载《中国新闻出版广电报》2018 年 7 月 26 日，第 5 版。

〔15〕 崔国斌:《论网络服务商版权内容过滤义务》，载《中国法学》2017 年第 2 期。

〔16〕 European Commission, Proposal for a Directive of the European Parliament and of the Council on copyright in the Digital Single Market.

〔17〕 The European Parliament and the Council of the European Union. Directive (EU) 2019/790 of the European Parliament and of the Council of 17 April 2019 on Copyright and Related Rights in the Digital Single Market and Amending Directives.

〔18〕 Michael Staines, *The European Parliament Has Passed Controversial New Copyright Laws that Critics Have Warned Could Threaten the Nature of the Internet*, New Talk (June 26, 2019), https://www.newstalk.com/news/eu-controversial-copyright-841506.

对未经授权的向公众传播的行为负责。如果在线内容共享服务商提供由用户上传的受版权保护的内容,则该行为被视为向公众传播或向公众公开内容的行为,应当获得权利人的授权。如未获授权,在线服务提供商将在与用户行为相关的版权侵权中承担主要法律责任。这一规范将互联网平台的"事后追责"正式转变为"事前过滤",新闻聚合器、内容服务商乃至社交媒体平台都需要承担起版权过滤义务,确保平台方在提供信息服务时对平台上的信息资源负责。这单方面强化了网络服务提供者的法律义务,令其以技术手段审查用户上传的内容以避免版权纠纷。《单一数字市场的版权指令》的一大重要变化就是将规范主体转向互联网信息平台,明确规定了网络内容提供商有事前采取措施进行版权过滤的义务。网络服务提供者虽然不负有严格的事先版权审查义务,但应该采取一定的事先过滤性技术防护措施。最高人民法院《关于审理侵害信息网络传播权民事纠纷案件适用法律若干问题的规定》(2020 年修正)第 8 条规定,网络服务提供者未对网络用户侵害信息网络传播权的行为主动进行审查的,人民法院不应据此认定其具有过错。网络服务提供者能够证明已采取合理、有效的技术措施,仍难以发现网络用户侵害信息网络传播权行为的,人民法院应当认定其不具有过错。通过该与信息网络传播权有关的司法解释可以看出,我国法律并未为网络服务提供者设置事前的版权审查义务。为了满足维护网络空间秩序的要求,网络服务提供者根据有关部门的要求,普遍设立了事前过滤机制。多是将涉及反动、暴力和色情等的敏感词设为关键词,由软件自动查找并屏蔽有关内容。[19]

---

〔19〕 王晋:《网络服务提供者著作权侵权责任研究》,知识产权出版社有限责任公司 2016 年版,第 90 – 98 页。

（二）链接税为网络信息服务商增加补偿义务

随着数字媒体的蓬勃发展，新闻业的线下销售量逐年减少，不少媒体都走向了数字化道路，然而社交媒体与新闻聚合平台的兴起导致数字新闻网站的用户访问被大量分流。上述平台中存在大量未经许可上传的包括新闻作品在内的版权保护作品，严重损害了包括传统媒体在内的版权人的利益。[20] 新闻聚合信息服务产生之初，各国依据“技术中立”原则，将新闻聚合平台视为渠道提供者而排除其版权直接侵权责任。但新闻聚合平台与新闻出版媒体的主从关系发生了转换，利益平衡被打破。[21] 聚合信息服务商以集合其他网站内容的强大功能和巨大的后发优势，提供了质量与综合性更强的信息服务，并借助人工智能与大数据分析向用户推送了契合需求的信息，保持了较高的用户粘性积聚了大量的客户，从而吸收了大量的广告收益。这是以利用内容平台的版权信息为基础获取的，其却无须承担任何版权责任，实在有违公平。一般汇编选刊都要经过原刊物、作者同意并支付报酬后才能转载作品。与汇编选刊不同的是，聚合平台无须在自己的平台上直接复制作品，仅提供通向其他网站或网页的链接，但二者在最终的呈现效果上却是一致的。聚合平台只提供了一个众多内容平台共用的入口，用户可以通过这一平台看到其他内容平台上的信息。聚合服务商通过提供信息可以获取巨额广告收益，却也可以回避版权义务。通过设置链接转载作品的聚合信息服务商与社交媒体运营商，依欧美版权相关判例确立的（链接）默示许可规则不构成版权侵权，无须承担版权义务。聚合信息服务平台与

[20] 张钦坤、张正：《欧盟2016年版权法数字化改革综述》，载《中国版权》2017年第2期。

[21] 咸晨旭：《新闻聚合模式引发的著作权问题与对策——以欧盟新闻出版媒体邻接权为借鉴》，载《科技与法律》2019年第5期。

内容网站间存在不公平的竞争与利益分配。新闻聚合平台实质上只是传播者,报刊出版社和真实的创作者才是直接参与创作、付出编审等创造性劳动的主体。只作新闻"二传手"的聚合平台与社交网站能收获巨额利润,而无须向真正的创造者支付报酬。长此以往,将不利于社会形成激励创作的风气,从而出现人人争当"二传手"的局面,新闻等作品的创作源泉将会陆续干涸。欧盟对于新旧传播者、创作者间的利益失衡局面着手进行调整,要求新兴传播者即网络信息服务商向传统传播者即报刊出版社、作者进行利益补偿,承担相应的版权责任。

为保护渐处劣势的传统出版者,欧盟于2019年通过的《单一数字市场的版权指令》为传统传播者即新闻报刊出版社创设了一种新的邻接权,网络服务提供者以数字化方式复制并在网络环境下传播新闻出版物时,除需要获得作品版权人的许可外,还应向新闻出版者获得邻接权许可。[22]《单一数字市场的版权指令》第11条规定,网络平台不得在没有得到出版商允许的情况下呈现其作品,即使只是很短的片段。该条允许出版商在其作品与其他文字等被报道时向平台收取费用(这条规定又被称为"链接税")。新闻出版者权在本质上是新闻出版者针对新闻作品的数字化使用及传播而享有的专有权,其理想目标是促进在线分享服务提供者和新闻出版者以及作者的合作共赢。[23] 网络平台作为新的超级传播者引领文化发展,传统作品传播者的地位相对下降。赋予报刊出版社对新闻等作品进行网络传播控制的邻接权,一方面是因为新闻等作品的传播途径发生变

---

〔22〕 杨垠红:《客观看待欧盟版权法改革争议内容》,载中国社会科学网2021年9月6日,https://www.cssn.cn/skgz/202209/t202201916_5515533.shtml。

〔23〕 Council of the EU, *Copyright Rules for the Digital Environment: Council Agrees Its Position*, Consilium Europa (May. 25, 2018), https://www.consilium.europa.eu/en/press/press-releases/2018/05/25/copyright-rules-for-the-digital-environment-council-agrees-its-position/.

化导致传播者利益分配不均，需要重塑传统媒体与网络传媒间的利益平衡格局。另一方面是因为最初发布者对于推动优质作品脱颖而出功不可没，承认发掘编辑作品的劳动具有独立价值，在网络媒体与传统媒体职能分化的背景下这一功能尤其应当强化。网络媒体以传播作品为主，传统媒体以发掘整理为主。二者相得益彰，不可厚此薄彼。带有社交性质的网络平台在传播信息中日益发挥重要作用，其中的自媒体经常擅自转载在其他网站发布并且权利受保护的作品，虽然个人可能构成非营利性使用，但是网络平台却属于经营性使用，应承担版权义务与责任。

第二节　知识产权的限制原则

一、适当限制知识产权的原则

不创设知识产权，难以激励创新，影响社会长远发展；片面强调保护知识产权而不加以限制，则很可能使知识产权的行使超越其边界，损害社会公共利益，背离设立该权的初衷。

（一）限制知识产权的合理性界限

1. 不影响知识产权产品的正常利用

知识产权的限制起源于对版权的限制。《伯尔尼公约》第 9 条第 2 款确定了版权限制的原则，即必须遵循不与作品的正常利用相冲突，且不给作者合法利益带来不合理损害的原则。《世界知识产权组织版权条约》（以下简称《版权条约》）第 10 条第 2 款称网络环境中的权利的限制与例外可以沿用这一原则。[24] 这些基本原则也同样适用于对其他知识产权产品的权利限制制度。为了使公众更容易接近作品从而满足其在社会教育、文化和信息方面的需要,各国法律均允许某种程度的复制和公开传播,不需征得作者的许可并支付报酬。[25] 这类情形被称为合理使用,合理使用是版权限制制度的起源。合理使用作为一种对版权权能进行限制的法律制度,得到现代各国版权法的普遍认可。[26] 知识产权的限制形式除合理使用外,还有须付费的法定许可、包含授权环节的强制许可,二者统称为非自愿许可。在法定许可情况下,他人可以不经作者同意直接依法利用作品,但须付费;强制许可有申请和授权的流程,在遭到知识产权人拒绝后,使用人可向知识产权行政管理机构申请强制授权实施。

2. 不得不合理地损害知识产权人合法利益

知识产权限制制度中不得不合理地损害知识产权人合法利益的基本原则,起源于版权合理使用的考察要素。1976 年美国《版权法》第 107 节规定了影响合理使用判定的四个要素:使用作品的目的和性质;使用的版权作品的性质;使用者所使用的部分占版权作品的比例和实质性;使用作品的效果和市场影响。第一个要素使用作品的目的和性质与第四个要素使用作品的效果和市场影响,对于合理使用的判定具有重要作用,产生了广泛的影响。由第四个要素不影响作品潜在的市场价值,衍生出了不得损害知识产权人合法利益的权利限制基础原则。虽然不影响知识产权产品潜在的市场价值通常都会与不损害知识产权人的合法利益保持一致,但是二者有时也会相违。如演绎新作一般不会妨碍原作潜在的市场价值,甚至会推动其

〔24〕 李明德:《美国知识产权法》(第 2 版),法律出版社 2014 年版,第 434 页。

〔25〕 曲三强:《知识产权法原理》,中国检察出版社 2004 年版,第 146 页。

〔26〕 吴汉东:《版权合理使用制度研究》,中国政法大学出版社 2005 年版,第 1 页。

销售。但是利益分化与价值来源的不可替代性,使原作者有主张分享衍生利益的合法权益。即使不会妨碍原作潜在市场价值的演绎利用行为,却可能损害原作者的这一正当权益,因此演绎者仍会被要求承担版权义务。因此考虑是否损害知识产权人的合法权益,必须结合他人利用知识产权产品的目的进行判断。使用作品的目的和性质,以及营利性和转换性使用是考量的重点。不带有营利目的的转换性使用,通常被认为不会损害知识产权人的正当权益。一般公众转发微博不具有营利目的,主要是为了进行评论,虽然没有明显的转换使用目的,但是与微博原作以展示自身观点为主的使用目的还是有所不同,因此可以把转发微博的行为视为合理使用的范畴。对于他人已自愿免费在微博提供的作品,如果发表时未保留权利,则他人转发微博作品既不会违背权利人的意志,也不会对权利人作品的市场产生实际或潜在的影响;而且还会帮助权利人进一步推广其作品,达到更广泛地展示其观点的目的。按照市场替代经济路径的解释,如果一种使用方式与作者通常利用作品获得利益的方式形成竞争,那么该使用方式就与正常利用相冲突。在微博转发的过程中,使用者仅是为了交流和评论,而作者系自愿公开作品且未主张保留任何权益,自然不会产生市场替代效应并影响潜在的市场,不会给权利人的合法权益带来不合理的损害。[27]

对于带有营利目的的转换性使用作品行为,不同国家的法律判断存在巨大的差异,与其社会文化与法治传统密切关联。如果从作品形式上判断源流关系明显的营利性演绎创新行为,不管使用原作是否具有相同的目的,以及使用是否会影响原作潜在的市场价值,相对保守的欧亚国家一般会认定演绎者应获得版权人的

---

〔27〕 梅术文:《从消费性使用视角看“微博转发”中的著作权限制》,载《法学》2015 年第 12 期。

许可并进行付费。但是美国《版权法》为激励创新产生了独特的合理使用判定标准，即“转换性使用”，对原作实施高度创造性的转换性利用行为则可归入合理利用范畴，行为人无须承担版权义务。在新教盛行的美国渗透着贯穿新教伦理的资本主义精神：每个人都可以通过禀承理性主义精神从事商业活动，以创造财富来完成天职并获得救赎。这源于新教把履行世俗事务的责任看作个人道德活动所能采取的最高形式。[28] 转换性使用源自美国法官勒瓦尔（Leval）于1990年发表的关于合理使用标准的论述，他认为一些利用原作却具有较高创造性价值且不影响著作权人利益的行为应被视为合理使用，基于使用目的分析转换程度高低为衡量的重点。转换性使用可涵盖对原作的讽刺评论、象征主义及美学阐释等情况，使原作呈现新的形式，引入新的艺术视角，增添新的意义、功能和价值，体现了著作权法促进社会财富增加的目的。[29] 在最早讨论转换性使用的坎贝尔案中[30]，新作以模仿讽刺的方法改编了原作的歌曲，这一行为被认为是合理使用。该案主要强调使用者再创造作品的内容及价值的转换性，后来转换性使用的内涵扩展至使用作品的目的和功能的转换上。在 Arriba 软件公司缩略图案中[31]，Arriba 公司运营一种图片搜索引擎，以展示缩略图的方式为用户提供图片搜索服务，被摄影师凯莉起诉侵犯其版权。美国法院认为，软件公司提供缩略图意在预览原作，缩略图因像素差别难以取代原作的艺术效果和审美体验，提

〔28〕［德］马克斯·韦伯：《新教伦理与资本主义精神》，马奇炎、陈婧译，北京大学出版社 2012 年版，第 76 页。

〔29〕石妮婧：《“转换性使用”与著作权限制适用研究》，清华大学 2015 年硕士学位论文，第 5 – 7 页。

〔30〕Campbell v. Acuff – Rose Music, Inc., 510 U. S. 569, 114 S. Ct. 1164, U. S. (1994).

〔31〕Kelly v. ArribaSoft Corp., 336F. 3d 811(9th Cir., 2003).

供缩略图应属于合理使用。[32] 相似的行为在不同国家得到的判决截然不同。德国、比利时的法院将谷歌搜索引擎提供网页快照的行为认定为侵权。在我国有关网络快照、缩略图、歌词快照等的著作权案件中,技术公司也都被认定为侵权。有学者在谈到数字环境中网页快照合法性问题时,认为我国现有理论会导致网络环境中著作权的保护水平过高,将在法律上宣布新技术的死刑。[33] 数字时代知识陡增,人们急切地需要高效获取有价值的信息,而网页快照、缩略图等搜索引擎技术则为筛选甄别信息发掘了高效途径。结合商业目的的转换性合理使用制度,无疑使著作权限制制度更好地迎合科技发展和人类进步的需求。我国也应结合新技术发展的需要,改革传统的著作权限制制度,消除人类信息文明进步的阻挠。

(二)对知识产权的限制强度与其创造性成反比

1. 对主要知识产权的限制相对较弱

主要的知识产权,如专利权、著作权,在取得权利时往往要求满足创造性的条件,因此对于此类知识产权的权利限制相对于次要知识产权而言较弱。由于其具有创造性,对于社会文化发展和经济进步的促进作用更强,一般都不适用善意取得制度。因为知识产权本身的客体具有非物质性,在初始侵权人的有意加害之后,后续容易产生大量的无辜侵害。如果主要的知识产权均适用物权善意取得制度,那么知识产权的保护将无从谈起,可能会因极易发生的无权处分而彻底落空,无法获得真正的保护。

2. 对次要知识产权的限制相对较强

对于没有创造性要求或者创造性要求较低的次要知识产权,保

---

〔32〕 王迁:《知识产权法教程》,中国人民大学出版社 2011 年版,第 217 页。

〔33〕 王迁:《搜索引擎提供"快照"服务的著作权侵权问题研究》,载《东方法学》2010 年第 3 期。

护水平相对于主要知识产权应较低,对于其权利的限制则相对较严。集成电路布图设计权不要求具有专利所含的创造性,满足新颖性和实用性两个条件即可。依据世界贸易组织通过的《与贸易有关的知识产权协议》的精神,如果遭遇到善意侵权,则视为不侵权。我国也有类似的规定。《集成电路布图设计保护条例》第33条第1款规定,在获得含有受保护的布图设计的集成电路或者含有该集成电路的物品时,不知道也没有合理理由应当知道其中含有非法复制的布图设计,而将其投入商业利用的,不视为侵权。

二、及时调整知识产权限制的原则

知识产权的限制规则应当随着技术进步与时代发展不断地协调,以恢复知识产权相关方被新兴技术破坏的利益平衡。

(一)网络信息服务商垄断传播妨碍知识创新共享

在信息时代,越来越多的知识与信息需要借助网络平台进行传播。在互联网产业模式驱动下,当作者和传统的传播者都需要借助网络服务获取收益时,传播者的缔约地位在其与创作者和网络服务提供者的法律关系中被弱化了。[34] 平台型媒体的兴起,不仅颠覆了传统媒体的传播特权,还对传统的版权保护机制发起了挑战。[35] 网络服务经营者的出现,打破了出版社等传统传播者对文化领域的掌控,改变了版权领域的垄断格局。传统的传播者受实体营销条件的限制,必然要向下线分销。不同层次经营者的定价自由,实际上消弥了初始的独家版权获取者的统一定价权,从而让消费者可以从中获利。但是在作品数字化网络营销的背景下,大的网络平台由于技术

〔34〕 熊琦:《著作权合同实质公平规则形塑》,载《法学》2020年第6期。

〔35〕 郭晶、崔家勇:《网络平台版权协议权责失衡与再平衡》,载《中国出版》2021年第12期。

密集、服务优质、资源丰富等原因，用户高粘度持续聚积，完全可以做到跨区域的全网销售。文学、音乐及网游产品等的定价权高度集中于获得独家授权的网络服务商及其关联企业，排除竞争，损害消费者利益的网络版权垄断现象凸显。与网络版权产业有关的垄断不是一味偏向新兴传播者，而是随行业主体实力的消长而变化。凡是版权资源丰富的企业，往往拥有较强的话语权，能够获取更多的行业利润。这种版权资源的集中优势可以转化为利益分配的砝码，使该企业在网络版权利益链中占据主导地位。例如，文学作品编辑审核的要求较低，作者可以直接向平台投稿，因此大的网络平台资源丰富占据优势。又如，现代唱片公司由单纯的录制者转变为兼具录音采购者职能，随着音乐资源的集中，大型唱片公司获利显著增多。数字音乐平台虽为创作者直接推送作品设置了通道，但是短期内难以改变唱片公司居于统治地位的格局。如果任由这种不公平的垄断现象发展，会妨害创作激励机制发挥效用，降低社会优质文化作品的输出，进而减少人们的文化福利。应当适时调整著作权的限制规则，才能使创作者、传播者和终端用户形成利益平衡的格局，共同受益，实现文化产业繁荣与人民精神生活愉悦。

在版权的非自愿许可限制制度中，强制许可存在授权环节，仍会增加许可成本并降低许可效率。法定许可是具有调节反垄断市场调解以及协调新旧产业利益冲突作用的一项制度。[36] 多国的版权非自愿许可制度主要针对与公益相联、篇幅较短且价值较低的作品。如汇编出版教科书的法定许可，允许广播组织广播作品的法定许可，表演音乐作品并制作发行录音制品的法定许可等。网络环境下，作品与信息的利用仍以授权原则为主，网络版权法定许可的适用范围

---

〔36〕 郑淑凤、沈小白：《版权保护后时代互联网音乐平台营利问题的分析与对策——数字版权许可模式改进与新商业模式之探索》，载《科技与法律》2017 年第 6 期。

要远远窄于传统版权。原因在于信息技术的发展使网络侵权从职业化走向大众化,而网络维权则存在诸多困境,再加上国家制定的法定许可费偏低,集体管理不到位,因此侵权后果日益严重。数字版权非自愿许可的适用范围普遍较窄,少数国家将版权的法定或强制许可拓展至数字化的音乐、新闻作品,但是这无法改变数字版权领域严重的垄断现象。美国为防止数字音乐产业内的垄断行为,于1995年通过了《录音作品的数字化表演权法》,该法将利用音乐作品制作录音制品的强制许可延伸到了数字化的传输中。[37] 西班牙于2014年颁布了《知识产权法修正案》,规定了对新闻作品(摄影作品除外)网络转载的补偿金制度,这类似于版权法中的法定许可制度。[38]《伯尔尼公约》(1979年更改)第10条之二规定了媒体间转报道时事新闻的合理使用条款,一般认为其仅适用于传统媒体间,并不适用于网络传媒。为了解决国内文化供需的矛盾,中国超出《伯尔尼公约》(1979年更改)的规定设置了宽泛的报刊转载法定许可制度,报刊对于政经类时事新闻外的作品可以依法定许可直接转载,但是应付费。这是我国独有的一项制度。但由于该制度违背了我国的公约义务,因此仅将该制度的适用对象限定于国内作者创作的作品。我国《实施国际著作权条约的规定》第13条规定,报刊转载外国作品,应当先取得著作权人的授权。此规定使著作权法对国人的保护程度低于对外国人的保护程度。有人认为该条造成了对国内作者的歧视,有违公平原则,呼吁将其废除。法定许可仅规定应付费给作者,这导致了原创与转载报刊的编辑成本差距较大,造成了二者间的不公平竞争,不利于原创报刊的生存与发展。2020年修正《著作权法》时,第35条仍

[37] Digital Performance Rights in Sound Recordings Act(1995).

[38] 彭桂兵、陈煜帆:《取道竞争法:我国新闻聚合平台的规制路径——〈欧盟数字版权指令〉争议条款的启示》,载《新闻与传播研究》2019年第4期。

允许报刊对非政经类时事新闻外的作品依法定许可进行转载。其实如果能够对于作者和原创刊物给予适当的利益补偿，借助该制度完全可以在创作者、首次传播者与转载传播者间实现良性互动。我国创办的一些优质刊物，如《读者》《新华文摘》，就是该制度催生的文化产品。中国曾以司法解释的形式将这一针对中国人作品的法定许可扩张至网络环境。2000 年最高人民法院《关于审理涉及计算机网络著作权纠纷案件适用法律若干问题的解释》（已失效）第 3 条规定，已在报刊上刊登或者在网络上传播的作品，除著作权人事先声明不得擅用外，网站可以转载，但应注明出处并付费。由于信息技术的发展，网络著作权的维权存在确权难取证难等许多困境。数字化作品在网上发表后，很容易被他人修改署名并被剽窃使用，致使确认作品的真实权利人比较困难。当时的网络环境下侵犯作品数字著作权的取证手段单一，往往是采用公证手段，其成本较高。网络环境下侵权手段多，侵权行为隐蔽性强，传播范围广，删除使用痕迹容易，因此对于侵权现象不易实时跟踪取证。侵权人难以追溯、权利人并不知晓侵权的获利状况等原因使该条款遭到著作权人的抵制从而被废止。

（二）网络版权限制规则的调整

版权规则随着媒介形态的变化而变化，在印刷时代、广播时代、电视时代不断调整。到了网络时代，网络版权法的规则也应更新变化。网络版权领域垄断现象频发，根源在于传统版权反垄断机制未充分向网络延伸，没有建立适宜的网络版权权利限制制度。1886 年通过的《伯尔尼公约》及 1994 年签订的《与贸易有关的知识产权协议》缺乏对网络环境中版权权利的限制。世界知识产权组织于 1996 年通过的《版权条约》部分弥补了上述条约的局限。《版权条约》第 10 条第 2 款允许各国将符合《伯尔尼公约》的限制与例外规定继续适用并适当延伸至数字环境，并制定对数字网络环境适宜的新的例外与限制。但是《版权条约》未设置具体的网络版权限制条款，仅制定了抽象的限制原则由各国自行决定。网络环境毕竟有着不同于传统环境的特点，过去合理的限制在网络环境下可能损害版权人的正当利益，我们必须谨慎地结合网络环境的传输特点设置网络版权的具体限制规则。欧美版权法在网络版权例外制度中保留了大量传统的与公益有关的合理使用条款，另外也增添了一些特色的权利限制制度，如文本与数据挖掘的版权例外、数据库的版权例外。[39] 数字版权保护是数字信息产业发展的重要基础。数字版权问题产生的根本原因在于，信息在新的数字技术环境中流通、复制和传播时带来的信息生产者和信息提供者的权利、义务界定不清晰，信息资源管理存在明显漏洞。[40] 数字版权制度应当合理地配置权利义务，既完善版权法规又限制违背创新、效率原则和破坏公共利益的权利滥用行为。数字版权规则仍处在探索阶段，数字版权制度仍应保持权利人与使用者间的利益平衡，不能一味只维护强势的版权资源集中方与技术传播优势者的利益，应当基于考虑公共利益的信息需求对于数字版权进行一定的限制。

1. 加强音乐作品网络传播有关权利的限制

针对音乐作品的非自愿许可，多数国家只有将音乐作品录制成录音制品复制发行的传统版权非自愿许可。美国是世界上最早设置该类非自愿法定许可的国家。1909 年修订的美国《版权法》第 115 条规定，当一部非戏剧音乐作品的录音制品经版权所有者授权已向公众发行时，任何人均可获得制作并发行该作品录音制品的强制许

[39] 阮开欣：《欧盟版权法下的文本与数据挖掘例外》，载《图书馆论坛》2019 年第 12 期。

[40] 谢新洲、朱垚颖：《信息资源管理视角下的欧盟数字版权保护研究》，载《信息资源管理学报》2020 年第 6 期。

可。(因为该许可含有申请授权环节,因此不属于法定许可)。美国于1971年制定《录音制品法案》,赋予录制者复制、发行和改编录音制品的权利。20世纪90年代互联网发展迅速,录音制品可以通过网络快速传播。为了平衡表演者、录制者及音乐录制品传播平台等相关方的利益,美国于1995年通过了《录音作品的数字化表演权法案》,创设了录音制品数字表演权(我国相应的权利为录音制品的信息网络传播权)管控音乐作品的网络传播。该制度的限权保护模型为录音制品数字表演权的行使划定了边界,建立起了有效的版权内在利益平衡机制。按照规定,通过数字化的方式向公众提供录音制品,相当于向公众公开提供录音制品。这同样可以适用美国《版权法》第115条有关强制许可的规定。[41] 当一家唱片公司已获授权将音乐作品制作成录音制品并在网上以数字化形式传播时,其他唱片公司可以向音乐作品版权人申请获得同样的授权。这样一来可以破除唱片公司对数字音乐制品专有许可所造成的网络传播的垄断,使版权回归合理价格,促成音乐风格多样化和丰富大众的文娱生活。传统环境下,法律仅限制录制音乐作品的独家版权许可,并不限制录音制品的独家授权发行。因为受实体销售条件的制约,录音制品发行必然要向下线分销,不可能为一家所垄断。但是在网络环境下,音乐平台完全可以将大量录音制品集中在平台分享传播,从而限制了同类企业的生存与发展,造成经营集中。因此,为了避免行业垄断同时激励创新,且不损害消费者的利益,网络环境下与音乐作品传播有关的版权限制包含两种情形:一种是将音乐作品制作成数字化录音制品进行网络传播的非自愿许可,另一种是对录音制品网络传播的必要限制。在创设录音制品数字表演权的同时,美国《版权法》附加

---

〔41〕 李明德:《美国知识产权法》,法律出版社2014年版,第333页。

了包含豁免、法定许可和强制许可等在内的知识产权中常见的限制，还包含了与防止竞争密切联系的内在限制，并且鼓励音乐作品和录音制品版权人将部分权利交由集体管理组织统一行使，但仍然为版权独家授权留有空间。[42] 另外，还允许权利人在一定条件下发放专有许可，以实现版权人利益的最大化。美国《版权法》对录音制品数字表演权许可分散程度的限制为：该许可人在同一时期已经向不少于 5 家的交互式服务商提供了非独占许可，且每家被许可的录音制品的绝对数量不少于 50 首，相对数量不少于许可人拥有版权的全部录音制品的 10%。对专有许可的限制主要表现为对独占使用期的限制：美国《版权法》第 114(d)3 节规定了权利人对任何交互式服务商颁发的录音制品数字音频表演权的独家许可期限，一般不得超过 12 个月；如许可人只拥有不超过 1000 首录音制品的版权，那么独家许可期限可放宽，不得超过 24 个月。被许可人在独家许可期满后的 13 个月内，不得再就同一曲库取得独家许可。如果许可人发放的录音制品数字音频表演权的独家许可已满足分散程度的要求，则不受上述独家许可期限的限制。[43] 2018 年美国《音乐现代化法案》生效，该法案对音乐作品涉及的著作权实施概括性许可，由集体管理组织统一管理。依据美国《版权法》第 106 条的规定，词曲版权人的复制权涵盖录制唱片并售卖唱片复制件，下载数字音乐及交互式播放等业务。机械许可集体组织提供及管理一揽子许可证，把追踪音乐播放和版税支付的流程集中简化，取代了此前需要各方反复协商的大量协议，大幅降低了数字化服务商和音乐出版商的协商成本。数字

---

〔42〕 宁立志、王宇：《叫停网络音乐市场版权独家交易的竞争法思考》，载《法学》2018 年第 8 期。

〔43〕 时建中：《著作权内在利益平衡机制与反垄断法的介入——美国录音制品数字表演权制度的启示》，载《法学杂志》2018 年第 2 期。

音乐服务提供者能够借助集体管理组织的一站式许可，一次性获得著作权人对所有数字化录音制品进行流媒体点播和数字化下载的许可。美国《音乐现代化法案》淡化了音乐版权许可制度中的“法定”色彩，扩大了由集体管理组织实施的概括许可，更为尊重权利人与使用者之间的自由协商。修法后，原本过于僵化的版税定价机制和许可程序更接近以自由协商和版权人自治为基础的集体管理和集中许可。[44] 集体管理组织不参与许可费率和条件的协商，但负责收集音乐作品和录音的权利管理信息。许可费率由版税委员会参照市场上交易双方达成的真实价格确定。音乐作品版权人与数字音乐服务商还可以直接协商拟定许可费率，用以替代版税委员会确定的许可费率。[45] 美国《音乐现代化法案》将自由许可与强制许可结合，发挥了集体管理组织统一授权的效率优势，允许当事人自由协商拟定价格，弥补了过去机械复制强制许可定价机制脱离市场实际水平的弊端。

2. 设置数据与文本挖掘权的限制规则

文本与数据挖掘是指通过计算机自动评估大量数字信息（特别是通过识别相关性或趋势）来产生新知识的新分析技术。[46] 文本与数据挖掘这一通过分析数字化形式的文本和数据来获取新知识的自动分析技术，可以改进研究方法和质量，发现大量文献中隐藏的不同主题之间的潜在联系。该技术对推动自然科学、社会科学和人文科学的创新具有重要作用，但法律定性的不明确使该技术的发展受到

---

〔44〕 熊琦：《〈美国音乐现代化法案〉制度创新评介》，载微信公众号“腾讯研究院”2018 年 11 月 8 日，https://mp.weixin.qq.com/s/bptevpopv－ZixZ75Y1UGbA。

〔45〕 刘家瑞：《论美国数字音乐版权制度及启示》，载《知识产权》2019 年第 3 期。

〔46〕 王进：《欧盟〈数字化单一市场版权指令〉的例外与限制制度解读及对我国的启示》，载《科技与出版》2019 年第 10 期。

了一定阻碍，因此亟须立法改革。[47] 文本与数据挖掘技术的版权规则制定，既要有利于实现数据资源潜在的价值，又要能促进创新及社会全面的进步。[48] 针对文本和数据发掘，版权方与信息使用方存在不同的态度。版权及数据库方认为，文本与数据挖掘成果高度依赖原有信息，挖掘数据与文本需另外付费及征询信息提供者的同意。世界主要科技信息出版集团爱思唯尔（Elsevier）认为，机构付费订阅的内容只包括缓存、阅读、打印以及在 PDF 文档中进行检索。被挖掘的文献或数据库可能受到版权、相关权利以及数据库权利的保护，进行文本和数据挖掘需要取得权利人的许可。[49] 科研工作人员认为基于科研需要可以免费自由利用已出版公开的信息。文本与数据挖掘是在原有信息基础上的高度创新行为，应当属于合理使用的范畴，无须经过原信息和文本的版权人的同意及付费。国际图书馆协会联合会在声明中认为，许可授权并不是解决文本和数据挖掘问题的合适方案。[50] 随着信息加工技术的提高，信息延展性使用收益上升，信息提供者与使用者间的利益平衡需要重新协调，但是不应阻碍学术自由与科技创新。法律规定的不明朗使研究人员和机构面临风险。作品的再利用，往往涉及演绎权，但是数据挖掘与一般的演绎差别明显：对于演绎成果，单从形式上就能判断其与源文本是否具有源流关系；而挖掘数据取得的成果则与原有信息存在天壤之别，从形式上无法判断二者是否具有源流关系，只能通过逻辑推理才能得出二

---

〔47〕 阮开欣：《欧盟版权法下的文本与数据挖掘例外》，载《图书馆论坛》2019 年第 12 期。

〔48〕 焦萍：《欧盟文本与数据挖掘版权例外条款的法律框架评析》，载《编辑之友》2017 年第 10 期。

〔49〕 樊佳怡：《欧盟有关文本和数据挖掘的法律框架》，载《信息资源管理学报》2016 年第 1 期。

〔50〕 IFLA，*IFLA Statement on Text and Data Mining*，IFLA Org（May. 11，2015），http://www.ifla.org/publications/ifla－statementon－text－and－mining－2013.

者间是否相互依赖。增设数据与文本挖掘权的正当性，目的在于弥补数据利用方取得的经济收益与数据提供方当初收取的费用的巨大差距，利差的来源仍是最初提供的数据。数据挖掘权为数据的再利用权，实际上是一种特殊的演绎权，营利性挖掘数据者应当征求原权利人同意并承担付费义务。2019 年欧盟的《单一数字市场的版权指令》确认了数据挖掘权，并制定了这一新型数字版权的合理使用例外条款。该指令第 3 条第 1 款规定，成员方应明确，为了科学研究的目的，研究机构可以通过合法途径复制和提取作品和其他客体，进行文本和数据分析。适用的主体必须是非营利性研究机构或以公共利益为目标的研究机构。第 4 条则规定了分析处理层面的文本和数据挖掘的例外，即对作品或其他客体享有合法接触权的人在文本和数据挖掘目的下实施复制和撷取行为的，不侵犯版权或数据库权。该例外未限定主体为公益科研机构。除上述例外之外，还有文本和数据临时复制的例外，该临时复制例外的条件包括：(1)短暂或附带的；(2)技术过程所必要且不可分割的组成部分；(3)唯一目的在于网络中间服务商与第三方之间传输或合法使用；(4)没有独立的经济价值。[51] 文本和数据挖掘需要处理大量文本、声音、事实、数据等，与数据库发生密切的联系。欧盟于 2016 年通过的《数据库指令》创设了独立于版权法之外的数据库特殊权利，将在内容的选择和编排上不具有独创性的数据库纳入了该权利的保护范围。数据库特殊权利由两项权利组成：提取权和再利用权。该指令也规定了挖掘数据所需的权利的例外，如私人使用例外和科学研究例外，均须满足存在非商业性目的要件。数据挖掘版权例外条款，是以出版商为代表的数

〔51〕 Geiger C. ,Frosio G. ,Bulayenko O. , *The exception for Text and Data Mining in the Proposed Directive on Copyright in the Digital Single Market Legal Aspects*, Center for International Intellectual Property Studies Research Paper 2,p. 11 – 18(2018).

据库权利人与以科研机构和图书馆界为代表的公众群体双方利益博弈的结果。归根结底是版权的利益平衡机制运行的体现。数据挖掘版权例外条款的设置，须有利于实现数据挖掘技术利用的最优化，满足图书馆界以及科研群体保护公众利益的需求，且不能削弱激励出版商提高自身服务的作用。[52]

3. 基于公益目的合理使用的例外

传统版权法基于公益目的的合理使用限制大多都能延伸至网络环境，但是各国版权法仍应明确设置网络版权的公益目的合理使用条款。欧盟早在1996年颁布的《数据库保护指令》第9条规定了私人使用和科学研究的例外。2001年欧盟发布的《版权与相关权指令》的第5条第2款(b)项和第3款(a)项也相应规定了私人使用和科学研究的例外。该两项版权例外的规定均以“非商业性目的”作为适用条件。[53] 2019年通过的欧盟《单一数字市场的版权指令》以高度概括的形式规定了数字版权保护的例外，以确保基于社会公共利益的使用情形不被囊括于网络版权保护的范围内。该指令主要以合理使用的形式制定了涉及非商业目的下免费利用作品信息的规则。该指令中版权例外规则的重点是：研究、创新、教育和文化遗产保护这类与社会发展及公共利益有关的领域，适用主体主要是公益文化科研机构，还包含任何其他实体。[54] 研究组织是指集科学研究和教育服务于一体的组织机构，主要指大学及其图书馆、研究所或任何其他实体，其主要目标是进行科学研究或开展涉及科学研究的教育活

---

〔52〕 焦萍：《欧盟文本与数据挖掘版权例外条款的法律框架评析》，载《编辑之友》2017年第10期。

〔53〕 阮开欣：《欧盟版权法下的文本与数据挖掘例外》，载《图书馆论坛》2019年第12期。

〔54〕 王进：《欧盟〈数字化单一市场版权指令〉的例外与限制制度解读及对我国的启示》，载《科技与出版》2019年第10期。

动。文化遗产机构则是致力于为子孙后代保护其藏品的机构。[55]如博物馆、档案馆、电影、音频遗产机构等。《单一数字市场的版权指令》第17条规定了内容共享服务商的链接税和事前部分的审查义务,其适用对象为营利性组织,排除了非营利性组织及网络技术服务商的适用。义务排除对象包含非商业科教资料库、开源软件开发共享平台等,但论坛或社交平台可能会被归为义务承担方,因为其可以通过广告间接获利。同时,《单一数字市场的版权指令》还结合最新的传播技术增加了版权侵权的具体例外规则,确保了特殊情况下信息的免费使用,推动信息在网络空间的生产、复制和传播。该指令在定义新闻出版者邻接权中的版权义务方即"在线内容共享服务提供者"时,将其限定为以营利为目的的将用户上传的大量受版权保护的作品及其他素材进行储存或为公众提供访问的服务商,该定义排除了以非商业目的运营的线上百科全书以及经权利人授权的教育或科学知识库等在线内容服务提供者。[56]《单一数字市场的版权指令》对文本与数据挖掘这一新型数据权利也制定了基于非商业公益目的的例外。该指令第3、4条区分了科研目的与分析处理层面的例外。对于科研目的的例外,其适用主体仅限于公共科研和文化遗产机构,而非以营利为主要目的的私营主体。分析处理层面的例外则针对加工处理信息的过程,不存在目的或主体方面的限制。[57]

4. 个人以非商业目的使用作品的例外

工业从标准化生产转向个性定制,其内容生产的方式也相应地发生了去中心化变革,以此作为对内容差异化需求的回应。由此,过

---

〔55〕樊佳怡:《欧盟有关文本和数据挖掘的法律框架》,载《信息资源管理学报》2016年第1期。

〔56〕彭桂兵、陈煜帆:《取道竞争法:我国新闻聚合平台的规制路径——欧盟〈数字版权指令〉争议条款的启示》,载《新闻与传播研究》2019年第4期。

〔57〕阮开欣:《欧盟版权法下的文本与数据挖掘例外》,载《图书馆论坛》2019年第12期。

去大型媒体垄断的新闻解释权日渐被稀释。现代网络信息与数字技术的发展本身提高了信息利用效率,降低了信息制造与传播的成本,社会大众广泛参与创作,人类已步入全民创作的时代。与此同时,信息时代作品的传播途径发生了变化,主流媒体的传播特权日益被自媒体侵蚀,借助社交平台与个人社交网络展开的个人非营利目的的传播日益成为作品传播的主要途径。[58] 专业的内容生产机构已难以通过自建平台实现内容的有效传播,只能借助社交媒体、内容聚合网站等平台延续自身的传播力。[59] 版权制度的目标应当是促进宪法权利最大化——包含公民表达自由及财产自由的最大化。表达自由构成对版权这一私权的限制,版权设计不应违背促进表达自由最大化的初衷。[60] 基于维护公众言论自由的权利和鼓励大众创作,欧盟《单一数字市场的版权指令》(2019 年)排除了个人用户合法的私人及非商业性使用[61],其中包含评论、创作等个人非商业性目的。这类限制不应局限于适当引用的合理使用界限,还应包括个人非公开地复制、传播、演绎作品的行为。只要不篡改署名、贬损作者或表演者人格,一般不追究其法律责任。个人可以免予承担责任的情形,并不意味着排除营利性使用平台的法律责任。网络环境下基于非商业目的公开使用作品的个人用户是否应承担版权经济责任,有种观点是应根据用户的属性进行划分。经济合作与发展组织定义的

---

〔58〕 腾讯研究院高级研究员等:《中国自媒体商业化的集体烦恼:从广告到电商,到底该如何变现?》,载虎嗅网 2016 年 7 月 4 日,https://www.huxiu.com/article/154803.html。

〔59〕 郭晶、崔家勇:《网络平台版权协议权责失衡与再平衡》,载《中国出版》2021 年第 12 期。

〔60〕 徐瑄:《知识产权的对价理论》,法律出版社 2013 年版,第 227 页。

〔61〕 咸晨旭:《新闻聚合模式引发的著作权问题与对策——以欧盟新闻出版媒体邻接权为借鉴》,载《科技与法律》2019 年第 5 期。

UGC(User - Generated Content)模式强调用户的非专业属性。[62] 由专业用户生产内容的模式被定义为PUGC(Professional User Generatece Content)模式。[63] 专业的信息加工者须承担版权义务,普通的非职业信息加工者无须付费。对于用户自发上传内容的网站来说,其往往先利用非专业用户广泛生产内容获取丰富的素材,再通过专业用户生产的内容加强作品的深度以持久地吸引用户,从而最大限度保证平台内容的广度和深度。仅凭创作者的专业身份作为履行版权经济义务的依据是不够的,还需参考创作者获取网站的广告收入分成来确定。区块链等作品的传播控制技术日益成熟,将来完全可以根据作品利用情况精确地计算版权使用费。

5.创新演绎利用作品的例外

通常而言,传统版权中的演绎不但能从形式上判断新作与原作间传承的源流关系,且在情节上新作与原作基本保持一致。如将小说演绎成话剧。因此演绎者不仅需要征求原作者的同意,还必须支付费用才能利用作品。对于网络环境中创新演绎利用作品的行为应给予适当的宽容,并非都严格地按照传统授权原则进行利用,因为那样将极大地降低创造效率。对于原作或片断转换功能或赋予新意的演绎利用,只要不会实质性替代原作的功用并影响其潜在市场价值的发挥,就可以归入合理使用的范围。这种转换功能或赋予新意的演绎利用,属于具有高度创新性的创作行为,不应等同于依附原作的演绎利用。如果要求每个创造者都必须从绘制一根线条和一帧画

---

[62] OECD, *Participative Web and User - Created Content(UCC):New Report from Organization for Economic Co - operation and Development*, OECD Org(Oct. 23, 2008), http://www. biac. org/members/iccp/mtg/2008 - 06 - seoul - min/9307031E. pdf.

[63] 郭晶、崔家勇:《网络平台版权协议权责失衡与再平衡》,载《中国出版》2021年第12期。

面开始创作，那么将大大降低新作品的产出效率并减少人们的公共文化福利。如对文学艺术作品的反讽式创作评论，评论内容可能利用了原作的部分情节，但是评论者是出于自己的主观意识去评判创作的，因此可以不用承担版权义务。信息时代发达的数字传播利用技术使人们可以收集丰富的作品与素材，从而在此基础上高效地开展崭新的演绎利用。判定演绎者是否应承担版权义务，不能仅以形式上新作与原作间是否存在源流关系为依据，还应考虑作品的功能与蕴含的意义或价值是否发生了变化。《单一数字市场的版权指令》要求数据与文本的挖掘者须向数据提供方寻求许可，并且承担付费义务。这是因为虽然数据分析的结果与原来的数据在形式上有天壤之别，但是原始数据是加工后形成的结果的不可替代的信息来源，只有二者间的利益分化引发的再平衡要求才能成为版权义务的合法依据。但是在崭新的演绎利用中，新作赋予原作的价值或意义具有相对独立性，其并不是依附于原作才能取得的，也可以其他的作品替代。

6. 初创或小规模网络平台的版权例外

为了保证网络产业均衡发展避免行业垄断，对于起步阶段或规模较小的网络平台应当给予一定的倾斜保护。2019 年颁布的《单一数字市场的版权指令》为新兴或规模较小的网络平台增设了建设过程中版权义务减免的版权限制规则。对于网络共享平台初创者来说，《单一数字市场的版权指令》第 13 条 4a 项设立了相对宽容的机制，即对于满足以下要求的内容共享服务商可以予以版权责任的减免：(1)向欧盟地区公众提供服务的时间少于 3 年；(2)年度营业额低于 1000 万欧元；(3)月平均独立访客数不超过 500 万。[64] 对于小

---

〔64〕 谢新洲、朱垚颖：《信息资源管理视角下的欧盟数字版权保护研究》，载《信息资源管理学报》2020 年第 6 期。

规模或初创平台设置一定的网络版权例外制度,可以实现不同体量的网络平台间的利益平衡。对于营业额较低或建立时间不长的小网络平台,其无须承担向传统传播者即新闻报刊出版社付费的版权义务,其版权举证责任也可略微减轻。

第三章　知识产权权能的科学设置

第一节　著作权的重构

知识产权作为一种权利形态，体现了深刻的财产性。[1] 知识产权的基本理论则认为知识产权是财产权。[2] 在主要的知识产权中，专利权与商标权一般都被视为财产权，唯独著作权被认为包含了人格权。著作人格权和著作财产权共同构成著作权，使之兼具人格财产的双重属性，从而比其他类型的知识产权更具有复杂性，这不仅在民事权利体系中是绝无仅有的，而且在知识产权体系中同样是只此一例。[3] 各国设置的著作权的体例与类型不尽相同，各有其理。我国著作权法将著作权划分为著作人身权与著作财产权。著作人身权又称著作人格权，或者是精神权利，是与著作财产权相对的概念。作者对作品中体现的人格和精神享有著作人身权。[4] 著作人格权一词，源自德文"Urheberperson lichkeitsrecht"（直译为"作者人格

---

〔1〕 何敏:《知识产权基本理论》，法律出版社 2011 年版，第 1 页。
〔2〕 郑成思:《知识产权法》，法律出版社 2003 年版，第 9 页。
〔3〕 张俊浩主编:《民法学原理》（修订第 3 版）（下册），中国政法大学出版社 2000 年版，第 561 页。
〔4〕 王迁:《知识产权法教程》，中国人民大学出版社 2021 年版，第 146－147 页。

权”)。[5] 后来的法国判例在德国理论的影响下，创立了“精神权利”(droit moral)的概念，认为作者对其作品除享有财产利益之外，还享有精神权利。[6] 精神权利的客体指精神、思想。思想是人类的创造物，类似于一种准物质，与人身或人格利益如声誉、身份存在本质差别。以精神权利代称著作人身权或人格权较为不当，不能体现著作人身权保护的实质对象。著作权法不保护思想，只保护思想的表达形式。精神利益的表述不科学，因此与思想类似的精神不能成为任何法律保护的对象，也不能享有任何权益。在作者的人身权利中居于核心地位的是署名权和维护作品完整权。《伯尔尼公约》的第6条之二，仅规定了署名权和维护作品完整权，要求成员国对其予以保护。

一、著作人身权的设置缺乏正当性基础

人身权，是指以人身所体现的利益为内容的，与权利人的人身不可分的民事权利，包括人格权与身份权。人格权是指以主体依法固有的人格利益为客体的，以维护和实现人格平等、人格尊严、人身自由为目的的权利。[7] 具体人格权按照所保护的人格利益性质进行区分，大体可分为四种：物质性人格权(生命、健康、身体权)、标表性人格权(姓名、肖像权等)、评价性人格权(名誉、荣誉权)、自由性人格权(人身自由、隐私权等)。[8] 人身权中，基础权利是对人体进行支配而拥有利益的权利。如生命权与健康权，其是人身权中最基础最重要的权利。人身权中其他较为抽象的人格权相对于物质性人格权来说仅居次重要的地位，如名誉、自由、姓名、肖像、隐私权等，其虽

[5] 刘宇琼：《著作人格权的性质：历史和体系之思》，载《知识产权》2011年第9期。

[6] 李琛：《质疑知识产权之“人格财产一体性”》，载《中国社会科学》2004年第2期。

[7] 王利明：《人格权法》，中国人民大学出版社2016年版，第5-6页。

[8] 杨立新：《人格权法》，法律出版社2015年版，第145-280页。

由人体而衍生，但是在一定程度上可与人身分离。人身权中与特定的人身最为疏远的权利为身份权。身份权是指公民或法人依一定行为或相互之间的关系所发生的一种民事权利。[9] 人格权是指民事主体具有法律上的独立人格所必须享有的民事权利。没有人格权，个人的主体资格将会受到影响；而即使主体不具备某种身份权，也不会影响其民事主体资格。[10] 身份权益由身份关系而产生，身份关系包含人与人的关系，也包含人与创作物的关系。身份关系的产生源于特定的事实，如结婚、生子或创作完成作品。作者身份权的享有基于作者创作了作品，因而该权利是基于作者有事实上的"作者身份"而存在的。作者的人身权利既有人格权的属性，又有身份权的属性，我国著作权法称其为"人身权"。赋予作者一系列人身权利的目的主要是彰显作者的人格尊严、思想自由和良好声誉。因此，著作人身权保护的重点是作者的人格权。[11] 现在被视为圭臬的著作人身权，原本就存在论证基础不足的先天缺陷。关于作者人格权的法律文献十分丰富，然而对作者权从法理上进行全面哲学评估的文献却不多见。康德认为作者是基于人格而对于其作品享有权利的，该主张是其主要的法哲学依据。黑格尔关于财产是意志的产物和人格的体现的观点，对其作了进一步说明。但是这并不足以说明为何法律要给予文艺科学作品创作者人格上的特殊保护，而不赋予其他有形财产或者无形创造物的缔造者以人格权利。[12] 专利技术能体现发明人的心理气质、技术素养、想象力以及献身精神，商标也关系到企业家的气

〔9〕 魏振瀛主编：《民法》，北京大学出版社、高等教育出版社 2010 年版，第 616 页。

〔10〕 王利明：《人格权法》，中国人民大学出版社 2016 年版，第 19 页。

〔11〕 张伟君、张韬略：《署名权等于作者身份权吗？韩寒诉方舟子一案引发的思考》，载《电子知识产权》2012 年第 5 期。

〔12〕 [澳]彼得·德霍斯：《知识财产法哲学》，周林译，商务印书馆 2017 年版，第 120－121 页。

质与能力,二者皆具强烈的人格意味。[13] 现实生活中,任何劳动成果都因劳动者的不同而存有差异,且都能在一定程度上体现劳动者的技能禀赋与道德品性。为何独有作品类智力劳动成果的创作者能享有人格权利?[14]

(一)对作者人格权的质疑

1.作品是作者精神附属物观念的颠覆

英美法系国家为激励创作而人为创设版权法,将作品视为普通的财产。大陆法系国家将作者创作作品的过程看作是作者展现其人格、精神、意志的过程。作者对作品中所体现的独特人格和精神享有的是天赋的自然权利,法律只是承认和保护这种人权而已。大陆法系著作权法首先保护的是作者的人身权利,其次才是作者的财产权利。[15] 作者权法体系皆承认著作权中包含著作人格权。财产能够体现人的意志,作品为人格意志的外化。主张"作者权利是人格权"的观点始于康德。19 世纪在德国盛行的古典唯心主义认为思想是支撑宇宙的力量,康德、黑格尔等该流派代表人物皆认为作品的本质是作者人格的反映。著作财产权的源泉是作者的人格权,明星能够基于对肖像人格权的行使从而获取财产利益,作者也能基于作品中蕴含的人格从而支配作品。如果真如黑格尔所说财产是人格意志的外化,那么为何只有在著作财产上才能显现人格?其他无形的财产如商标、专利及有形的劳动财产均不能彰显人格,也不能赋予其创造者人格权利。由此可见,作品是思想的表现,而非人格的外化,作品与

〔13〕 张俊浩主编:《民法学原理》(修订第3版)(下册),中国政法大学出版社2000年版,第461页。

〔14〕 李琛:《质疑知识产权之"人格财产一体性"》,载《中国社会科学》2004年第2期。

〔15〕 王迁:《论"法人作品"规定的重构》,载《法学论坛》2007年第6期。

人格的关联缺少证据支持。[16] “作品体现人格”的观念与特定的历史背景、文化思潮相联。19 世纪的哲学观偶然地被法律选择,成为了著作权合理性的基础。这种对作品的诠释是历史的偶然,而非逻辑的必然。[17] 20 世纪 20 年代至 30 年代,在德国哲学家卡西尔的影响下,产生了符号哲学美学,作品被诠释为纯粹的符号形式。[18] 作品不再被视为直接的思想或情感的外化,其不是作者人格的附庸,而是具有独立存在价值的符号形式。后现代主义哲学否认作品体现人格,主张作品的自为性,认为作品的意义应当由读者去解读确定。这导致作者对文本的统治走向衰弱,人们只以作品为欣赏对象,无须揣测作者的意图,增加了文本诠释的多种可能性,从多个角度释放了作品内在丰富的价值。[19] 作者只是完成文字的表述,并非直接传递思想本身。作品涵盖的思想应当由读者自己来诠释。虽然作品的文本相同,但是不同的读者根据作者的表述会形成不同的理解与感悟。后现代主义哲学否定作者对作品意义的输出与内容的掌控,这也成为了否定作品体现人格和专门设置著作人身权的重要理由。随着现代科技的发展,人们日益了解到每个人感觉中的唯一的客观物质世界实际上并不存在,个体只能感受到由其特定的感官所能接收的信息,这部分信息再被大脑加工处理后形成某种主观呈现。同样的事物在不同人眼中,依感受条件的差异可能表现出不同特性。文本对思想的传达,亦无法脱离有特定经历和文化背景的读者评判理解的过

---

〔16〕 张玲:《署名权主体规则的困惑及思考》,载《中国法学》2017 年第 2 期。

〔17〕 [澳]彼得·德霍斯:《知识财产法哲学》,周林译,商务印书馆 2008 年版,第 91 - 93 页。

〔18〕 齐效斌:《人的自我发展与符号形式的创造》,中国社会科学出版社 2002 年版,第 36 页。

〔19〕 李琛:《质疑知识产权之“人格财产一体性”》,载《中国社会科学》2004 年第 2 期。

程。正如维特根斯坦所说,语言的边界就是世界的边界。文字解读的意义是由语境和人的思考方式决定的,而人们无法摆脱因自己的历史和文化背景形成的思维定势的束缚。

2. 作品人格观混淆了人格特性和人格要素

智力劳动成果皆含人格要素的结论无法成立。新事物的创造过程中融入了人的智力,并不能代表创造物本身须包含人格要素。作品人格观认为作品是作者思想的外在形式,著作权法应保护作者思想体现的人格利益。该观点存在一定的逻辑缺陷,其把思想与思想的外在表现形式、人格要素三者等同化,并将人格利益概念泛化。这三者间存在关联,但并不相同。人格利益是权利主体基于其人身所享有的非财产利益。作品是思想意志外化的产物,其的产生源于人的创作。表达自由是人格利益的组成部分,但表达自由的产物——作品本身不一定蕴含人格要素。作品人格观,可能源于对早期个体创作的情感浓烈昭显独特人格特性的作品的误解。思想、情感本身不属于著作权法的保护对象,其具体表现形式才是著作权法保护的客体。早期的创作多是个体创作、自由创作。个人被看作创作的来源或者起源。[20] 早期的作品多属于个体的思想情感居主导地位的作品,如小说、诗词、散文、绘画、书法、音乐、戏剧等。随着版权产业的发展,职务创作、法人创作日趋增多。创作越来越面向公众的喜好,日渐依赖巨额资本、技术支撑和专业团队的产业化运作,而不再是单纯地依靠个体思想表达这一动机驱动。影视、软件与游戏等作品与数据库的开发,多由公司主导。数字技术的运用与发展,造就了越来越多功能性较强、个人感情色彩较淡的实用作品,如工程或产品设计图、模型、软件、汇编作品等。作品人格观为证明保护作品的合

〔20〕［澳］布拉德·谢尔曼、［英］莱昂内尔·本特利:《现代知识产权法的演进》,金海军译,北京大学出版社2006年版,第43页。

理性提供了理论基础,为建立著作权制度作出了贡献。但是,其本身的逻辑并不周延。作品直接反映人的思想,间接体现了一些人格特性,但是著作权保护并不要求作品都必须包含人格要素。作品是智力成果,满足独创性条件能够再现即可。许多实用功能强的作品较少展现人格特性,但是同样可以获得著作权保护。〔21〕 著作权本质上保护的是作品中蕴含的财产利益,与作品能否体现人格特性无关。不管作品是否包含人格要素,都可以在作品之上建构人格利益,如作者身份权与创作声誉权等。只是人类基于作品享有的这些人身权,不可能像基础人身权利那样人人都能享有,须以创作作品为前提条件。这一逻辑也可以运用在发明创造或者其他人为设计的产品上,为专利发明者和产品设计者建构创造者身份权与名誉权等权益。同样属于创造领域的专利权一般仅被视为财产权,发明人因其发明水平的高低在业内可以享有相应的声誉。为何法律不专门设置专利人格权？我们并未将对人在其他领域的创作能力的评价划归为知识产权附属人格权的客体,为何却要对作品中的创作能力单独设置获取社会评价的著作人格权？对思想的产出与工业的产出进行区别对待的理由何在？对于那些给予实用工艺美术产品双重保护的国家,在适用著作权法进行保护时,作者可以享有著作人身权,但是在依专利法进行保护时,作者却仅享有财产权。同一客体存在两种截然不同的权利属性划分,显得自相矛盾。

3. 作品完整性与人格利益不兼融

作品是作者精神与思想的产儿。然而,作品一旦发表,作者就难以控制他人对作品的使用,包括对作品的任意修改。与此相应,作者享有维护作品完整权,可以制止他人歪曲或篡改自己的作品,防止他

---

〔21〕 张玲:《署名权主体规则的困惑及思考》,载《中国法学》2017 年第 2 期。

人于损害作者的精神和人格特征，或者损害作者的声誉。[22]《伯尔尼公约》第6条之二规定，作者有权反对对其作品进行的任何有损其声誉的歪曲、割裂或其他更改，或其他损害行为。该规定将保护作品完整权与维护作者的创作声誉等其他人格利益联系在一起，要求对作品的歪曲、篡改行为须达到损害作者声誉的程度。世界知识产权组织《版权条约》和《表演和录音制品条约》延续了《伯尔尼公约》的规定。在著作人格权中设置保护作品完整权，即通过禁止他人割裂作品，防止他人任意歪曲丑化作品，实质上是为了维护在创作行为之上建构的表达自由、人格尊严与特殊名誉权。维护作者思想表达的完整性是维护作者表达自由的基本途径，应通过维系作品的完整性进一步实现保护创作者人格尊严和创作声誉的核心价值目标。创作声誉，类似于特定行业或领域里的名誉权。保护作品的完整性，仅是实现上述价值目标的手段；但是作品的完整性本身却与人格利益无关，与上述人格权益在价值上并不相融。保护作品完整权，从字面意思理解本来就不包含作者的表达自由、人格尊严及创作声誉等人格利益。将其置于著作人身权中，本来就是一种错位。即使作品完整，也并不一定保证作者能够获得较高的创作声誉。创作声誉的获得与作品的完整性无关，而与作品中蕴含的作者的创作能力与社会评价有关。

把作品的完整性与作品中蕴含的作者表达自由、人格尊严乃至创作声誉在价值上划等号，并基于此设计了著作人格权——保护作品完整权，这种设计路径显得非常荒唐。无论是有形的物还是无形的作品，其完整性被破坏均会妨碍客体的正常利用。物权客体的完整性，同样也是物发挥特定功用的前提，是使用、收益、支配等分支性权能正常运作的基础和隐含条件。基于知识产权与物权的相似性，

〔22〕 李明德：《美国知识产权法》，法律出版社2014年版，第347页。

知识产权可以被看作是准物权。物的完整性,从未被视为一项独立物权权能的主要内容。在著作权中,维护作品的完整性却被单独列为一项知识产权的权能。作品的完整性是著作财产权权能发挥效用的基础,它应当被具体的著作财产权权能所涵盖。设置该权利的必要性不能从普通私权的角度去揣测,而须从文化产品涉及的公共利益去度量。基于文化产品的特殊性,需要维持作品的原貌以方便历史文化的考察与溯源。无论从哪个角度观察,保护作品完整权不应涵盖作者的人格利益。著作权权利体系中的每一种权利,诸如复制权、表演权、改编权和广播权等,都是针对作品的利用权能。依此逻辑,考虑保护作品完整权的价值定位问题,也应以客体(作品)为基点,而不能围绕主体(作者)展开。因此,保护作品完整权中不应包含作者声誉、人格利益,不能将这一著作权中独特的权能混同于人格权。[23] 保护作品的完整性是维护作者思想一致性的前提,但是作品的完整性乃至作者想要传递的思想的一致性是否能成为一种人身权益有待商榷。人身权益必然是依附于人身且与之存在紧密联系的权益,如健康、名誉、姓名、肖像权等,作品的完整性完全不符合人身权的这一特性,与人身的关系较为疏远。

(二)对作者身份权的质疑

1. 署名权应视为作者身份权的观点

对于署名权的性质,除了将其看作与姓名权类似的人格权的看法外,还有将其视为完成特定付出后才能享有的身份权的观点。作者身份权就是由作者与他的“思想产物”即作品之间的“亲缘关系”衍生的人身权利。凡是承认精神权利的著作权法,都对其有规定。

---

〔23〕 张玲:《保护作品完整权的司法考察及立法建议》,载《知识产权》2019 年第 2 期。

许多国家的法律都使用了“作者身份”一词。[24] 署名权是表明作品创作者身份的权利，属于基于创作作品的劳动或其他付出而获得的创作者身份权利。署名权与荣誉权一样是身份权利，都属于人身权。我国《著作权法》第10条规定，“著作权包括下列人身权和财产权”。根据全国人大常委会法工委2002年编写的《中华人民共和国著作权法释义》，著作权内容中的“精神权利，即本法所称的人身权，与作者的身份密切相关，专属作者本人，一般情况下不能转让”。[25] 该解释与世界知识产权组织对“authorship”一词的解释一致，即作者身份是特定作品的创作者地位。在一些国家的著作权法中，作者因自身和作品之间的永久联系而获得的特殊利益通过一系列所谓的“精神权利”反映出来。[26] 由于作者的全部精神权利都是因“作者是作品创作者的身份”这一事实而产生的利益，因此从这个意义上讲，作者的精神权利似乎也具有身份权的属性，是作者享有的“身份权”。[27] 作者在作品上署名的目的在于公示自己的著作权人身份，与物权公示作用相同。[28] 署名权未能充分体现作者拥有作品创作者身份权益这一内容。作者身份权这一名称才能体现我国现行法中署名权欲维护的著作人身权利的实质内容与价值目标。我国《著作权法》中的署名权这一著作人身权，主要体现了对作者身份的控制，作者身份是大

---

[24] ［法］克洛德·科隆贝：《世界各国著作权和邻接权的基本原则：比较法研究》，高凌瀚译，上海外语教育出版社1995年版，第41－42页。

[25] 胡康生主编：《中华人民共和国著作权法释义》，法律出版社2002年版，第42－43页。

[26] 世界知识产权组织编：《WIPO著作权与邻接权法律术语汇编》，刘波林译，北京大学出版社2007年版，第21页。

[27] 张伟君、张韬略：《署名权等于作者身份权吗？韩寒诉方舟子一案引发的思考》，载《电子知识产权》2012年第5期。

[28] 柳励和：《论作品署名权的转让》，载《湖南科技大学学报（社会科学版）》2009年第3期。

陆法系国家的著作权法普遍保护的对象,包括我国在内的各国著作权法都保护基于作者身份的著作人身权。笔者建议将署名权这一著作人身权的表述改为:保护作者身份权。保护作者身份权不但包括正向主张其作者身份的权利,还包括反向制止他人损害其作者身份的著作人身权利。〔29〕

然而随着投入巨额资金的大型集合创作作品的出现,署名权与创作者之间的联系逐渐淡化。大陆法系国家一般仅视自然人为作者,一些大陆法系国家的著作权法规定,在特定情况下法人可以原始取得作品著作权。〔30〕 对于法人作品而言,法人以巨大的财力物力支持创作,其在组织协调复杂的创作活动之后才能拥有作者的身份与财产权利。法人拥有的著作人身权,是一种拟制的人身权。这主要是为了顺应现代社会集合创作,如影视、大型动漫、软件等不断增多的趋势,因此著作权权利归属原则相应地作出了调整与变更。多个主体参与作品创作时,他们的贡献不一,在集合创作作品时个人的创作劳动融汇集合形成作品,一般很难再清晰地按比例分割还原个人贡献。因此,不宜由全部创作者共同来行使著作权。众口难调,众多创作者在行使著作权的过程中容易产生分歧,并且人员调动等情况会造成行使权利的不便,共同维护和行使权利将增加成本、降低效率。著作财产权尚可按比例分割共有,但是人身权是一个整体,不可能分而治之,由多个主体共同享有。在这种情况下,由贡献最大的和实力最强的创作组织方即投资方代为行使权益较为合适。其虽然不是对作品的艺术或学术价值直接贡献最大的一方,但是其对于作品创作各方的选择与协调、为作品顺利完成提供有力的后勤保障,与后期推

〔29〕 陶鑫良:《论“署名权”应改为“保护作者身份权”》,载《知识产权》2020 年第 5 期。

〔30〕 王迁:《论“法人作品”规定的重构》,载《法学论坛》2007 年第 6 期。

广、维权等,无疑付出了大量心血、作出了巨大贡献,其往往也是最后的法律责任承担者。依照权利与义务、责任对等的原则,单位在承担主要法律责任的同时,也应当完全享有包含著作人身权在内的作品权利。现代著作权体系的构建,不能只依据对作品自身价值贡献的多少来分配权益,还应从作品整体的社会、经济和文化效益最大化的角度来考量。作品质量的好坏无疑是决定其能否占有市场和取得经济收益的基础,但是发现与推广者对于作品的成功功不可没。就现代影视制作而言,选择作品进行投资存在巨大的风险,因此专业机构的眼光尤为重要。创作者的时间和精力有限,他们除了创作之外无暇顾及太多其他事务。让专业的机构来推广和维权,无疑更有助于作品传播和取得收益。在署名方与直接创作者的联系已日益模糊的背景下,主张署名权为作品中不可分割的人身权益的观点越来越难以成立。事实上以保护投资人的财产利益为主的英美版权法体系一贯不重视署名权,署名方更像是多方参与创作作品的著作财产权的总代表人。

2. 署名权可视为指示来源引导收益的财产权

有学者认为署名权是作者基于创作作品的事实,享有的与人身相联系的专属权利。该权利不能与作者分离。确立署名权的根本目的在于彰显作者与作品之间存在"血缘"关系的客观事实。〔31〕也有学者认为,署名权是指作者在其创作的作品及其复制件上标记作品来源的权利。〔32〕既然署名权与商标权具有相似的功效,均能起到表明作品或商品服务的来源,指引财产收益归属的作用,为何署名权属于著作人身权,而商标权却仅被定性为财产权,二者的性质迥然不同呢?思想产品与其他工业产品都属于知识产品,为何来源标识在权利属性的划分上存在如此巨大的差异?这可能也是一种基于偶然的

〔31〕张玲:《署名权主体规则的困惑及思考》,载《中国法学》2017年第2期。

〔32〕刘春田主编:《知识产权法》,中国人民大学出版社2014年版,第71页。

选择，而不存在内在的必然。由于早期的思想产品多由自然人个体创作而成，基于作品显示出的较强的人格特性，如思想情感，于是将来源标识权定性为人身权，从而突显创作者的身份权益；工业产品大多通过大型工业化生产取得，产品体现的人格特性较少，因此其来源标识权的人身权特性不明显，才被定性为财产权。随着集合创作与数字信息技术、人工智能等高新技术手段运用于创作领域的情形日益增多，具有突出的实用功能的软件等作品大幅增多，职务、法人作品来源标识的人格特征不再明显，此类作品的来源标识权变得类似于企业名称的商号权。商号权与商标权一样，同属工业产权中的标志型财产权，而非人身权。基于对早期作品的印象，将作品中蕴含的署名权以人身权进行定位，不管是把其看作与姓名权相似的人格利益权，还是创作者的身份权利，如前所述表面上看似合乎情理，实则经不起推敲。在集合创作的法人作品日益涌现的情况下，维持署名权的人身权属性显得颇为勉强和难以为继，其指示作品来源引导财产收益的财产权功能日渐突出。

二、无须专门设置著作人身权的保护模式

（一）作品上的人身利益为一般民事权利涵盖

依据大陆法系作者权法的传统观点，作者人格权和一般人格权之间存在着巨大的差异。作者人格权的出现以创作一部受保护的作品为前提，作者人格权是作者对其作品所享有的人身利益和精神利益。一般人格权独立于作品之外，保护的范围是整体的人格利益。作者人格权并非一般人格权的组成部分，而是一般人格权的独立的法律表现形式。[33] 日本学者则认为，作者人格权与一般人格权并无

〔33〕［德］图比亚斯·莱特：《德国著作权法》，张怀岭、吴逸越译，中国人民大学出版社2019年版，第65页。

本质差异,其与姓名权、肖像权、名誉权等权利一样是一种具体的人格权,可以直接依民法进行保护。[34] 版权法体系的代表国家英国、美国的知识产权法的哲学基础为激励论。其从功利主义角度看待作品之上的权利,认为"copyright"只保护财产利益。美国、英国的版权法最初只保护财产权,后来虽然纳入了精神权利,但是对精神权利的保护非常有限,很不充分。英国通过声明排除了雇佣作品、计算机程序、时事新闻、期刊等作品上的作者署名权的保护,余下不多的作品的作者能够享有署名权。[35] 1710 年英国的《安娜法》仅规定了作者的复制权。直到 1948 年,英国在参与修订《伯尔尼公约》的布鲁塞尔文本时,才开始考虑本国版权法的修订问题。1988 年英国制定并颁布了《版权法》,其第四章规定了四项权利:身份权、反对对作品进行损害性处理权、反对冒名权、某些照片与影片的隐私权。[36] 前三项属于作者的精神权利,反对对作品进行损害性处理权即保护作品完整权,反对冒名权实质上是作者身份权的逆向行使,后一项隐私权实际上并非作者享有的权利,而是对作者权利的限制。1796 年美国制定第一部《版权法》时,不保护著作人格权。后来为了扫除加入《伯尔尼公约》的障碍,美国于 1990 年制定了《视觉艺术家权利法》,仅对复制品在 200 件以下的视觉艺术作品的署名权和保护作品完整权予以保护,并且排除了雇佣作品。美国在司法实践中,仍然遵循版权财产权的理念,并未真正地保护著作人格权。[37] 英美国家的版权制度不重视作者精神权利的保护,并不意味着其法律制度不保护作者的

---

〔34〕 [日]半田正文、纹谷畅男编:《著作权法 50 讲》,魏启学译,法律出版社 1990 年版,第 54 页。

〔35〕 张玲:《署名权主体规则的困惑及思考》,载《中国法学》2017 年第 2 期。

〔36〕 吴汉东等:《知识产权基本问题研究》,中国人民大学出版社 2005 年版,第 216-252 页。

〔37〕 张娜:《论著作人格权保护在美国的演绎》,载《知识产权》2012 年第 4 期。

精神权利。在1988年英国《版权法》明确规定作者的署名权和保护作品完整权以前,英国已经通过隐私法、合同法、反仿冒法等法律,提供了对作者精神权利的保护。[38] 在美国,除非违背《视觉艺术家权利法》可以明确适用《版权法》来保护署名权和保护作品完整权的极少数情形外,多数情形则通过普通法获得保护,即法院援引《版权法》之外的保护名誉、隐私、不正当竞争、合同法等零星的救济手段保护作者的精神利益。[39] 由此可见,作者人格利益可以被一般人格权涵盖,无须专门设置著作人格权。

(二)基于公共利益应维护作者身份与作品完整

作者身份权的设置一方面是为了保护作者的私益,另一方面也是为了保护社会文化发展的公共利益。作品具有传承性。作者在借鉴已有成果的基础上创作出作品。该作品又成为后人创作的参考文献。作品一旦创作完成,就成为社会文化的组成部分。因此,作品不仅是作者思想的外在表达,也是社会的精神财富,其推动了文学、艺术、科学事业的发展和繁荣。在著作权法框架下,保护创作作品作者的身份权,可以使公众得知作品的真正作者,从而为全面准确地探寻学说发展的轨迹、学者的思想发展历程奠定基础。表明作者身份和保护作品完整权有助于保护重要的作品并准确地保存一个社会的文化记录。但是这并非承认了作者的人格权是重要的[40],而是基于公共文化利益考量作出的选择。在英美版权法体系中,虽然作者人格权受到诸多限制,并且可以将其放弃,但是出于维护公共利益的需

---

〔38〕 D. I. Brainbridge, *Intellectual Property*, 4th edition, Financial Times & Pitman Publishing, 1999, p. 99.

〔39〕 李琛:《知识产权片论》,中国方正出版社2004年版,第75－78页。

〔40〕 [澳]彼得·德霍斯:《知识财产法哲学》,周林译,商务印书馆2017年版,第121页。

要，对于作者的人格利益仍然应给予一定程度的保护。根据《伯尔尼公约》的要求，英美法上的作者人格权主要限于署名权与保护作品完整权，这两种权利与社会文化遗产的保护关联密切。出于文化研究与保存的需要，公众应当知晓作品的出处与原貌。从公共利益的角度支持设立作者署名权与保护作品完整权，更有说服力。只有融入公益之考量，才可能为保护上述客体找到充足的依据。不过，保护的前提已经改变。[41] 出于思想传承与历史文化考据等公共文化利益的需要，应当适度保护作者的身份权和作品的完整性。论著中应当正确地引用他人的观点，标明思想的出处，这样才能清楚地知晓思想是如何演变的，文化是如何传承的。既然是为了维护公共文化利益才保护作者身份与作品完整的，那么对于没有复制或传播作品谋利，而是单纯破坏作品完整或者篡改作品署名从而变更作者身份的侵权行为，只能要求行为人改正，一般不支持给予著作权人经济赔偿的主张。

第二节　专利与商标权权能的设置

一、专利商标权中应含人身权的观点

（一）专利权中包含人身权

1. 发明人有表明发明人身份的权利

作者创作了大量优秀的作品，丰富了人们的文化、艺术生活，推

〔41〕 李琛：《质疑知识产权之“人格财产一体性”》，载《中国社会科学》2004 年第 2 期。

动了人类精神文明的发展。在这种态势下,执行着社会职能的国家就需要对作者的贡献予以认可。[42] 通过立法确认这一客观事实,尊重作者付出的智力劳动,维系作者与其作品之间的联系,赋予作者署名权,使作者得以表明其作者身份,也使社会公众了解作品的出处。作者署名权的正当性在于基于创作事实,表明作品的智力来源。[43] 专利法、著作权法基于智力成果设计出了与商标法不同的权利构造:首先确认了智力成果上的财产性权益,专利权是针对技术成果的,著作权是针对作品的。其次维护了创造者与其智力成果的联系,智力成果完成人表明其创造者身份的权利。[44] 著作权中是作者身份权或署名权,专利权中是发明人身份权。发明人在专利申请书上署名是发明人的权利,为多国所保护。《保护工业产权巴黎公约》(1980年修订)第4条之三也规定:发明人有权要求在专利证书上记载自己是发明人。2020年我国修正的《专利法》第16条第1款也规定:发明人或者设计人有权在专利文件中写明自己是发明人或者设计人。据此有人认为专利权中包含与著作权中类似的人身权署名权。发生于20世纪初至20世纪中叶的知识产权主体制度的重大变革,使知识产权的主体由自然人扩展至法人或者法人之外的其他组织。以20世纪60年代《保护表演者、唱片制作者和广播组织的国际公约》的缔结为标志。至此,大陆法系国家将著作权的主体从自然人扩展到了法人和其他组织。[45] 在专利权领域中也发生了相应的变化,随着科技发展和发明难度与集成度的增加,署名权的主体也跨越了自然人,拓展至法人或其他组织。

---

〔42〕［德］M. 雷炳德:《著作权法》,张恩民译,法律出版社2005年版,第7页。

〔43〕张玲:《署名权主体规则的困惑及思考》,载《中国法学》2017年第2期。

〔44〕刘春田主编:《知识产权法》,中国人民大学出版社2014年版,第212页;吴汉东主编:《知识产权法》,法律出版社2014年版,第149页。

〔45〕曹新明:《知识产权主体制度的演进趋向》,载《法商研究》2005年第5期。

2. 专利权人可主张信誉恢复请求权

仅有少数国家在专利法中列举了权利人的信誉恢复请求权。日本在《专利法》中设有信誉恢复请求权。日本专利制度采用发明与实用新型专利单独立法的模式,分别对发明和实用新型专利侵权作出规定。根据日本现行法的规定,当专利侵权时,救济方法有两种,即民事救济和刑事救济。根据日本《专利法》第四章专利权之专利侵害(第 100 ~ 106 条)和日本《实用新型法》第四章权利侵害(第 27 ~ 30 条)的规定,当发明与实用新型专利受到侵害时,采取的民事救济方式基本一致,即当专利权人或者独占实施权人的专利权受到侵害时,可以采取提起民事诉讼的方法保护自己的权利,主要的救济手段为:要求侵权人赔偿损失、恢复信誉。依日本《专利法》第 106 条的规定,当事人有权请求侵权人既赔偿损害又恢复其信誉,也可以要求侵权人以恢复信誉的方式代替损害赔偿。[46] 我国仅在《著作权法》中规定了侵权时适用信誉恢复请求权的人身权损害责任形式。2020 年修正的《著作权法》第 52 条规定,对于侵权行为可以要求承担停止侵害、消除影响、赔礼道歉、赔偿损失等民事责任。我国《专利法》中仅规定,当专利权人遭遇侵权时,可以要求停止侵害和赔偿损失,并未明确规定权利人是否可以主张信誉恢复请求权。虽然我国立法中没有相应规定,但是司法中却不乏支持对专利权人赔礼道歉、消除影响的案例。

(二)商标权中包含人身权

1. 商标权应含人身权即商标信誉权

商标除了能标识产品或服务的来源,具有引导财产收益归属的

---

〔46〕 [日]吉藤幸朔:《专利法概论》,宋永林、魏启学译,专利文献出版社 1990 年版,第 441 - 458 页。

功用外,从商标使用者的角度看,还能面向市场和广大的消费者反映企业的信誉、形象。作为无形资产的商标权的价值大部分来源于商标所有人或使用人建立的良好的商业信誉和知名度。认为商标权仅包含商标专用权的理论存在缺陷。商标专用权仅是商标权中财产权部分的内容,除此之外,商标权还具有人身权性质,应保护注册商标的人身权即商标信誉权。商标专用权与商标信誉权为商标权的两个方面,二者共同构成商标权。商标专用权的行使可以给商标权人带来经济利益,该权遭遇侵害时,权利人可以要求侵权人赔偿损失。商标信誉权属人身权,不具有直接的经济利益,是商标权人依法享有的以人身利益为内容的权利。商标信誉权遭受侵害时,权利人可要求侵权人承担赔礼道歉、恢复名誉等责任,以恢复被破坏的注册商标的信誉。〔47〕

2. 商标权人享有信誉恢复请求权

虽然我国《商标法》中未规定人身权损害的责任形式,但是有关司法解释中却明确规定了此类责任。2002 年制定 2020 年修正的最高人民法院《关于审理商标民事纠纷案件适用法律若干问题的解释》第 21 条规定,人民法院在审理侵犯注册商标专用权纠纷案件中,依据《民法典》第 179 条、《商标法》第 60 条的规定和案件具体情况,可以判决侵权人承担停止侵害、排除妨碍、消除危险、赔偿损失、消除影响等民事责任。商标侵权的担责形式中,消除影响一项为人身权损害的责任形式。我国部分地方高院也作了类似的规定,支持商标权人在遭到侵权时主张信誉恢复请求权;除消除影响外,还增加了赔礼道歉这一人身权损害责任形式。如 2000 年实施的广东省高级人民法院《关于审理商标纠纷案件若干问题的暂行规定》第 25 条规定,商

〔47〕 程一方、黄玉烨:《商标专用权的理论缺陷与注册商标的信誉保护》,载《理论月刊》1998 年第 9 期。

标侵权行为人应承担的民事责任主要有:(1)停止侵害;(2)赔偿损失;(3)消除影响、恢复名誉;(4)赔礼道歉。前述第3、4项民事责任主要是用于侵权行为给商标权人造成了商誉损失,且这种损失是显而易见的、持久的,不判令侵权人承担此等责任不足以弥补权利人的精神损失的情形。由此可见,虽然我国商标权中未设置分支性权能信誉权,但是商标权人在遭遇侵权时可以主张信誉恢复请求权。据此推测,商标权中应相应增设信誉权这一具有人身性质的权能。

二、专利商标权中不应含人身权

(一)专利权中不含人身权

1. 发明人的署名权并非专利权权能

发明人的署名权是指发明人在专利申请书上写明自己是发明人的权利。虽然该权利在实践中普遍受到保护,但是该权利是否属于专利权则存有争议。有学者认为发明人权利与专利权采取的是权利分置的双层模式。〔48〕在专利法领域,分别设有发明人(包括设计人)权利与专利权人权利。发明人在专利申请文件上标署其姓名的权利,并非专利权权能,而是发明人的权利。发明人的署名权并不像著作权中的署名权一样重要,通常著作权人可以基于署名引导财产收益的归属,从而享有著作财产权的权能。我国2020年修正的《专利法》第16条第1款规定,发明人或者设计人有权在专利文件中写明自己是发明人或者设计人。该条款可以理解为发明人、设计人享有署名权,但是不能从中推出发明人、设计人享有专利权的结论。

2. 专利标记权不属于专利权权能

我国2020年修正的《专利法》第16条第2款规定,专利权人有

---

〔48〕 张玲:《署名权主体规则的困惑及思考》,载《中国法学》2017年第2期。

权在其专利产品或者该产品的包装上标明专利标识。第68条规定，假冒专利的，除依法承担民事责任外，由专利执法部门责令改正并予公告，还可以没收违法所得和处以罚款。假冒专利，即假冒专利标记，不包含擅自实施专利的侵权行为。因为我国《专利法》第65条专门规定了此种侵权行为：未经专利权人许可，实施其专利，即侵犯其专利权。我国学者关于专利标记权是否属于专利权的权能有不同看法。有学者认为专利权仅含制造权、使用权、销售权、许诺销售权及进口权等具体实施专利技术方案的权利，而不含专利标记权。假冒专利（标记）不构成专利侵权，但是假冒专利与专利侵权（擅自实施）并列构成专利领域中的违法行为，其是触犯专利管理秩序的危害社会经济秩序的行为。〔49〕也有学者认为专利标记或标识权为专利权人享有的专利权分支权能，与专利的独占实施权及反向禁止实施权、专利处分权并列；但同时承认专利标记权与具有财产权性质的商标权或其他财产性权利明显不同，其财产成分非常弱，专利标记主要起到权利公示的作用。在美国等国，专利标记在专利法中为权利人的义务。〔50〕日本学者也采纳类似的观点，认为专利权仅指实施权（含独占和普通实施权），附加专利标识不仅不属于专利权人的权利，反而构成其义务。〔51〕日本《专利法》第四章第一节专利权中仅规定了实施权，并没有规定标记权。〔52〕知识产权中的标识权之所以重要，应当被纳入知识产权范围加以保护，很大程度上是因为这些标记能够标识独创性产品或作品的来源，从而引导经济收益的归属。专利标记并不具有这一导引功能，因此不应当被纳入知识产权的范畴。

---

〔49〕王迁：《知识产权法教程》，中国人民大学出版社2021年版，第426－460页。

〔50〕吴汉东主编：《知识产权法》，法律出版社2014年版，第187页。

〔51〕［日］青山纮一：《专利法概论》，聂宁乐译，知识产权出版社2014年版，第34－49页。

〔52〕《日本专利法》（第2版），杜颖译，经济科学出版社2009年版，第26－35页。

读者会依据作者署名来选购书籍，消费者会依据商品的来源标识挑选同类产品，但是客户很少会牢记不易记住的专利代码来选购专利产品，而主要是根据厂家、商标和产品所提供的创造性功能判断是否采买专利产品。专利标识不应成为专利权所指向的客体，专利标记权也不应当属于专利权的权能。

（二）商标权中不含人身权

1. 商标权中不含独立的商标信誉权

商标信誉为商事主体所具有的商业信誉的有机组成部分，其不能与之脱离而单独存在，不可能在商标之上独立地建构起商标信誉权。关于商业信誉权的性质存在多种相异的观念。有学者认为商业信誉权为商事主体的人格权。商事人格权是指公民、法人为了维护其人格中包含经济利益内涵在内的、具有商业价值的特定人格利益——商事人格利益而享有的一种民（商）事权利。这种商事人格利益在实践中通过多种形式表现。[53] 如作为商事主体的自然人和法人所拥有的商标、商号等。商事主体的信誉通过产品、服务及各种运作行为和经营标记体现，形成一个相互联系且不可分割的整体，这才是商誉权的客体。在商标上建立的信誉仍属于商业信誉的一部分，不能与商业信誉脱离，单独存在于商标权中。有学者认为商誉权属于经营性资信权，系非物质性财产权的一种。经营性资信权包含商誉权、信用权、商品化权。[54] 商誉权是指商事主体对其在工商业活动中所创造的商誉享有利益，而不受他人非法侵害的权利。虽然商誉权具有某些人格权的属性，但那并非其本质属性。商誉利益包含

---

〔53〕 程合红：《商事人格权论——人格权的经济利益内涵及其实现与保护》，中国人民大学出版社2002年版，第13页。

〔54〕 吴汉东主编：《知识产权法》，法律出版社2014年版，第26页。

精神利益,但主要是财产利益。[55] 在国际投资多边投资协议中,商誉与版权、专利、商标一样是可以用于投资的资产形式。[56] 商誉权中的财产性质是毋庸置疑的。商誉权也可视为一种知识产权,属于《建立世界知识产权组织公约》中所列举的与商品商标、服务商村、商号及其他商业标记有关的权利,或者与防止不正当竞争有关的权利,二者均体现了保护商誉权的内容。[57] 有学者认为商业信誉权具有人身性与财产性双重属性,[58] 是包含财产权与人身权的混合权利。不管商业信誉权的性质是财产权、人身权还是财产与人身的混合权利,商标权中都不可能包含独立的人身性商誉权。

2. 关联商誉商标权人可请求恢复信誉

日本《专利法》规定专利权人或独占实施权人在受到侵害致其业务上的信用受损时,有权行使信誉恢复请求权。日本《商标法》第 39 条准用了日本《专利法》第 106 条规定的信用恢复措施。[59] 日本商标权人遭遇侵权时,其可采取信誉恢复措施,即可以要求侵权方消除影响、恢复名誉等,来消除商标侵权带来的负面影响。针对商标这一财产权利的侵害会连带损害商标权人的商业信誉,正是基于商标与商誉内在的高度关联性,商标权人有权要求侵权人恢复其商业信誉。商标权人有主张恢复信誉的请求权,但这并不意味着商标专有支配的财产权中必然包含具有人身权特性的信誉权。正如日本《专利法》中规定,权利人面对损害时享有信誉恢复请求权,但是在专利权的内容中却并未设置信誉权的权能,二者道理相同。信誉权是知识产权

〔55〕 吴汉东、胡开忠:《无形财产权制度研究》,法律出版社 2005 年版,第 459 – 461 页。

〔56〕 郑新建:《试论商誉权的法律属性》,载《河北法学》2000 年第 1 期。

〔57〕 郑新建:《商誉权的法律保护》,中国人民公安大学出版社 2010 年版,第 64 页。

〔58〕 关今华:《精神损害的认定与赔偿》,人民法院出版社 1996 年版,第 172 – 177 页。

〔59〕 《日本商标法》,李扬译,知识产权出版社 2011 年版,第 31 页。

的基础性权利,是与创造性智力成果权及工商业标记权等并列的基础性权利,而非智力成果权或工商业标记权的分支权能。作为无形资产的企业商誉,与商标、专利、版权这些知识产权客体间的相互作用不是独立的,而是交织在一起,联通融合交互影响而生的。具体的知识产权在独立发挥价值的同时,对于企业整体的商誉会产生一定的波动和影响。知识产权的价值与有形财产权的价值的判定存在巨大差异,尤其是商标商誉等涉及信誉的权利,都会极大地受到社会公众认知和评价的影响。在《专利法》和《商标法》中明确增设信誉恢复请求权,有利于企业恢复自身信誉,可以更好地强化对专利权和商标权本身的保护。但是承认商业信誉并不代表承认其属于专利权商标权的基础权能延展出的权能。

第四章　知识产权侵权规制基本制度

第一节　知识产权请求权的诉讼时效

设置诉讼时效的意义是鼓励及时维权,保障和提高司法效率,减少司法和维权成本,维护社会经济秩序和财产关系的稳定及人们正常的预期收益。一般动产权利的变动以交付(转移占有)为条件,因此除停止侵害外请求权诉讼时效的计算须以动产非法转移占有为行使请求权的客观基础,在此基础上再结合权利人知道或应知物被非法占有及义务人这一主观起算点,确定时效的终止期限。超过这一终止期限的,一般不再支持原告返还原物的请求。对于善意第三人来说,因为其是合法的权利取得者,动产物权权利自转移占有时即发生变动,基于这一公示要件产生的法律效力不受诉讼时效的影响。

一、知识产权请求权类型及最长时效的适用

(一)知识产权请求权类型

基于知识产权的侵权行为,主要产生了两大类请求权,即停止侵害请求权和赔偿损失请求权,除此以外还包含了基于人身权损害产生的请求权,与知识产权有关的人身权侵权责任意在消除侵权对于人身权产生的负面影响,采取消除影响、恢复名誉等手段。传统物权法中的返还原物请求权不能适用于知识产权。知识产权并非物权,

其客体为智力成果,具有非物质性,不能被占有支配,因此知识产权遭受侵权后权利人无返还原物请求权。知识产权的停止侵害请求权,以结束对知识产权客体的非法支配为目的。赔偿损失请求权以赔偿侵害知识产权造成的损失为目的,在我国返还不当得利不是知识产权侵权的一种独立担责方式,而是作为赔偿损失的一种具体形式。

(二)知识产权请求权不适用最长时效

"五朵金花"案中被告曾提出适用民事权利20年最长诉讼时效的侵权抗辩理由,那么知识产权请求权是否适用民法中规定的最长20年的诉讼时效呢?《民法典》第188条规定最长诉讼时效为20年,自权利受到损害之日起超过20年的,人民法院不予保护。这是关于一般民事权利的诉讼时效的特殊规定,不适用于知识产权。因为知识产权的保护期限存在专门规定,不适用普通民事权利的一般规定乃至特殊规定。民法之所以规定最长诉讼时效期间,是因为存在诉讼时效中断的特定情形使普通诉讼时效的起算点不断后移。为了防止诉讼时效的不断推移影响案件的举证审查等工作的开展,特别规定了最长诉讼时效,督促当事人在此期间内及时行使权利,避免妨碍司法工作的顺利进行。赔偿损失请求权属于债权请求权,以他人侵权导致损害发生为前提。侵害知识产权导致的赔偿损失请求权,应以知识产权有效存续期内的损害为客观基础,而这必然发生在知识产权的法定保护期内。损失发生后,需以权利人可能行使诉权的明知或应知赔偿义务人及权利受损的时间为起算点,计算赔偿损失请求权终止的时效期限。因此知识产权的赔偿损失请求权的诉讼时效,必定要受到知识产权保护期限的影响,不可割裂看待。如果把一般民事权利的损害赔偿请求权的诉讼时效运用于知识产权,就可能会发生知识产权仍在保护期内,但是刚刚遭遇的损害的赔偿请求权已过诉讼时效这一有悖法理的现象。一般民事权利20年的最长时效保护期间,要远远短于著作权作者生前加死后50年的保护期。如果仅适用20年的最长时效保护期间,将大大缩短著作权的保护期限,使知识产权专门的保护期变得毫无意义,产生不公平的局面。因此在知识产权领域,不应当适用民法最长诉讼时效的有关规定。

二、停止侵害请求权时效为知识产权保护期

依据《民法典》第196条第1项,停止侵害、排除妨害、消除危险的请求权不适用诉讼时效的规定。笔者主张知识产权具有准物权属性,类似所有权,能够产生物上请求权。物上请求权具有对世的绝对请求权的属性,基于物权的排他性、专有性遭受破坏而产生,包含排除妨害等请求权在内。物上请求权产生的基础是物权存在,物权只要客体不灭失,权利即永久存续。但是知识产权则不然,其具有时效性,只在有限的期间内才生效。因此知识产权的排除妨害等请求权的行使,必须在知识产权有效期内才可能获得法院支持,才可能回复权利圆满的可支配状态。知识产权保护期届满后,权利本身已不存在,更无所谓胜诉权,此时也无必要讨论诉讼时效的问题。关于知识产权的有效存续期间,著作权自作品完成自动产生,直至作者死后50年;专利权自专利申请日开始计算保护期,发明专利为20年,实用新型为10年,外观设计为15年;注册商标权自商标授权公告日起计算保护期,为期10年,可以续展。知识产权虽然仍然处于保护期内,如果至权利人起诉时侵权行为已经停止,则法院亦无必要再支持停止侵害等请求权。所以知识产权停止侵害请求权受法院支持的前提,除了知识产权仍处于保护期内,还须具备的条件是侵权行为仍然持续。具备这两个条件的情况下,知识产权停止侵害请求权的诉讼时效期间

与知识产权的有效期限保持一致。对于知识产权侵权行为而言，停止侵害请求权的时效终止日期为权利保护期届满之日，而与权利人知道权利受损及侵权人的具体时间无直接关联。在此期间，只要权利存在遭受侵害的客观事实，权利人发现后随时可以请求侵权人停止侵害。

三、知识产权人身权请求权无诉讼时效

依据《民法典》第196条第4项，依法不适用诉讼时效的其他请求权包含人身权请求权。2020年修正的《著作权法》第22条规定，作者的署名权、修改权、保护作品完整权的保护期不受限制。知识产权中具有人身权性质的权利应当永久保护，不受诉讼时效期间的限制。这些具有人身性质的权利遭受侵害时产生的请求权形式有消除影响、恢复名誉、赔礼道歉等，均不适用诉讼时效的限制性规定。由于他人侵权行为导致创作者的作品声誉及创作声誉受到影响的，权利人可请求侵权人承担上述责任。这几种人身权请求权的性质类似物权请求权，属于绝对请求权，以回复人身利益的圆满状态为目的，是一种对世权。每个公民都应当维护他人合法的人身权。设置消除影响、恢复名誉、赔礼道歉这三类请求权的目的在于通过抚慰受害人的情绪，消除给其造成的不良影响，使其受到损害的名誉得以恢复。即使权利人在受到侵害的一段时间内没有及时行使该权利，而是过了较长时间再行使，也不会对财产利益的归属和社会经济秩序产生影响，因此这三类请求权不应受到诉讼时效的限制。[1] 即使著作财产权已到期，他人在作品上张冠李戴的署名行为或者任意割裂作品的行为基于公益目的也须纠正，不然会对后世产生不良的影响，进而破坏文化传承的完整性。因此对作者署名权与保护作品完整权的保

---

〔1〕 赵春兰：《知识产权侵权诉讼疑难问题研究》，法律出版社2013年版，第6页。

护没有诉讼时效期间的限制，对相关侵权行为权利人可以随时维权。专利权或者注册商标权遭受侵害时，企业有关的商业信誉往往也会受到影响。法院可能会支持相关权利人行使信誉恢复请求权，但是这必须以专利权或者注册商标权仍在有效期间为条件。如果专利或者商标已过保护期，那么就不存在侵害，此时要求他人承担恢复商业信誉的责任没有法律依据。

四、知识产权损害赔偿请求权的诉讼时效

损害赔偿请求权是债权请求权，属与维护知识产权有关的相对请求权，以他人侵犯知识产权造成损害为前提。对于已终止的知识产权侵权行为，行使请求权的诉讼时效期间及诉讼时效期间的起算点一般没有多大的争议，适用《民法典》关于损害赔偿请求权诉讼时效的一般规定。

（一）已停止侵害的损害赔偿请求权的诉讼时效

1. 诉讼时效期间为 3 年

损害赔偿请求权的诉讼时效期间与知识产权保护期限并无直接关联，以权利人可以行使请求权的合理期限为界限，可能发生在知识产权保护期届满之后。依据《民法典》第 188 条的规定，向人民法院请求保护民事权利的诉讼时效期间为 3 年。诉讼时效期间自权利人知道或者应当知道权利受到损害以及义务人之日起计算。2020 年修正的《著作权法》并未规定关于著作权的侵权行为的诉讼时效。参照 2020 年修正的《专利法》第 74 条的规定，侵犯专利权的诉讼时效为 3 年，自专利权人或者利害关系人知道或者应当知道侵权行为以及侵权人之日起计算。我国知识产权侵权损害赔偿请求权的诉讼时效与一般民事权利损害赔偿请求权的诉讼时效保持一致，均为 3 年。

2. 从知道或应知损害及义务人时起算

参照上述规定，对于已停止的知识产权侵权行为，知识产权损害赔偿请求权的诉讼时效应当自权利人知道侵权行为发生并已形成实质损害，且知道侵权人时起算。知识产权侵权人往往会伪装自己，使其真实身份不易被揭露和发现。如果权利人仅仅知晓侵权行为发生并造成损害，但是对于真实的侵权人一无所知，那么其无法提起诉讼来维护自身的权利，因此要待其也知道侵权人即义务人时才能开始计算损害赔偿请求权的诉讼时效。

（二）持续侵害的损害赔偿请求权的时效起算点

对于知识产权侵权行为，权利人的损害赔偿请求权的诉讼时效期间并无异议，为 3 年。但是关于持续侵害知识产权造成损害的赔偿请求权的诉讼时效的起算点，却存在较大的争议。主要有三种观点。

1. 侵权行为终止时起算的观点

不考虑权利人是否知情，即是否知道侵权行为发生并造成损害及是否知晓义务人，侵权行为引发的损害赔偿请求权的诉讼时效均自侵权行为终止时起算。这是一种客观的起算法，以侵权行为终止这一客观事实发生的时间作为损害赔偿请求权诉讼时效的起算点。此种学说只考虑了侵权行为是否终止的客观事实，却忽略了权利人行使诉权的实际可能性。侵权行为终止所有损害均已发生，并不代表权利人知晓相关事实和需承担侵权责任的义务人，不一定能及时行使诉权要求法院给予保护。

2. 自权利人最初知道损害及义务人时起算的观点

第二种观点是，对于至起诉时仍未终止的连续侵权的现象，损害赔偿请求权应从受害人最初知道或应当知道权利受损及义务人时起算。该种观点为主观起算法，认为损害赔偿请求权的诉讼时效应自权利人主观上最初意识到权利受到损害及义务人之时起算。该种观点的依据是《民法典》第188条的规定，损害赔偿请求权的诉讼时效期间自权利人知道或者应当知道权利受到损害以及义务人之日起计算。虽然侵权行为持续下去，会不断地有新的侵权行为及损害发生，但是损害赔偿请求权的诉讼时效均自权利人最初知道损害发生及义务人时起算，而不随侵权行为的持续向后推移。坚持此种观点的理由是，知识产权侵权引发的损害赔偿请求权的诉讼时效应与其他有形财产权受损害的诉讼时效保持一致，不应特殊对待。知识产权人知道侵权后不及时维权，如果纵容这种怠懈行为，那么可能会增加社会的法治成本。此种观点亦存在违背法理之处，只有在侵权行为及损害发生后，权利人才可能行使损害赔偿请求权；但是未来的侵权行为与损害尚未发生，这部分损害的赔偿请求权的诉讼时效却可能已经提前终止。

3. 区分权利人是否知情决定起算点的观点

（1）一直不知情，自最初知道损害及义务人时起算。持续侵权行为的诉讼时效起算点，应以“权利可得行使时为起算点”为宜。权利可得行使必须具备客观和主观条件。首先要具备客观基础，以受法律保护的新法益的产生为前提；然后是主观要件，权利人明知或应知该权利受损及义务人。知识产权持续侵权损害赔偿请求权的诉讼时效应当区分权利人是否知情，从而分别计算诉讼时效起算点。对于一直不知情的持续侵权，具备客观要件，但是主观要件不具备，因此权利人无法行使诉权，只有等到权利人明知或应知权利受损及义务人时，才能开始计算诉讼时效，即应以主观要件具备的时点作为起算点。只要权利人在明知或应知损害及义务人的3年内提起诉讼，诉前发生的全部损失法院就应当支持赔偿。因为之前发生的损失不具备主张损害赔偿请求权的主观要件，在主客观要件皆具备的3年内提请赔偿,所有损失均未超过诉讼时效期间。

(2)早已知情,自诉前知道最新侵权时起算。对于早已知晓损害及义务人的持续知识产权侵权,虽然诉讼的主客观要件均已具备,但是权利人自最初知道损害及义务人时超过3年才起诉的,仍应支持符合条件的损害赔偿请求权。理由是:自权利人最初知道损害及义务人之后,仍持续发生新的侵权,不断产生新的需要保护的法益——新的遭到损害的知识产权利益,在此基础上不断形成新的损害赔偿请求权。即使旧的损害赔偿请求权已超过3年的诉讼时效期间,也不影响新的仍在保护期内的损害赔偿请求权的行使。损害赔偿请求权的诉讼时效起算点,应随着持续侵权的发生不断向后推移,而不能固定于权利人最初知道损害及义务人的时间点,否则会出现新的法益尚未形成,而其请求权的诉讼时效已先行终结的有悖法理的现象。尽管损害赔偿请求权的诉讼时效起算点可以不断后移,但是最迟也不能晚于起诉的时间,因为要求赔偿的损失一定是在诉前发生的。持续侵权的知识产权损害赔偿请求权的诉讼时效起算点,应自权利人诉前知道最新损害发生的时间向后推算,如果尚未超过3年,则可以赔偿。逆向计算的话,刚好是自起诉时往前推3年的损失未过时效。在此之前发生的损害,由于自权利人知道最新损害发生时已超过3年,诉讼时效期间已过,如果被告提出时效抗辩,则法院不应支持原告的赔偿请求。与权利人诉前不久才知晓损害及义务人随即起诉的持续侵权的情形相比,上述情形中赔偿损失的范围大幅缩小。这是因为权利人早已知晓损害及义务人,却迟迟不起诉,才导致前面遭受损失的赔偿请求权失去胜诉的基础。

第二节　知识产权的侵权行为

知识产权的种类繁多，主要的三大知识产权与次要的知识产权在侵权行为的构成要件上存在重大区别。例如次要知识产权中的集成电路布图设计权，依据2001年通过的《集成电路布图设计保护条例》第33条，当事人不知道其经营中使用的物品中含有非法复制的布图设计的，其善意使用行为不构成侵权。而在主要的知识产权中鲜有类似的规定。不管是否出于善意，他人未经许可擅自实施侵犯主要知识产权的行为，在没有其他合法理由抗辩的情况下，一般会被认定为侵权行为。由于篇幅所限，此处只讨论主要知识产权侵权行为的构成要件及追责机制。

一、侵权行为与侵权责任的要件

（一）侵权行为与侵权责任要件的混淆

早期的著作中对于侵权行为的一般构成要件的论述，实际上都是对侵权民事责任的构成要件的论述。[2] 不仅虑及侵权行为成立的要素，而且衡量责任能力、归责依据，还考虑到最终法律责任的承担，实际已超出其涉及的范围，不局限于侵权行为的成立。如侵权行为之要件被认为有三项：(1)须有归责性之意思状态；(2)须有违法性之行为；(3)须有因果律之损害。[3] 侵权行为成立的三层结构可

〔2〕 阳平：《论侵害知识产权的民事责任——从知识产权特征出发的研究》，中国人民大学出版社2005年版，第48页。

〔3〕 史尚宽：《债法总论》，中国政法大学出版社2000年版，第111页。

归纳为行为的客观构成要件（加害行为、权利受到侵害并造成损害、因果关系）、违法性及有责性（故意或过失、责任能力）。前者为该行为的状态及其所造成结果的问题，属客观要件；后两者乃行为人本身主观方面的问题，属主观要件。

上述侵权行为成立的三层结构又被表述为过失责任成立的要件，通说认为须具备六个要件：（1）须有加害行为；（2）行为须不法；（3）须侵害他人之权利；（4）须致生损害；（5）须有责任能力；（6）须有故意或过失。〔4〕简单的侵权行为的定义中，只界定了客观行为本身的性质，并不涉及行为人主观的恶性、行为所致损害以及行为人应承担的后果等内容；但是在复杂的侵权行为的定义中，行为人的主观恶意、损害的发生及其与侵权行为之间的因果关系、民事责任的承担等，都成为侵权行为内涵中必不可少的内容。正因为将损害等界定为侵权行为的内涵，才直接导致了关于侵权行为构成要件的复杂界定，并因此和损害赔偿之债的成立要件相混淆。〔5〕

侵权行为常常被称为过错行为，绝大多数侵权行为是过错行为，对行为的归责依据就是过错。〔6〕随着科学技术的发展，在社会正常运转的生产经营与生活过程中风险逐渐加大，无过错归责原则适用的空间上升，学者们更加严谨地区分民事侵权行为的构成要件，还产生了按过错责任和无过错责任分别讨论侵权行为的构成要件的做法，称为过错侵权的构成要件和无过错侵权的构成要件。〔7〕如今，学者越来越注意在词语表述上区分侵权责任与侵权行为的构成要

〔4〕王泽鉴：《侵权行为》，北京大学出版社2009年版，第86页。

〔5〕阳平：《论侵害知识产权的民事责任——从知识产权特征出发的研究》，中国人民大学出版社2005年版，第47页。

〔6〕王利明：《侵权责任法研究》（第2版）（上卷），中国人民大学出版社2016年版，第7页。

〔7〕张新宝：《中国侵权行为法》，中国社会科学出版社1998年版，第74-78页。

件。基于过错责任原则所认定的侵权责任的构成要件有几种学说。法国民法主张损害事实、因果关系和过错三要件说。德国民法主张行为的违法性、损害事实、因果关系和过错四要件说。[8] 考虑到我国民法理论的德国法渊源，基于过错责任原则确认的侵权责任的构成要件应为四个：加害行为、损害、加害行为与损害之间的因果关系以及行为人的过错。也有学者称之为：违法行为、损害事实、因果关系和主观过错。[9]

（二）侵权行为与侵权责任要件的区别

1. 侵权责任成立还须符合有责性

民法上侵权行为成立的一般要件为：侵权行为的客观要件（客观的加害行为、权利遭受侵害的后果、因果关系）与行为的违法性。民事侵权责任的成立以侵权行为的成立为基础，在此基础上还须满足当事人的有责性这一要件。民事主体的有责性，首先体现在主体必须符合与民事行为相应的民事行为能力的要求，承担不同的侵权责任可能还须满足过错、损害等不同要件的要求。侵权责任的类型不同，要求承担的法律责任的要件也不完全相同。

2. 不同侵权责任成立的要件不一致

（1）停止侵害责任成立无须过错。知识产权是对无形的知识财产的所有权，与传统意义上的所有权一样具有专有权属性，也衍生出相似的物上请求权。知识产权人基于这一权利，可以请求侵权行为人消除危险、停止侵害。知识产权停止侵害请求权，不同于针对有体物的包含返还原物请求权在内的物权请求权，其是旨在防止或排除他人非法利用知识产权的请求权。知识产权停止侵害请求权虽然也

---

〔8〕 张新宝：《侵权责任法》，中国人民大学出版社2016年版，第22页。
〔9〕 杨立新：《侵权法论》，人民法院出版社2004年版，第147页。

要求他人为或不为一定的行为，但是其与以给付为内容的债权请求权不同，该权可以使知识产权恢复权利的圆满状态和圆融的支配力，与以填补损害为目的的损害赔偿请求权不同。知识产权排除妨害请求权的行使，不考虑相对人主观上是否有过错，不以确定的损害后果为前提，权利人只需证明侵权人已实施了侵犯或有妨碍其知识产权的行为。物权保护方法与债权保护方法在构成要件方面有着明显的区别，不必就行为人主观上具有过错举证，这是物上请求权与侵权损害赔偿请求权的显著差别。[10] 不仅是知识产权，其他专属性权利停止侵害责任成立的要件都不需要具有过错。依2020年通过的《民法典》第1167条，侵权行为危及他人人身、财产安全的，被侵权人有权请求侵权人承担停止侵害、排除妨碍、消除危险等侵权责任。权利人停止侵害与消除危险等请求权的成立，或者加害方停止侵害责任的承担，不以过错为要件，即使是无过错客观上造成了对他人权利的侵害或者使其处于危险状态，仍然应当承担这一责任。

（2）赔偿责任成立一般须有过错与损失。并非所有的侵权行为都会引发侵权赔偿责任，侵权人只有在符合责任构成要件的情况下，才承担赔偿责任。损害赔偿请求权的成立，各国立法大都规定了过错的主观要件，并且须以一定的损害事实存在为条件。[11] 侵权行为及停止侵害的法律责任成立的要件是：须具有客观的加害行为，行为需具备违法性。侵权赔偿责任的成立要件是：损害的事实、损害与加害行为存在因果关系、责任主体的有责性（具有相应的民事行为能力

---

〔10〕 吴汉东：《试论知识产权的“物上请求权”与侵权赔偿请求权——兼论〈知识产权协议〉第45条规定之实质精神》，载《法商研究（中南政法学院学报）》2001年第5期。

〔11〕 吴汉东：《试论知识产权的“物上请求权”与侵权赔偿请求权——兼论〈知识产权协议〉第45条规定之实质精神》，载《法商研究（中南政法学院学报）》2001年第5期。

或者承担责任的能力，通常还要忖度主观要件，且以过错为主）。侵权赔偿责任的归责原则或归责依据是主观过错要件，即要对侵权行为人的主观过错进行考量，但并不代表着主观上一定要有过错，过错或无过错都有可能成为损害赔偿责任的归责依据。侵权不一定造成损害，但只要权利受侵害的状态仍在继续，则应停止侵害；只有造成损害且满足主观要件的情况下，才需承担赔偿损失的责任。

二、民事侵权行为的构成要件

（一）加害行为与损害后果

1. 加害行为是必备要件

对权利客观的加害行为是基础，其构成侵权行为的一般要件没有争议。侵权行为是侵害或者损害他人民事权益的行为。[12] 加害行为不具有意思表示的要素，属于一种事实行为。加害行为是一般侵权行为的构成要件之一，构成狭义的“侵权行为”。[13] 如果破坏权利的完满圆融状态也被看作是一种损害的话，那么所有的侵权行为必然造成损害这句话是正确的。但是如果损害仅指已经获得或应当获得的预期财产利益的减损，那么这句话不一定是正确的。侵权行为成立与损害赔偿责任成立二者不能简单画等号。如侵权行为成立，而未造成实际损害，则赔偿要求可能被驳回。如仍处在有效期内的注册商标权利人已停产，不再实际使用该商标，其他人擅自在同类产品上使用相似商标虽然构成侵权，但是不会发生非法挤占商品市场份额的实质后果。

---

〔12〕［德］克雷斯蒂安·冯·巴尔：《欧洲比较侵权行为法》（上卷），张新宝、焦美华译，法律出版社 2001 年版，第 140 页。

〔13〕张新宝：《侵权责任法》，中国人民大学出版社 2016 年版，第 25 页。

2. 损害后果非必备要件

不少学者强调损害后果应在侵权行为的内涵中占据必要地位。与此相适应，他们对侵权行为构成要件的界定就不可避免地包含了损害的内容，并强调侵权行为与损害后果之间的因果关系。侵权行为必定给他人、国家或社会造成一定的损害，但造成损害并不是侵权行为的本质属性。侵权行为是引发侵权责任的前提和基础。[14] 这句话中前一个损害应作宽泛的理解，包含社会秩序的破坏、权利圆满状态的破坏等，而后一个损害则应当作狭义的理解，即损害会带来实际利益的损害。2020 年通过的《民法典》第 1177 条第 1 款与第 2 款分别使用了“侵害”和“损害”两个词，合法权益受侵害时可以寻求国家机关保护，受害人采取措施不当可能致人损害。“侵害”指有意为之，行为人的行为具有违法性，具有可追责性。“损害”指无心之失，造成他人人身或财产利益受损。造成他人损害的人主观上不一定具有过错，但客观上造成了损害后果；侵害他人权利的人则往往主观上带有过错，但是其行为却不一定会造成财产或人身利益的损害，可能只是妨害权利的行使。因此，侵权行为成立不应要求具备损害后果，行为满足违法性即可。损害后果与因果关系是损失赔偿责任成立的前提条件。

（二）因果关系有独立意义

因果关系往往是附随权利的侵害或者是损害的发生而产生的，其通常将实施侵权行为的主体与权利被侵犯的客体紧密地联系在一起，引导法律责任的走向。人们通常认为因果关系是侵权行为成立的必不可少的要件。环境损害中复杂的因果关系是一种例外，一般推定因果关系存在，而由被告反证因果关系不存在。因果关系不仅

---

〔14〕 王利明：《侵权责任法研究》（第 2 版）（上卷），中国人民大学出版社 2016 年版，第 7 - 9 页。

是侵权行为可被追究的原因，而且具有独立的价值。因为现实中，侵权行为与损害后果及责任承担之间存在复杂的关联，可能并不像表面显示的那样简单。有时并不是一因一果，而是一果多因，或者一因多果，所以对其进行独立的研究有充分的必要。尤其是在存在代理侵权的情形下，没有直接参与实施侵权行为的个体，可能由于会从侵权行为中获取巨大的收益而承担责任。

（三）主观过错与违法性要件

1. 过错并非所有民事侵权行为成立的要件

依 2020 年通过的《民法典》第 1165 条第 1 款的规定，行为人因过错侵害他人民事权益造成损害的，应当承担侵权责任。第 1166 条规定，行为人造成他人民事权益损害，无论行为人有无过错，法律规定应当承担侵权责任的，依照其规定。《民法典》关于侵权责任的这两条规定，分别体现了关于追究侵权人责任的过错归责原则和无过错归责原则。侵权人不管有无过错，在法律有相应规定的情况下，都可能要承担侵权责任。过错并非所有类型权利的侵权责任成立的要件。同理，过错也不一定是所有类型权利的侵权行为成立的要件，应当视具体情况与权利类型而定。一般情况下，侵权人主观上须具有过错才会造成对有形财产、人身、名誉等普通民事权利的侵害，一般的民事侵权行为具有违法性是以主观有过错为基础认定的。总体上看，学者们公认过错责任原则是侵权行为法中基本的归责原则，因此也大都将行为人的过错直接列为一般民事侵权行为的构成要件。[15]这其实是混淆了民事责任的成立要件与侵权行为的构成要件。过错并非所有民事侵权行为成立的必备要件，知识产权由于其客体无法

〔15〕 阳平：《论侵害知识产权的民事责任——从知识产权特征出发的研究》，中国人民大学出版社 2005 年版，第 48 页。

被占有支配等特性导致无权处分有可能广泛发生，使得在对侵权行为违法性的考量中排除了主观过错因素，降低了违法性的认定标准。对于侵犯知识产权的行为，只要妨害或危险存在，权利人即可行使"物上请求权"，要求制止不法行为。实施知识产权侵权行为的人虽然无过错，但侵权行为成立。〔16〕其实主观过错不应当成为民事侵权行为成立的单独要件，因为在民事侵权行为违法性的考量中，已经包含了对主观过错的忖度。同一种元素，不应当在民事侵权行为成立要件中被重复度量。

2. 违法性要件涵盖主观过错的考查

对于违法性是否应列为侵权行为独立的构成要件存在争议，主要有两种不同的观点。一种观点是过错吸收违法性说，认为违法性并不是侵权行为的独立构成要件，违法性的概念应为过错概念所吸收。〔17〕另一种观点是违法性要件独立说，认为违法性不能为过错概念所吸收，违法性应当是侵权行为的独立构成要件之一。〔18〕单纯从违法性和过错的关系上看，违法性是对行为人客观行为违反法律规定的判断，过错是对行为人主观意志状态违反法律要求的判断；违法性是对行为的否定性评价，过错是对行为人主观意志状态的否定性评价。二者的评价对象和评价结论不可混为一谈。在侵害知识产权的行为中，对行为违法性的评价和对行为人主观过错的评价，不仅在理论上需要分别进行探讨，司法实践中也已自觉地采取了分别认定

〔16〕吴汉东：《试论知识产权的"物上请求权"与侵权赔偿请求权——兼论〈知识产权协议〉第45条规定之实质精神》，载《法商研究（中南政法学院学报）》2001年第5期。

〔17〕王利明：《侵权行为法归责原则研究》，中国政法大学出版社1992年版，第395－410页。

〔18〕杨立新：《侵权法论》，吉林人民出版社1998年版，第177－182页；张新宝：《中国侵权行为法》，中国社会科学出版社1998年版，第73－78页。

的做法，所以，承认违法性相对独立有合理性；尤其对于侵害知识产权民事责任制度而言必须严格区分对违法性和过错的认定和判断。[19] 侵权行为在客观上只表现为对他人人身或者财产的损害。这只是引发民事责任的法律事实之一，还须从法律属性上对该事实进行判定评价，因此在侵权行为的构成要件中，还应当强调行为的违法性。行为人实施了某种行为，这种行为不仅侵害了他人的人身或者财产，而且这种侵害并不具备合法化、正当化的事由，如构成正当防卫或紧急避险。违法性在侵权行为构成要件体系中具有独立的价值，不应被否定。违法性和有责性的判定，可能都要考量主观过错，但是对二者的考量不构成重复性思考，二者各有其独立存在的意义。不同责任形式的主观归责依据不同，有的是过错，有的是故意，有的是无过错。有责性判定中的主观要件要求随责任形式变化而变化，违法性判定中对于主观要件的要求有别于有责性判定中的主观条件。不能因为最终会在有责性中对主观过错要件进行衡量，就省略了在违法性中对于主观过错的考虑。关于违法性的认定，多从行为人主观是否具有过错和是否满足免责条件两方面进行考虑。违法性要件要结合过错和免责条款两方面进行考量，因此违法性要件可以包含过错要素，但是过错不能包含违法性要件。是否具有过错与是否构成违法，二者也不能简单画等号。以违法性要件代替过错要件则更科学。无论是一般的民事侵权行为还是特殊的民事侵权行为，衡量是否违法是必须要考虑的问题，但是主观过错却不是所有民事侵权行为都必需的。

---

〔19〕 阳平：《论侵害知识产权的民事责任——从知识产权特征出发的研究》，中国人民大学出版社2005年版，第49－50页。

三、知识产权侵权行为的类型

（一）知识产权直接侵权行为

知识产权属民事权利，知识产权直接侵权行为的成立是应当沿用民事侵权行为的全部一般要件，还是存在其特殊之处，尤其是主观过错是否是必备要件，存在较大的争议。另外，对于知识产权直接侵权行为的成立是否还须带有经营或者营利目的，也有不同的看法。由于知识产权的客体具有非物质性、创造性等与有形财产权不同的特征，因此其直接侵权成立要件中也必然显露其特色，但是必须有加害行为，行为必须满足违法性，这两点是毋庸置疑的。

1. 知识产权直接侵权不应含过错要件

之所以一般民事侵权行为的成立需要考察加害人实施行为时的主观意志状态，是怀有积极追求或者放纵的故意心理，还是疏忽大意的过失心理，这或许是由于民法基本制度源自对有形财产权的保护，而有形财产领域存在善意取得制度对物权所有权的限制。当事人自无权处分人手中善意地受让财产时，如果满足权利公示的外观条件，不仅不构成侵权，反而可以获得物的所有权。在知识产权领域，不可能适用善意取得制度。因为知识产权的客体是智力创造物，本质上是无形的，不像物权客体那样能被人占有掌控，只在少数情况下才会发生无权处分，如允许他人代为管理。作品一经产生，可能被传阅至世界各地，他人均可擅自利用。初始的侵权人往往是故意的，但是后续的侵权人可能是受蒙蔽不知情的。在知识产权领域内经常发生无辜侵害，有时甚至是剽窃后擅自授权转让的恶劣行径。如果承认知识产权的善意取得，无辜的受让人均可以获得知识产权，那么知识产权的保护将会面临难以想象的局面，其法律的价值目标将会彻底落空。因此，只要未经知识产权人许可，也没有法律规定的抗辩理由，擅自实施受专有权利规制的行为即构成直接侵权。至于行为人的心理状态如何、是否具有主观过错,只影响损害赔偿数额或救济方法,并不影响对行为构成直接侵权的认定。[20] 在知识产权领域无法适用善意取得制度,无论是善意还是恶意的加害行为,都要承担相应的法律责任,只是责任形式有别,轻重程度不同。因此在知识产权直接侵权行为的构成要件中,主观过错应当被排除在必备要件之外。

2. 知识产权直接侵权不应含经营目的

(1)现代国际知识产权侵权要件一般不含经营目的。在有关的国际公约和其他国家的法规中,包含专利权在内的知识产权侵权行为构成要件中,罕有注明需以生产经营或者营利为目的的。美国对于著作权犯罪过去是要求"出于商业利益或者个人经济利益目的",但是 1994 年发生的 United States v. Lamacchia 一案[21]则从根本上改变了这一规定,公开上传软件供人任意免费下载的做法对著作权造成了严重的损害,修正过后的《版权法》对侵犯著作权的犯罪的主观目的已不再要求。在以纸张、油墨等有形介质印刷传播作品的时代,实施侵犯著作权的行为通常要付出较大的成本,所以侵权行为一般都要求带有营利目的。但在信息时代,通过网络复制、传播作品的成本极低,且传播范围很广,不以营利为目的的著作权侵权行为大量发生,严重损害著作权人利益。在新技术的冲击下,美国、法国等发达国家纷纷修订著作权法,一个显著的趋势就是逐步取消了"以营利为目的"作为侵犯著作权犯罪的主观要件。[22] 除了著作权侵权行为之外,美国《专利法》中的专利侵权行为也不包含经营目的要件。美

[20] 王迁:《知识产权法教程》,中国人民大学出版社 2021 年版,第 16 页。

[21] Jonathan Roenoer, *Cyber Law—the Law of the Inernet*, Springer - verlang New York Inc. , 1997, p. 203.

[22] 赵秉志、田宏杰:《侵犯知识产权犯罪比较研究》,法律出版社 2004 年版,第 79 页。

国《专利法》第二十八节“对专利权的侵害”第 271 条规定:(a)除本编另有规定外,任何人在美国境内,在专利期限内,未经许可而制造、使用或出售取得专利权的发明,即为侵害专利权。……(c)任何人销售、许诺销售或进口获得专利权的机器、产品、组合物或合成物的组成部分,或者用于实施专利方法的材料、仪器,且明知上述物品是为用于侵害专利权而特别制造,不具有实质性非侵权用途的,应作为帮助侵权人承担责任。[23] (a)款规定的是直接的专利侵权,可看出未经许可直接实施专利的行为即构成侵权,并未添加以生产经营为目的这一要件。(c)款规定的是帮助专利侵权,帮助侵权人主观须明知其出售的设备、材料、产品、组件并非通用产品,而是用于侵害专利权的,才会作为帮助侵权人承担法律责任。美国专利间接侵权行为的成立,也未设置经营目的要件。德国《专利法》第 9 条规定:只有专利权人有权实施其专利保护的发明。任何其他人未经专利权人许可,都不得以下列方式实施其专利:制造、提供、使用其专利产品,或者将其投放市场,或者为前述目的进口、储存其专利产品;使用其专利方法……;提供、使用依照其专利方法直接获得的产品,或者将其投放市场,或者为前述目的进口、储存依照其专利方法直接获得的产品。德国《专利法》中的专利侵权行为也不带有生产经营的目的,但添加了个人目的使用情形的权利限制条款,以此作为侵权抗辩的理由在专利权人与公共利益间寻求平衡。如德国《专利法》第 11 条设置了个人非营利目的行为对专利权的限制条款,主体排除了单位。

世界贸易组织制定的《与贸易有关的知识产权协议》第二部分“有关知识产权的效力、范围及利用的标准”第一节“著作权与有关权”第 13 条“限制与例外”中规定:全体成员均应将著作权的限制或

---

[23] 《美国专利法》,易继明译,知识产权出版社 2013 年版,第 93－94 页。

例外局限于一定特例中，该特例应不与作品的正常利用冲突，也不应不合理地损害权利持有人的合法利益。该协议秉承了《伯尔尼公约》当中所坚持的不妨害知识产权有关产品的正常使用、不损害知识产权权利人正当利益的原则，将对于知识产权这一专有权的限制局限在特定的情形下。对于著作权的基本限制原则也同样适用于专利权，不能盲目扩大权利限制范围。添加以生产经营为目的这一侵权要件后，无疑会令非以生产经营目的的成规模利用专利的行为逃避追究，损害专利权人的正当权益。《与贸易有关的知识产权协议》第28条规定了专利权人享有的专有权利："（1）如一专利的客体是产品，则有权制止第三方未经权利人同意而进行制造、使用、许诺销售、销售，或为这些目的而进口该产品的行为；（2）如一专利的客体是方法，则有权制止第三方未经权利人同意而使用该方法的行为，并有权制止使用、许诺销售、销售，或为这些目的而进口那些至少是以该方法直接获得的产品的行为。"从上述条款中可以推断出该公约中专利侵权行为的要件并不包含生产经营目的。条款中出现了"目的"一词，这些目的拆解开来就是专利权的具体实施方式，即制造、使用、许诺销售或者销售，并不涉及经营与否。《与贸易有关的知识产权协议》在规定追究知识产权侵权的刑事责任的要件时，也未包含经营目的。追究专利权侵权的刑事责任的条款由于分歧较大，未达成一致，于是公约第61条仅要求各成员应规定适用于具有商业规模的蓄意假冒商标或盗版案件的刑事程序和处罚。可见《与贸易有关的知识产权协议》已将故意与商业规模的利用作为以刑罚手段追究严重的知识产权侵权行为的要件，而不要求行为人出于经营或营利目的擅自利用知识产权。美国1995年《刑事版权修正案》将构成版权犯罪的主观条件等进行了修正，犯罪人"故意"侵犯他人版权即可构成犯罪，不再要求必须“出于商业利益或个人的经济利益目的。”[24] 为适应新的传播技术的需要，法国 1996 年修订的《知识产权法典》规定，无论通过何种手段，一切侵犯著作权的对智力作品进行复制、表演、传播的行为，均构成犯罪。[25] 英国、日本、意大利等主要市场经济国家的侵犯著作权犯罪的刑事规范中，也都逐渐明确规定具有侵犯他人权利的故意即可构成犯罪，不再将“以营利为目的”作为侵犯著作权犯罪的主观要件。[26]

(2)中国主要知识产权侵权目的要件不统一。如前所述，许多国家为了增强对知识产权的保护，纷纷取消了知识产权有关刑事罪名中经营目的的要件，只保留了故意这一主观要件。中国在侵害知识产权的刑法罪名的构成要件中，往往要求主观须故意，另外还须具有营利目的。这是因为刑法规制严于民法，刑法只追究较严重的知识产权侵害行为，添加目的要件的用意正在于此。中国的侵害知识产权罪名中关于经营或营利目的的规定并不统一。《刑法》分则第三章第七节规定了侵犯知识产权的犯罪，除了对侵犯著作权的犯罪规定了必须具有营利目的外，《刑法》在侵犯注册商标、专利以及商业秘密等相关犯罪中都没有将“以营利为目的”设置为主观要素。而商标权、专利权、商业秘密权与著作权同属知识产权，《刑法》仅限定侵犯著作权须具有营利目的，这将会增加利用刑罚手段处罚著作权侵权人的难度，削弱对著作权的保护。这种对同类犯罪规定采用不同标准的做法有失公正。中国不仅侵犯知识产权刑事罪名的目的要件不统一，其民事侵权行为的目的要件也不一致。1990 年通过的《著作

---

[24] 廖中洪：《中美知识产权刑事保护的比较研究》，载《法律科学(西北政法大学学报)》1997 年第 3 期。

[25] 《法国知识产权法典：法律部分》，黄晖译，商务印书馆 1999 年版，第 55 页。

[26] 刘科：《中国知识产权刑事保护国际化研究》，中国人民公安大学出版社 2009 年版，第 173－174 页。

权法》第46条第2款规定了著作权侵权行为，“未经著作权人许可，以营利为目的，复制发行其作品的”其中包含营利目的。2001年修正的《著作权法》第47条在表述著作权侵权时已作了改动，“未经著作权人许可，复制、发行、表演、放映、广播、汇编、通过信息网络向公众传播其作品的”删除了著作权侵权行为中的“以营利为目的”要件，扩大了对著作权的保护。

在中国主要知识产权的侵权行为要件中，与著作权、商标权不同，专利权侵权行为的要件中包含了生产经营目的。“生产经营”目的的范围与“营利”目的的范围相比更宽，后者多见于公司等营利主体通过市场运营获取收益的情形，前者还包含公共事业单位非营利性质的运营过程，如公立学校或者非营利性科研机构日常的运作经营。1984年制定的《专利法》第11条规定，发明和实用新型专利权被授予后，除本法第14条规定的以外，任何单位或者个人未经专利权人许可，都不得实施其专利，即不得为生产经营目的制造、使用或者销售其专利产品，或者使用其专利方法。1992年修正的《专利法》将“除本法第十四条规定的以外”修改为“除法律另有规定的以外”。2000年修正时添加了进口专利产品的权利。此后的《专利法》第11条仍然沿用了原来的规定。《专利法》在外观设计专利中也作了类似的规定，即外观设计专利权被授予后，任何单位或者个人未经专利权人许可，都不得实施其专利，即不得为生产经营目的制造、许诺销售、销售、进口其外观设计专利产品。《专利法》中关于专利侵权行为的目的要件的表述并不一致。2020年修正的《专利法》第77条也沿用了以生产经营为目的的侵权要件，对于不知是未经专利权人许可制造、出售的专利侵权产品，他人如果为了生产经营而擅自销售、许诺销售或者使用，其能够证明该产品有合法来源的，不承担赔偿责任。该条中，侵权人擅自实施专利仍须满足为了“生产经营”的目的。但是在第 65 条规定中却未体现生产经营目的这一专利侵权要件，如他人未经专利权人许可实施其专利，即侵犯其专利权。在专利的民事侵权行为中单独增添“生产经营目的”，这不仅造成我国主要知识产权的侵权行为要件不统一，使本国知识产权法律体系出现混乱，而且也与有关国际公约的规定违和。

（3）添加经营目的不当限缩知识产权范围。生产经营目的或者营利目的，不应当成为知识产权侵权行为的必备要件。各国纷纷取消“营利目的”侵权要件，是为了顺应现代科技的发展，加强对著作权的法律保护。[27] 与发达国家一样，在新技术浪潮的冲击下，中国侵犯著作权的行为也出现了多元化的趋势，以营利为目的侵犯著作权、行为大量发生，不以营利为目的在网上传播软件、电影、音乐作品从而侵犯信息网络传播权的行为也大量发生，同样会给著作权人带来巨大损害。如果因为不具有营利目的，即使造成的损害再严重也能逃脱法律的制裁，那么刑法对于著作权的保护就形同虚设。不管是中国的刑法还是民法，都应顺应新技术发展的潮流，取消以营利为目的的侵权要件，以提升知识产权的保护水平。中国著作权民事侵权行为现在一般不要求具备生产经营或者营利目的，只有表演权的侵权行为例外。因为著作权的限制规则中明确规定免费表演构成对作品著作权的合理利用。所以只有以营利为目的未经许可擅自表演作品，才会侵犯作品的表演权，否则不侵权。注册商标侵权行为一般包含三大类：未经许可在相同或类似的商品或服务中使用与注册商标相同或近似商标的行为，即使用商标侵权；销售上述假冒或仿冒注册商标的侵权产品的行为；擅自印制、销售与注册商标相同或近似商标的行为。商标侵权行为多数以生产经营为目的，这与商标本身的功能和用

〔27〕 吴汉东、胡开忠等：《走向知识经济时代的知识产权法》，法律出版社 2002 年版，第 103 页。

途密不可分,其是标识商品或服务来源的标志,自然要在生产经营过程中使用。但是并非所有的商标侵权行为都必然以生产经营或营利为目的。假冒商标等侵权行为一般会以营利为目的,而纯粹为了诙谐效果演绎驰名商标贬损商誉的行为,与生产经营活动不存在什么关联,但是一样会损害商标权人的利益。专利侵权中也存在类似的情形:专利技术与工商业生产经营密切相关,发明创造的目的就是提高生产经营的效率和收益,改善社会经济面貌。专利产品或技术本身具有很强的功能性,往往被应用在生产经营中谋取利益,但是这并不意味着所有的专利侵权行为都必须带有生产经营目的。擅自实施专利的侵权行为中,只有销售或许诺销售行为带有经营目的,制造、使用这两种行为不一定具有经营目的,有的是为了满足主体的非经营需求,如满足个人及家庭的生活需要,或者是为了改善职工的福利。当这些行为成规模后,即使不带有经营目的,一样会损害知识产权人的正当权益。

知识产权直接民事侵权行为通常不含主观过错要件,也不应当包含"生产经营"或者"营利"目的。知识产权直接民事侵权行为的成立,与当事人是否具有"生产经营"或者"营利"目的没有关系。只要是一定程度上侵犯了法律赋予的对知识产权客体的专有支配权,且没有其他合法理由,就应当构成知识产权的直接侵权。哪怕他人出于公益目的亏本做善事,在没有申请强制许可或不构成合理使用、法定许可使用的情形下,擅自实施知识产权,都可能构成对知识产权的直接侵害。然而2020年最新修正的《专利法》仍然保留了专利侵权行为的生产经营目的要件。虽然生产经营目的涵盖的范围较"营利"目的更广,但是由于在侵权行为要件中添加了这一目的,如果某些擅自实施专利的行为不具有生产经营目的,那么不管其实施规模如何,都将被排除在专利侵权行为之外。添加实施专利权的目的要件,会不适当地扩张专利权的限制领域及合理使用的空间,将大大限缩专利权人的权利范围。不仅自然人为生活消费目的制造、使用专利产品不符合生产经营的目的,应被排除在侵权之外。单位成规模地以非生产经营目的使用专利的行为,也被排除在侵权之外,可能被认定为合理使用。这无疑会对专利权人的正当权益造成很大的负面影响。单位是否能以其行为不具有生产经营目的作为专利侵权的抗辩理由,这一问题在我国司法与理论界存在较大的分歧,导致相关的司法指导文件反复变化。关于《专利法》最为权威的解释是全国人民代表大会常务委员会法制工作委员会编写的《中华人民共和国专利法释义》(以下简称人大法工委《释义》)。2009 年和 2021 年由法律出版社出版的《中华人民共和国专利法释义》有关第 11 条的内容均涉及此问题,关于专利权人对于专利产品或专利方法所享有的专有权范围的解释两本书的表述一致。第 11 条的注释一为:解释了专利的"实施"行为,包括为生产经营目的制造、销售、许诺销售、使用专利产品或依据专利方法取得的产品的行为。注释二为:明确规定专利权人享有专利的独占实施权……专利权人有权禁止他人未经许可而实施其专利,又称"禁止权"。任何单位或个人未经专利权人许可,又无法律依据而擅自实施其专利的,均构成对专利权的侵犯,应当依法承担法律责任。注释三为:明确专利权人对专利的专有实施权并非绝对,规定了专有实施权的例外或限制情形。依据对人大法工委《释义》的理解,专利权的限制情形并不包含单位或个人为非生产经营的目的实施专利。因此任何单位和个人即使是为了非生产经营目的擅自实施专利,包含制造、使用专利产品或依专利方法取得的产品等行为,亦构成侵权,均应承担法律责任。北京市高级人民法院 2001 年发布的《专利侵权判定若干问题的意见(试行)》(已失效)第 94 条规定:个人非经营目的的制造、使用行为,不构成侵犯专利权。但是,单位未经许可制造、使用他人的专利产品,则不能以"非经营目的"进行侵权抗辩,而应当承担侵权责任。此规定与人大法工委《释义》的精神不同,将个人非生产经营目的实施专利的行为排除在专利权侵权的领域之外。2013 年北京市高级人民法院制定了《专利侵权判定指南》(以下简称《指南》),废止了其 2001 年制定的《专利侵权判定若干问题的意见(试行)》。《指南》第 118 条规定了不侵权的抗辩,指出任何单位、个人非生产经营目的的制造、使用、进口专利产品的行为,不构成侵犯专利权。《指南》大大扩大了非生产经营目的实施专利权限制条款的适用范围,无论是个人还是行政、事业单位,只要不是直接为生产经营目的实施专利都不构成侵权。《指南》与人大法工委《释义》对专利权限制情形所作的解释不同,将专利权的限制情形扩张适用,不利于维护专利权人的正当权益。

(二)知识产权的间接侵权行为

1. 知识产权间接侵权行为的要件

(1)间接侵权行为成立是否须含主观过错要件。学理上,不仅是英美法系有直接侵权与间接侵权的分类,大陆法系也同样存在。美国普通法上的参与、替代和引诱侵权都可归入间接侵权。而大陆法系一些国家中的教唆、帮助等行为也可归入间接侵权中。划分直接侵权与间接侵权具有重要的意义,二者不仅是概念上的区分,制度背后也蕴含深层的价值导向的差异。划分直接侵权与间接侵权的基本依据是归责原则上的差别。一般来说,直接侵权采取比过错责任严厉的归责原则(严格责任或无过错责任原则),间接侵权主要采用较轻的过错归责原则。划分直接侵权与间接侵权强调了侵权责任的主次。在大多数情况下间接侵权人承担的间接侵权责任相对较轻,且有特殊的免责事项。以网络版权产业为例,信息共享平台的构建者即信息传播的网络服务提供者往往不直接发布内容,其对他人擅自上传作品的侵权行为承担间接侵权的责任,体现了法律保护互联网产业发展的导向。[28] 2000年欧盟发布的《电子商务指令》第12条规定的网络服务提供者责任限制规范，就被作为间接侵权责任的典型范例。[29] 知识产权直接侵权行为指他人未经许可擅自实施知识产权（加害行为），未获授权也无其他合法理由（行为具有违法性）。擅自实施知识产权的行为，包括在没有获得许可的情况下制造、销售、使用知识产品等。知识产权间接侵权指主体没有直接侵犯知识产权，但协助其他人实施了直接侵权，或者由于与直接侵权人之间存在着某种特殊的关系，因此应承担一定的侵权责任。总结各国立法，知识产权间接侵权主要分为帮助侵权和替代侵权两种。帮助侵权是指行为人通过教唆或者提供物质条件或其他便利等手段，促使他人直接侵犯知识产权。替代侵权指在特定的知识产权侵权案件中，让获得利益的第三方为直接侵权人的行为承担责任。知识产权直接侵权行为的成立，不需要考虑侵权人的主观状态；而间接侵权的成立，应当考虑侵权者的主观状态。[30] 以著作权为例，有观点认为，间接侵权是在著作权专有权控制之外的行为，是基于减少危害著作权的公共政策考量以及这些行为的可责备性，为扩大著作权保护范围而专门界定的特殊著作权侵权行为，因此间接侵权行为的成立通常应当以主观过错为要件。[31]

既然知识产权间接侵权是政策推动的法律扩张情境下拟制的侵权，那么当然要从严要求，才有利于保障知识产权人利益与公共利益的平衡。知识产权帮助侵权的成立通常要求侵权者主观上须具有故

---

〔28〕 孔祥俊：《网络著作权保护法律理念与裁判方法》，中国法制出版社2015年版，第138－140页。

〔29〕 Matbias Leistner, *Common Principles Secondary Liability? Commom Principles of European Intellceutal Property Law*, Mohr Siebeck, 2012, p. 118－146.

〔30〕 李明德、许超：《著作权法》，法律出版社2003年版，第225－227页。

〔31〕 王迁：《网络版权法》，中国人民大学出版社2008年版，第132页。

意;知识产权替代侵权的成立,至少也要求侵权者存在过失,这种过失的成立是以替代侵权人有能力制止侵权活动为前提的。替代责任源于代理关系,但是不限于代理关系,还包含雇佣、租赁经营等。[32] 故意是否应当成为所有知识产权帮助侵权行为的成立要件,应当视情况区别对待。当辅助行为是提供产品时,行为人需要主观上存在故意才能构成间接侵权。如提供仅具有侵权用途的产品,应认定主观上为故意,构成间接侵权。美国《专利法》第 271 条第 3 款规定,如果当事人明知其许诺销售或销售、进口的机器、产品、组合物或其组合物的组成成分是用于侵害专利权的,而不具有实质性非侵权用途,则构成帮助侵权。[33] 如果产品有其他正当用途,则不能认定辅助行为人的主观故意,也不构成间接侵权。因为产品销售商根本无法控制消费者购买产品后如何使用,正如刀具生产商不应为购买者用刀杀人的行为承担责任一样。美国联邦最高法院 1984 年判决的索尼案中确立了实质非侵权用途的抗辩理由,其可以作为产品生产商知识产权间接侵权的抗辩。[34] 索尼生产的录像机被公众用于录制电视台播出的版权节目,以更换时间观看。索尼只提供了录像机,没有通过广告宣传其产品可以用作非法用途,且其产品本身具有合法用途,因此索尼不构成帮助侵权。当辅助行为人是服务提供商时,辅助侵权的成立与主观过错无关,因为其对于服务行为的实施有绝对的掌控权。服务提供商的行为只要事实上帮助了知识产权直接侵权,就构成帮助侵权,其就应停止侵害。但是只有在明知故犯的前提下,服务提供商才应承担相应的赔偿责任。如物流公司不知邮寄的是盗

---

〔32〕 李明德:《美国知识产权法》(第 2 版),法律出版社 2014 年版,第 392 - 394 页。

〔33〕 《美国专利法》,易继明译,知识产权出版社 2013 年版,第 94 页。

〔34〕 Sony Corp of American v. Universal City Studios, Inc., 464 U.S. 417, 220 USPQ 665(1984).

版出版物,仍构成辅助侵权,应停止邮寄。只有在明知物品是非法出版物的情况下仍帮助邮寄的,物流公司才应赔偿。对于仅提供具有非法目的的服务的服务商,如提供专门破解软件技术保护措施的服务,因该服务本身不具有正当目的,服务商属故意为之,不仅构成间接侵权,还应承担赔偿责任。

(2)间接侵权成立是否须以直接侵权为基础。中国民法学界存在一种主流观点,即辅助型侵权不能单独成立,必须在直接侵权成立的情况下才可能成立。主行为人须为侵权行为,造意人或帮助人始与其负共同侵权责任。被教唆者或被帮助人未为侵权行为时,造意人或帮助人无连带责任可言。此与刑法有危险犯不同,民事责任重在实害,须有损害,始能成立侵权责任。〔35〕 依此类推,在知识产权领域,如果知识产权的直接侵权不成立,那么知识产权间接侵权亦不成立。间接侵权的成立是否须以直接侵权的成立为基础,存在不同看法。关于间接侵权性质的观点有三种:独立论,即间接侵权的成立不以直接侵权的存在为前提;从属论,即只有发生了直接侵权的情况下才有可能存在间接侵权;上述观点的修正论。有日本学者认为从属论不符合间接侵权条文的文义解释,且在实际事例的适用中容易导致不合理的结果。所以正确的做法应当是以独立论为前提,参照立法的目的,按个案进行恰当地判断。〔36〕 我国司法文件中将间接侵权与直接侵权作为共同侵权来处理,隐含了间接侵权须以直接侵权为基础才能成立的观点。《指南》中第五部分(二)共同侵权行为,将直接侵权外的其他专利侵权行为(间接侵权)都按照共同侵权来处理。第106条是教唆、帮助他人实施专利侵权,第108条是为他人实施专

〔35〕 王泽鉴:《侵权行为》,北京大学出版社2009年版,第365页。

〔36〕 [日]青山纮一:《日本专利法概论》,聂宁乐译,知识产权出版社2014年版,第25页。

利侵权提供、出售或者进口专门的材料、器件或者零部件，第109条是为他人实施专利侵权提供仓储、运输等便利条件。有不少法学家支持这种观点，认为构成间接侵害专利权的条件之一是须存在直接侵权的事实。[37] 间接侵害专利权的行为，是直接侵害专利权的行为的必要条件，其与直接侵权行为相结合，构成了侵害专利权的直接因果关系，单一的间接侵权行为不构成侵害专利权的行为。[38] 有学者提出了不同的看法，基于知识产权直接侵权与间接侵权在成立条件、归责原则等方面的差异和制度价值的分化，认为不应把知识产权直接侵权实际发生作为认定间接侵权成立的前提。专利直接侵权是一般侵权行为，专利间接侵权是特殊侵权行为。专利间接侵权行为人为直接侵权创造了条件，但是直接侵权行为却并不一定实际发生。只要直接侵权存在发生的可能性，就可以认定间接侵权成立。专利权人可直接、单独起诉间接侵权人。[39]

2. 知识产权间接侵权的追责机制

(1)知识产权间接侵权责任的归责原则。为实现追究直接侵权人以外的第三人侵权责任的目的，多数国家和地区将知识产权间接侵权建立在传统侵权法上的教唆侵权和帮助侵权规则的基础之上。[40] 关于知识产权间接侵权责任的追究机制，有不同观点。有的强调知识产权间接侵权行为虽然没有落入知识产权专有权的范围，但是由于行为人对直接侵权行为提供了实质性的帮助或者积极地引

〔37〕 王利明主编：《民法·侵权行为法》，中国人民大学出版社1993年版，第324页。

〔38〕 杨立新主编：《类型侵权行为法研究》，人民法院出版社2006年版，第304页。

〔39〕 张玲：《我国专利间接侵权的困境及立法建议》，载《政法论丛》2009年第2期。

〔40〕 Charles W. Adams, *Indirect Infringement from a Tort Law Perspective* , U. Rich. L. Rev, Vol. 42, p. 635 – 686(2007).

诱他人从事直接侵权行为，故其应当与直接侵权人承担共同侵权责任。[41] 也有人质疑通过共同侵权让知识产权间接侵权人承担连带赔偿责任的追责模式，如专利间接侵权与共同侵权相比，在侵权行为的范围、主观过错、责任承担等方面均有区别。[42] 如果并非实施发明专利的整个结构，而只是实施了一部分，或者通过与发明的整体结构不同的形式来实施，并不构成实施专利，是不会侵犯专利权的。但是，如果放任此类情形发生，最终可能会侵犯专利权。为保护专利权人，部分国家的法律将诱发侵权概率较高的只实施部分专利或者以与发明的整体结构不同的形式实施专利的行为，视为侵权行为，予以禁止。日本《专利法》第 101 条第 1、2、4、5 项规定了视为侵犯专利权或者独占实施权的行为，学理上将这种行为称为间接侵权。如明知物品是实施发明专利所必不可少的，仍然以业务的方式制造、转让、进口或为转让而许诺。[43] 日本《专利法》第十一章罚则中的附属刑法条款第 196 条为侵害罪，对于专利直接侵权和视为侵权的行为，分别规定了轻重不一的法定刑。第 196 条之一规定，对侵害专利权或者专利独占实施权的人，单处或并处 10 年以下徒刑、1000 万日元以下罚金。第 196 条之二规定，对实施了视为侵害专利权或专利独占实施权的行为的人，单处或并处 5 年以下徒刑、500 万日元以下罚金。[44] 对于视为侵权的专利间接侵权的处罚，明显要轻于对直接侵权的处罚。直接侵权与间接侵权对于知识产权的危害性相差较远，应当区分二者的成立条件，设置不同的责任追究机制，才能产生公平

〔41〕 朱冬：《知识产权间接侵权连带赔偿责任的反思与重构》，载《法律科学（西北政法大学学报）》2017 年第 6 期。

〔42〕 张玲：《我国专利间接侵权的困境及立法建议》，载《政法论丛》2009 年第 2 期。

〔43〕 ［日］青山纮一：《日本专利法概论》，聂宁乐译，知识产权出版社 2014 年版，第 25 页。

〔44〕 《日本专利法》（第 2 版），杜颖译，经济科学出版社 2009 年版，第 74 页。

的社会效果。间接侵权的危害较轻,应适用较松的归责原则,通常为过错归责原则,但是也不是必须完全遵循此原则,应结合间接侵权的类型、实施方式和责任形式而定。如果是替代责任的承担,只要从直接侵权中获益的第三方有能力制止侵权,停止侵害的责任就应适用无过错归责原则,无论有无过错均应停止实施侵权行为;赔偿责任应适用过错归责原则,疏忽大意未制止侵权的应赔偿损失。如果辅助侵权采用提供产品的方式,那么间接侵权成立的要求较高,需要主观上存在故意,停止侵害与赔偿损失都应适用过错归责原则。如果辅助侵权是以提供服务的方式进行,那么侵权成立无须过错要件,停止侵害可适用无过错归责原则,赔偿损失责任的承担则应适用较为严厉的过错归责原则。

(2)产生直接侵害危险的间接侵权可独立追责。间接侵权相对于直接侵权具有独立性,如果待直接侵权成立才能追究间接侵权的责任,则不利于防止损害的发生,应建立起独立追究知识产权间接侵权责任的法律机制。只要间接侵权行为的出现可能导致发生直接侵权的危险,即足以造成损害之虞就可以适用停止侵害,因此,并不严格要求间接侵权的成立以直接侵权的存在为要件。〔45〕 如专利侵权中擅自制造、销售或提供专门用于生产专利产品或者实施专利方法的组件、设备、材料的行为,该行为虽未直接实施专利,但是已为直接侵权奠定了坚实的基础,对专利权构成了相当的威胁。因此,对于此类间接侵权应独立追究其侵权责任。但是对于其他间接侵权行为,由于造成知识产权直接侵权的危险性和可能性较小,因此不宜单独追究间接侵权的责任,而是通常与直接侵权一起视为共同侵权,承担连带责任。如教唆侵权行为是否产生危害知识产权的后果,主要取

〔45〕 范长军:《德国专利法研究》,科学出版社 2010 年版,第 115 页。

决于被教唆人是否采取行动,一般需要在直接侵权成立的前提下,才能追究教唆侵权的责任。还有一些行为本身可能是间接的帮助侵权行为,也只有直接侵权成立才能追究间接侵权的责任,否则帮助行为可能不构成侵权,应不予追究。如物流公司提供的物流服务,只有当用户利用该服务运输盗版图书构成直接侵权时,间接侵权才有可能成立。美国《专利法》中规定了上述两类适用不同追责机制的知识产权间接侵权行为。第271条专利侵权中的(b)项规定了积极诱使侵害专利权的人应该负侵权人的责任。此处知识产权"侵权人的责任",指与直接侵权构成共同侵权的间接侵权人应承担的连带侵权责任。(c)项规定,任何人明知某些零件、组合物或机器非通用产品或不具有实质非侵权用途,是主要用于侵害专利权而制造的,对其仍销售或进口的,行为人应作为帮助侵权人承担责任。[46] 此处帮助侵权人的责任指能够给知识产权带来较大威胁和风险的,可以独立追究的间接侵权的责任。(b)项引诱侵权中未明确诱导者应作为帮助侵权人承担责任,系因诱导者与直接侵权人之间通常具有共同的意思联络,诱导侵权的成立一般以直接侵权存在为基础,两者承担的是共同侵权的连带责任。(c)项中间接侵权人明知他人专利存在,仍提供专门用于侵犯专利权的物品,主观故意与客观行为皆备,因此应作为帮助侵权人独立承担间接侵权责任,而非连带责任。美国《专利法》第271条(b)项规定的引诱侵权、(c)项规定的帮助侵权,都是让引诱者和帮助者对直接侵权人的行为承担责任。与《专利法》不同,美国《版权法》中没有明确规定第三人的侵权责任。有关第三人承担侵权责任的原则见于相关的判例法中。[47] 美国"引诱侵权规则"所追究的版权帮助侵权行为与《专利法》中的不完全相同。网络服务提供

〔46〕《美国专利法》,易继明译,知识产权出版社2013年版,第94页。
〔47〕李明德:《美国知识产权法》,法律出版社2014年版,第388页。

商往往通过广告等方式“鼓励”用户实施侵权,但自身并未实际参与侵权。如P2P文件共享服务提供商宣称用户通过其网站可能复制版权作品,以此来引诱用户实施侵权。[48] 美国《版权法》中的引诱侵权与我国信息网络传播权有关司法解释中的教唆侵权相似。

知识产权由于客体具有非物质性,本身就存在侵害容易保护困难的特点。现代知识产权间接侵权主要发生在网络环境下或者流通领域中,被教唆或者帮助的对象往往并非特定的少数人。[49] 随着现代技术的发展,知识产权间接侵权的规制规则应相应调整,否则无法适应客观形势的变化。在美国,明知他人的行为构成知识产权侵权,而仍然引诱、促成或者给予实质性帮助的,可以作为帮助侵权人承担责任。[50] 互联网与信息技术的发展,使复制与传播信息变得极为容易,对知识产权的损害形成了巨大的聚积与扩张效应。在这种背景下,网络环境下的知识产权间接侵权规制规则应当适当调整,以有效保障知识产权私权与公众利益的平衡。出于防微杜渐的考虑,须严厉惩处网络服务提供商的诱导性间接侵权以预防直接侵权的发生,对于网络服务提供商故意引诱他人直接侵害知识产权的,不必要求直接侵权成立,可独立追究网络服务提供商的教唆侵权责任。依据美国GroKster案的判例,虽然行为人“知道”潜在的侵权这一主观状态本身不足以满足帮助侵权责任成立的主观要件要求(明知),但如果设备或服务提供商以明示或其他助长侵权行为的积极措施推销其设备或服务,那么其要为第三方利用该设备或服务的侵权行为承担

[48] 龙井瑢:《网络传播中的版权侵权责任比较研究》,人民出版社2018年版,第68页。

[49] Dmitry Karshted, *Damages for Patent Indirect Infringement*, Wash. U. L. Rev, Vol. 91, p. 911 –977(2014).

[50] Gershwin Publ’g Corp. v. Columbia Artists Mgmt., Inc., 443 F. 2d 1159(2d Cir. 1971).

责任。[51] 美国依据新确立的网络服务提供商引诱侵权的独立追责规则,成功地追究了包含一些 P2P 去中心化传输共享软件运营商和搜索引擎网络服务提供商在内的网络服务提供商的帮助侵权责任。原先帮助侵权责任主要集中在为直接侵权提供了物质帮助的行为,美国联邦最高法院将帮助侵权责任的认定推向了另一个方向,使帮助侵权责任的适用范围进一步扩张,在版权领域以间接侵权责任的扩张来寻求网络环境中版权人利益与公众自由获取信息利益的新平衡点。[52]

普通的知识产权帮助侵权须以直接侵权的成立为前提,当直接侵权人查找未果或者直接侵权状况不明时,可能影响间接侵权的处理。在网络环境下数量众多的知识产权直接侵权人隐蔽分散难以查找,这将大大增加惩处间接侵权的难度。网络与信息技术的普及,使知识产权侵权行为在终端呈分散化的分布形态,直接侵权越来越难以控制。而且单个的直接侵权赔偿额较低,维权代价过高,权利人倾向于向网络平台等具备经济实力的间接侵权人进行追偿。由于知识产权的价值衡量较实体资产困难,侵犯知识产权造成的损失的认定客观上存在许多障碍,中国多数案件按法定赔偿额进行赔偿。即使按照最低的法定赔偿额简单相加来计算直接侵权行为造成的损失,也可能会出现较大的赔偿数目,远远超出网络平台等间接侵权人的负担能力,使其面临难以生存发展的威胁。一方面,按照知识产权间接侵权的一般处理规则,将其视为直接侵权的共同侵权人承担连带责任,大量的直接损害叠加可能令间接侵权人负担巨额赔偿。另一方面,网络服务提供商作为间接侵权人由于不想损失网络用户资源,

---

〔51〕 Metro – Goldwyn – Mayer Studios, Inc. v. Grokster, Ltd. ,545 U. S. 913(2005).

〔52〕 龙井瑢:《网络传播中的版权侵权责任比较研究》,人民出版社 2018 年版,第 57 – 70 页。

很少利用连带责任中的追偿机制追究直接侵权者的责任。[53] 知识产权间接侵权人名义上担负中间责任,实质上担负最终责任,成了权利人全部损失的最终负担者。[54] 这样将影响网络产业的发展,亦不符合人类的长远和共同利益。严格贯彻连带责任亦可能对知识产权人和间接侵权人带来一些负面的影响,这些难题对连带责任在知识产权间接侵权领域的适用提出了挑战。因此各国纷纷对网络环境中知识产权普通帮助侵权的规制制度进行调节,主要表现为降低了对著作权领域中直接侵权存在这一要件的要求并且允许权利人仅对间接侵权人提起诉讼。在网络版权领域,为了坚持以直接侵权的存在作为间接侵权成立的要件,各个国家和地区的法院均开始放松直接侵权存在的证明标准,允许依据一定的事实推定直接侵权的存在。如网络著作权侵权案件中,权利人只要证明涉案作品在网络上传播,且明确表示其未授权他人在网络上传播涉案作品,即可证明直接侵权的事实存在。在知识产权间接侵权案件中,知识产权间接侵权的连带责任追偿机制往往失灵。考虑到维护知识产权人利益与推动新兴网络产业发展促进公共利益的平衡,美国、日本等国家和地区的司法实践中出现了对特定类型案件放弃以直接侵权为基础计算权利人全部损失、适当限制连带责任适用的倾向。[55] 美国法院将间接侵权行为视为一个整体,按照作品件数计算赔偿额,放弃了以直接侵权行为的数量为基础计算法定赔偿数额的方式。[56] 无论侵权行为发生

---

〔53〕 杨立新:《网络平台提供者的附条件不真正连带责任与部分连带责任》,载《法律科学(西北政法大学学报)》2015 年第 1 期。

〔54〕 吴汉东:《论网络服务提供者的著作权侵权责任》,载《中国法学》2011 年第 2 期。

〔55〕 朱冬:《知识产权间接侵权连带赔偿责任的反思与重构》,载《法律科学(西北政法大学学报)》2017 年第 6 期。

〔56〕 Columbia Pictures Television v. Krypton Broad of Birmingham, Inc. ,106 F. 3d 284, 294(9th Cir. 1997).

过多少次，只按作品件数进行赔偿。这样可以防止承担过多的连带责任使网络服务提供商负担过重无法正常经营，阻碍新技术发展，或者其转嫁后果从而提高公众获取信息的成本。网络交易平台的商标间接侵权同样也发生在网络环境中，但是由于平台服务提供商与直接侵权人产品销售者签订了协议，此种情形下连带责任的适用不会遭遇太多阻碍，因此无须变更间接侵权连带责任的适用规则。

3. 中国知识产权间接侵权制度的发展

中国的侵权行为理论研究著作中，并无直接侵权行为与间接侵权行为的类型划分，只有一般侵权行为与特殊侵权行为的分类。[57]目前知识产权相关法律也没有将知识产权侵权行为划分为直接侵权与间接侵权。虽然有关司法解释中出现了间接侵权行为的概念，如北京市高级人民法院最早于 2001 年对专利间接侵权问题作出了明确的规定，通过了《专利侵权判定若干问题的意见（试行）》（已失效）；在我国司法裁判中也已屡次出现因著作权间接侵权行为而承担共同侵权责任的表述，如庄则栋等诉上海隐志网络科技有限公司侵害信息网络传播权纠纷上诉案等案件。[58] 但是在我国却没有形成完整的间接侵权制度和独特的间接侵权责任追究机制，而是将间接侵权全部归入直接侵权的共同侵权来处理。将专利间接侵权作为共同侵权来对待，适用共同侵权的规则，并不能真正明晰专利间接侵权纠纷的实质。[59] 中国《著作权法》等知识产权单行法乃至《民法典》没有像美国那样，设计辅助侵权与替代侵权的间接侵权规制制度，法

---

〔57〕 王泽鉴：《侵权行为》，北京大学出版社 2009 年版；张新宝：《侵权责任法》，中国人民大学出版社 2016 年版；王利明：《侵权责任法》（上卷），中国人民大学出版社 2016 年版；杨立新：《侵权责任法》，法律出版社 2015 年版。

〔58〕 庄则栋等诉上海隐志网络科技有限公司侵害信息网络传播权纠纷上诉案，上海市第一中级人民法院（2011）沪一中民五（知）终字第 33 号民事判决书。

〔59〕 张玲：《我国专利间接侵权的困境及立法建议》，载《政法论丛》2009 年第 2 期。

院基本上是按照共同侵权制度追究网络服务提供者的侵权责任。即便司法解释进行扩展,对于知识产权辅助侵权的追究也无法突破共同侵权的法律规制框架。司法实践中,对于知识产权的侵权行为无论是直接侵权还是间接侵权均是按照共同侵权进行定性和处理的。[60] 共同侵权在理论上有主观说和客观说两种理论。主观说认为,各加害人间须有意思联络(共同意思)及行为分担。客观说认为,各加害人间不须有意思联络,只要数人的行为客观上发生同一结果,即应成立共同侵权行为。[61] 2020 年通过的《民法典》第七编侵权责任编第 1168 条规定,二人以上共同实施侵权行为,造成他人损害的,应当承担连带责任。第 1172 条规定,二人以上分别实施侵权行为造成同一损害,能够确定责任大小的,各自承担相应的责任;难以确定责任大小的,平均承担责任。由此可见我国的共同侵权理论采客观说,不要求侵权人之间有意思联络,侵权人行为客观结合发生损害后果即成立共同侵权。法律虽然列举了教唆、帮助的间接侵权行为,但是均将其视为共同侵权来追究法律责任。1988 年通过的《关于贯彻执行〈中华人民共和国民法通则〉若干问题的意见(试行)》第 148 条第 1 款曾明确规定:"教唆、帮助他人实施侵权行为的人,为共同侵权人,应当承担连带民事责任。"《民法典》第 1169 条第 1 款规定,教唆、帮助他人实施侵权行为的,应当与行为人承担连带责任。2000 年通过现已失效的最高人民法院《关于审理涉及计算机网络著作权纠纷案件适用法律若干问题的解释》将民法上的参与、教唆、帮助行为引入网络著作权间接侵权行为中,定性为信息网络传播权的共同侵权,是网络服务提供者承担责任的主要依据。对内容共享信息服务提供

---

〔60〕 孔祥俊:《网络著作权保护法律理念与裁判方法》,中国法制出版社 2015 年版,第 143 页。

〔61〕 王泽鉴:《侵权行为》,北京大学出版社 2009 年版,第 352 页。

商等单纯的传播者追究著作权共同侵权责任的另一法律依据是2006年通过的《信息网络传播权保护条例》,该条例第23条规定:网络服务提供者为服务对象提供搜索或者链接服务,在接到权利人的通知书后,根据本条例规定断开与侵权的作品、表演、录音录像制品的链接的,不承担赔偿责任;但是,明知或者应知所链接的作品、表演、录音录像制品侵权的,应当承担共同侵权责任。由此可见,我国司法实践中已形成了著作权侵权行为的二元模式,即直接侵权与间接侵权并存。但是却将其完全与民法上共同侵权责任的规则相勾连,导致我国著作权法与民法之间在保护著作权方面缺乏有效的理论协调机制。[62]

中国似乎没有必要参考他国引进间接侵权理论,因为在司法实践中法院通过现行的民事共同侵权理论足以化解有关问题。依据现有的共同侵权理论处置间接侵权,当直接侵权人不明时,权利人可以要求承担连带责任的间接侵权人履行赔偿义务。因此无须以发生特定的直接侵权行为为前提,权利人可直接要求间接侵权人承担赔偿责任。[63] 我国依共同侵权理论处理间接的知识产权侵权行为,是将其与直接的知识产权侵权行为视为一个整体,行为人对造成的损害负有连带的赔偿责任。依据共同侵权理论,知识产权的辅助侵权人因承担连带赔偿责任,有可能承担对权利人全部损失的赔偿责任,对于部分间接侵权人而言甚至是最终责任。如果辅助侵权人对推动知识产权损害发生的作用较小,却要承担全部的赔偿责任,这样处置不免过于严苛,不利于新兴的网络产业的发展。在特定情形下区分知

〔62〕 刘平:《著作权"间接侵权"理论之检讨与展望》,载《知识产权》2018年第1期。

〔63〕 正东唱片娱乐有限公司诉Chinamp3 com网案,北京市第一中级人民法院(2004)一中民初字第400号民事判决书。Chinamp3 com网诉正东唱片娱乐有限公司案,北京市高级人民法院(2004)民终字第713号民事判决书。北京慈文影视制作公司诉北京正乐佳科技公司案,北京市海淀区人民法院(2005)民初字第21822号民事判决书。

识产权直接侵权与间接侵权分别追究相应责任,比起笼统地将二者视为共同侵权一体化规制更为科学,因此仍有必要完善我国知识产权的间接侵权理论和制度。对于知识产权间接侵权行为与间接侵权责任的成立要件,我国知识产权相关法律并无明确的专门要求。欧美知识产权间接侵权的成立通常要求行为人在主观上具有故意或过失,间接侵权责任的承担则一般以故意归责。按照我国民事侵权的一般理论,侵权行为成立通常须具备主观过错要件。教唆侵权人往往积极主动地促成侵权的发生,主观上具有故意。然而帮助侵权人主观上可能是故意为之,也有可能是未尽必要的注意义务存在过失。按照采客观说的共同侵权理论,即使行为人主观上并无共同的故意或过失仍可构成共同侵权行为。无论辅助侵权人是否具有故意或者过失,均要与直接侵权人一起承担连带的赔偿责任,甚至可能负担全部的赔偿责任。这远远超过独立的间接侵权制度要求知识产权辅助侵权人所承担的责任。不少国家都规定知识产权间接侵权人只有在明知或应知的情形下,才应向权利人承担部分损害的赔偿责任。明知即侵权人真实地知道侵害发生,应知是虽然侵权人自称不知道侵害发生,但是根据客观情形可以判定其应当知情,知情再犯即有意为之。这两种表述对应的侵权人主观状态应为故意。如果间接侵权人在过失情形下犯错,可能免予赔偿,只须承担停止侵害的法律责任。2020 年通过的《民法典》第七编侵权责任第三章责任主体的特殊规定中,第 1195 条实际上涉及网络服务提供商的版权帮助侵权责任,且明确要求能证明网络服务提供商在接到权利人通知后未采取必要的措施防止损害结果扩大的,其才与直接侵权人对损害的扩大部分承担连带赔偿责任。该条款虽然限制了网络服务提供商承担版权间接侵权责任的范围,又为其担责设置了主观故意的条件,但是该规定仅是特别规定,且仍遵循着传统的共同侵权处理模式,不能视为我国已建立专门的知识产权间接侵权制度的明证。将知识产权间接侵权笼统地视为共同侵权来处置,既存在处罚过严的倾向,也有放任间接侵权的态势,不利于尽早保护本就较难保护的知识产权。知识产权间接侵权制度对于辅助侵权人适用较为严格的归责原则,是为了避免扩大打击面,防止大量的知识产权无辜侵权人负担过重的知识产权保护义务。有必要在知识产权相关法律中单独设置间接侵权的规制规则,而不应使之混同于民事共同侵权行为,这样才能有效地促进知识产权私益与社会公共利益保持平衡,增进广大公众的社会文化福祉。我国应根据知识产权侵权形势的分化,参考域外法制的经验,在特定类型的知识产权间接侵权案件中设置连带责任适用的例外。[64] 在主要的知识产权领域全面建立专门的知识产权间接侵权规制制度,明确间接侵权行为的成立要件及追责机制,限制不加区分地将辅助侵权全部按共同侵权处理的做法。

第三节　知识产权侵权损害赔偿的归责原则

如前所述,知识产权不能占有支配,易引发较多的无辜侵害,因此在要求侵害知识产权的主体承担停止侵害的法律责任时,应当适用无过错责任原则,即无论侵权人是否具有过错均应停止侵害。但是知识产权直接侵权行为引起的损失赔偿责任应当适用何种归责原则,则要视主要侵权还是次要侵权区别对待。

---

〔64〕 朱冬:《知识产权间接侵权连带赔偿责任的反思与重构》,载《法律科学(西北政法大学学报)》2017 年第 6 期。

一、知识产权侵权损害赔偿归责原则的类型

(一)过错责任原则

对财产及人身权侵权损害赔偿归责原则的研究早已开展,它伴随着经济社会的发展不断演化。赔偿制度取代同态复仇后,早期的人类法律奉行根据损害事实归责的结果责任原则。[65] 只要行为人致他人损害,就应负赔偿责任。这一原则的不合理性在于对造成的损害不加区分,使正当行使权利造成他人损害的人必须承担侵权责任。结果责任原则极大地限制了人们的行为自由。随着法制文明的发展,法官在追究侵权损害赔偿责任时把侵权者主观的道德可责状态结合起来考虑,产生了过错责任原则。过错责任是主观归责原则,即以人的主观过错作为确定责任归属的根据,有过错即有责任,无过错即无责任。[66] 如果侵权人尽到必要的注意义务,则不用承担损害赔偿责任。传统民法采用过错责任原则作为侵权损害赔偿的基本原则,适应了自由竞争资本主义上升时期的社会发展需求,充分地保障了行为人的行动自由。这一原则能够鼓励人们大胆创新,有效地促进了生产力的发展和社会的进步。[67]

随着工业革命的兴起,工业生产内在的风险引发了一系列人身和财产损害,此时若再坚持单一的过错责任原则,将使无辜受损的人难以得到补偿。随之产生了侵权损害赔偿的无过错责任原则和公平责任原则。有学者认为其在传统民法领域中只是居于从属地位的原则,无法改变过错责任原则的主导地位。信息时代知识经济来临,知

---

〔65〕 孔祥俊:《论侵权行为的归责原则》,载《中国法学》1992 年第 5 期。

〔66〕 吴汉东等:《知识产权基本问题研究》,中国人民大学出版社 2005 年版,第 55 - 56 页。

〔67〕 杨立新:《侵权责任法》,法律出版社 2015 年版,第 91 页。

识产权的客体是具有非物质性的智力成果，但知识产权仍然属于财产权，与有形财产权中的所有权一样具有对世性和专有性。知识产权侵权与物权侵权相比不具有特殊性。过错责任原则是损害赔偿民事责任的一般归责原则。由此可推出，过错责任原则是侵害知识产权损害赔偿责任的基本归责原则。[68] 还有学者指出在侵犯知识产权领域，适用过错责任原则有着国内法与国际法依据。[69]《与贸易有关的知识产权协议》肯定了知识产权侵权损害赔偿的一个基本原则为过错责任原则。[70] 所以针对重要知识产权的直接侵权行为，无论是主要的还是次要的，均应适用过错责任原则追究损害赔偿责任。

坚持在知识产权侵权损害赔偿中全面实行过错责任原则的学者认为，知识产权善意侵权人无过错不应承担损失赔偿责任，仅承担不当得利返还义务。主观的不法是一种有过错的侵害，客观的不法则是一种无过错的侵害。有过错的侵犯他人权利的行为引致的自然结果就是赔偿损害的义务。无过错的违法的后果只能产生消除客观不法事实状态之义务，[71] 如返还原物或不当得利。在知识产权领域套用有形财产物权类似制度非常不合理，这将妨碍侵权法发挥基本功能，使利益天平过度向公众倾斜。侵权法的首要功能就是补偿功能，即填补受害人因侵权行为遭受的损害。侵权人是否因侵权行为而获利，在所不问。不当得利具有的是消除功能，即矫正当事人之间发生

〔68〕 张玉敏：《侵害知识产权民事责任归责原则研究》，载《法学论坛》2003 年第 3 期。

〔69〕 吴汉东等：《知识产权基本问题研究》，中国人民大学出版社 2005 年版，第 55－56 页。

〔70〕 蒋志培：《TRIPS 协议肯定的知识产权侵权赔偿的归责原则和赔偿原则》，载《法律适用》2000 年第 10 期。

〔71〕 [德]鲁道夫·冯·耶林：《罗马私法中的过错要素》，柯伟才译，中国法制出版社 2009 年版，第 10 页。

的不当财产变动。[72] 不当得利仅以获得利益有无法律上的原因作为判别的依据。[73] 知识产权的客体不是物质，不能占有，因而无法通过返还原物救济受害人。返还不当得利的前提是侵权人获利，然而善意侵害知识产权不一定会获利，且获利的证据全由侵权人掌握，权利人难以举证。如善意侵权人免费传播他人作品，其行为一样会压缩作品潜在市场、影响未来转化收益；但是依照物权法上善意侵权的处分规则，善意侵权人未获利就不用赔偿，那么知识产权权利人的损失将无法弥补。

有学者认为德国知识产权侵权损害赔偿适用过错责任原则，侵权方没有过错不承担赔偿责任。在知识产权领域，德国法在规定损害赔偿责任时，以侵权人有主观过错为构成条件。这样判断的依据来自 1995 年修订的德国《著作权法》第 97 条第 1 款和 1994 年修订的德国《专利法》第 139 条第 2 款。二者均规定如果侵权人存在故意或过失，应当对被侵权人由此产生的损害负有赔偿义务。德国《商标和其他标志保护法》第 14 条也明确规定，故意和过失侵权是承担损害赔偿责任的必要条件。德国《著作权法》与《专利法》《商标和其他标志保护法》一致，规定赔偿责任的承担均以过错为要件。[74] 这实际是误解了有关法规。承担赔偿责任的主观条件可能是充分条件，即承担赔偿责任的主观条件之一；也可能是充分必要条件，即承担赔偿责任的唯一主观条件。1996 修订的德国现行《商标和其他标志保护法》第 14 条是有关商标所有人的专用权的规定，包括禁令救济、损害赔偿金等内容。第 14 条第 6 款规定："任何人故意或过失侵权，都

[72] 王泽鉴：《不当得利》，北京大学出版社 2009 年版，第 146 页。

[73] 黄立：《民法债编总论》，中国政法大学出版社 2002 年版，第 188 页。

[74] 马嘉楠：《我国知识产权善意侵权制度研究》，浙江师范大学 2016 年硕士学位论文，第 30－31 页。

应当负责赔偿商标所有人因此受到的损失。”由此仅可推出过错是承担赔偿责任的主观充分条件,但并不一定是必要条件,即过错是承担赔偿责任的主观条件之一,但不是唯一的主观条件。侵权人有过错必须赔偿,但是侵权人处于其他主观状态(如无过错)时,可能也要赔偿。德国《著作权法》《专利法》中的相似规定都可这样理解,因此德国法并未排除无过错责任原则在知识产权领域的适用。德国法实质上并未将过错定为侵犯知识产权赔偿损失的主观必要条件,善意侵权人也需进行补偿。德国《著作权法》第 101 条第 1 款规定:“如果侵权行为人既非故意,又无过失,却又属本法第 97 ~ 99 条依法被下禁令、被令销毁侵权物复制件或移交侵权物复制件之人,则在受侵害人得到合理补偿的前提下,可免除损害赔偿责任。”该条虽然显示侵权人既非故意又无过失造成损害可免除赔偿责任,但是无过错侵权人免除赔偿责任须以合理补偿权利人为前提,而非单一的停止侵害。因此德国知识产权侵权损害赔偿原则实质采用了无过错责任原则,没有过错的侵权人实质上要负担相当程度的赔偿责任。

(二)过错推定原则

过错推定原则指在法律有特别规定的场合,从损害事实的本身推定加害人有过错,并据此确定造成他人损害的行为人承担赔偿责任的归责原则。[75] 有的学者认为过错推定原则不是一个独立的归责原则,是附属于过错责任原则的。也有学者认为二者差异明显。虽然仅仅是举证责任的分配不同,但是将导致法律适用的效果截然相反,因此过错推定原则是一种独立的归责原则。过错推定原则与过错归责原则本质相同,仅过错由法律推定存在,权利人无须举证。但是权利人仍要证明行为的违法性、损害后果及二者存在因果关系,

---

〔75〕 杨立新:《侵权责任法》,法律出版社 2015 年版,第 94 页。

才可要求侵权人承担赔偿责任。适用过错推定原则时,侵权人对过错承担举证责任,如果能够反证其无过错就不用赔偿,若不能证明自己无过错则应负责赔偿。由于现实中知识产权侵权行为的过错较难证明,适用过错责任原则往往导致原告败诉。有学者主张,知识产权侵权损害赔偿应以过错推定原则为主要归责原则。过错推定原则是介于过错原则与无过错原则之间的侵权归责原则。适用过错推定原则将更有利于保护知识产权人的利益,顺应信息时代的发展需求。知识产权人在行使侵权损害赔偿请求权时,应由侵权人举证,其举证不能的,推定侵权人有过错,应由侵权人承担赔偿责任。过错推定原则能够纠正过错责任原则对权利人举证要求过苛而对侵权人失之过宽,与无过错责任原则对权利人保护较充分而对知识产品使用人失之过严这两者间的偏差。

有学者认为,英美法系国家在知识产权侵权归责领域采用的是严格责任原则。严格责任表面上不考虑侵权人的过错即可以确定其责任,但实际上采取的是一种过错推定方法。〔76〕严格责任"实质上是一种特殊的过错推定责任"。〔77〕推定侵权人有过错应担责,如果他能证明特定的抗辩事由成立说明已尽注意义务,无过错不担责。这其实是误解了相关法律。英美法系知识产权法中损害赔偿抗辩事由多为合理使用等限制情形,属明知未经授权仍利用知识产权的行为,这些抗辩事由仅能阻却行为的违法性,却不能反证其已尽必要的注意义务。因此英美法系国家知识产权侵权赔偿并非实行过错推定原则。日本《专利法》中侵权赔偿明确适用过错推定原则。日本《专

〔76〕 吴汉东:《试论知识产权的"物上请求权"与侵权赔偿请求权——兼论〈知识产权协议〉第45条规定之实质精神》,载《法商研究》2001年第5期。

〔77〕 王利明:《侵权行为法归责原则研究》(修订2版),中国政法大学出版社2004年版,第117页。

利法》第102条规定,“专利权人或独占实施权人对因故意或过失侵害自己权利者,可提出损害赔偿请求”,并列举了具体计算依据。第103条规定:“侵害他人的专利权或独占实施权者,就其侵权行为,推定为有过失。”

（三）无过错责任原则

在讨论知识产权领域能否适用无过错责任原则时,由于学者在不同语境下理解无过错责任原则引发了许多不必要的争议,激化了意见的冲突,因此首先应准确定义无过错责任原则。无过错责任原则与过错责任原则相对应,是无过错责任形式所采取的归责原则。无过错责任的本质含义在于行为人有无过错对民事责任的构成和承担不产生影响,[78]这是从质的规定性而不是从量的范围上来讲的。无过错责任原则的基本特征为:侵权人主观过错并非归责依据,过错与损害赔偿责任的承担之间没有必然关联。适用无过错责任原则追究侵权人责任时,权利人无须就侵权人的过错进行举证,侵权人也不得以其无过错为由进行抗辩。[79] 有学者认为无过错责任原则不是一种独立的归责原则,不能单独在知识产权领域加以适用。其实,无过错责任有其独立的归责原则已成为欧美国家法学界的通说。[80]侵权归责原则经过长期的发展,最终形成了过错责任原则与无过错责任原则相互独立且同时并存的局面。在大陆法系国家,过错责任原则适用于一般侵权责任,无过错责任原则适用于特殊侵权责任。英美法系国家则广泛地适用无过错责任原则。英国侵权法几乎开始于无过错责任原则。在工业革命之后,有些法学家认识到过广地适

〔78〕 张新宝:《侵权责任法原理》,中国人民大学出版社2005年版,第35页。

〔79〕 吴汉东等:《知识产权基本问题研究》,中国人民大学出版社2005年版,第56页。

〔80〕 邱聪智:《民法研究(一)》,中国人民大学出版社2002年版,第290页。

用无过错原则的不合理性，才在侵权法中更多引入了过错原则。因技术发展而产生的应保留的无过错责任同样保留了下来，其中就包括侵害知识产权的责任。[81]

无过错责任原则这一概念未体现其真实的归责依据。无过错责任不以侵权人主观过错为归责依据，其归责依据随着无过错责任内涵的发展不断变化。早期成文法中，侵权责任归责采取加害原则，也叫结果责任原则，即行为人致他人损害，无论其有无过错，都应负赔偿责任。[82] 早期的无过错责任以损害结果为归责依据，此时无过错责任原则实际是结果责任原则。过错原则扬弃结果责任原则后，罗马法对一些特殊致害采取无过错责任，原因就是这些活动在当时的社会条件下具有异乎寻常的危险性，如动物致损、泼倒和投掷之诉。基于危险性而采取的无过错责任显然不是结果责任的复活与回归，这一归责原则应称为危险责任原则。[83] 除了危险归责的无过错责任之外，在一些非常特殊的情况下，出于公共利益的考虑，罗马法在没有证据证明某人有过错的情况下，让他对他人的行为承担赔偿责任，比如承保之诉。[84] 此种无过错责任的归责依据并非行为的风险，而是基于利益平衡考量而设置的特定行为的不法性。现代无过错责任原则是随着工业革命的完成而生的，其重要使命在于处理现代社会化大生产中的诸如高度危险作业、环境污染等致人损害的赔偿责任问题。[85] 现代无过错责任原则不属绝对责任原则，存在多种抗辩事由，并且不局限于危险责任原则，知识产权中的无过错责任原

---

〔81〕 郑成思：《知识产权论》，社会科学文献出版社 2007 年版，第 181 – 182 页。

〔82〕 杨立新：《侵权责任法》，法律出版社 2015 年版，第 90 页。

〔83〕 孔祥俊：《论侵权行为的归责原则》，载《中国法学》1992 年第 5 期。

〔84〕 ［德］鲁道夫·冯·耶林：《罗马私法中的过错要素》，柯伟才译，中国法制出版社 2009 年版，第 84 页。

〔85〕 张新宝：《侵权责任法》，中国人民大学出版社 2016 年版，第 19 页。

则当不属此类。有的学者认为无过错责任原则是客观归责原则，不考虑行为人的过错与否，仅根据损害事实本身即可确认责任。[86] 在知识产权领域适用无过错责任原则是一种历史的倒退，会阻碍行为人正当行使权利和导致不公平的局面出现。这种观点有失偏颇。无过错责任原则中侵权人的主观过错并非归责依据，仅表明过错并非赔偿的充分必要条件，二者不是一一对应关系，但并不排除过错对赔偿范围有影响。归责原则不是适用范围大小的量的对比关系，而是确定责任承担的根本标准和质的规定性。[87] 在确定知识产权侵权人是否应赔偿时不须考虑其过错，但是划定赔偿范围时仍要斟酌过错程度。英美法系知识产权法中权利人能证明侵权人有过错的，侵权人应承担翻倍赔偿的责任；侵权人能证明其无过错的，法官可酌情减轻责任，但仍应赔偿。

知识产权不能占有掌控，初始的过错侵害极易引发后续的无辜侵害。有学者认为如真正实行知识产权领域内全面的过错责任原则，那么现行的知识产权保护制度在很大程度上就丧失了实际意义。无过错给他人知识产权造成损害的“普遍性”，就成了知识产权领域归责原则的特殊性。[88] 学者还提出可行的方案：对于侵权的第一步或作为直接传播的第一步，适用无过错责任原则；而对其他行为以及一切间接侵犯知识产权的行为，考虑采取过错责任原则。[89] 其实不单单是对传播的第一步，凡是未经许可公开传播和利用知识产权的侵权行为，都应当适用无过错责任原则。不依侵权行为性质而依侵权行为先后适用归责原则，这样有违公平。对于主要的知识产权直

---

〔86〕 吴汉东等：《知识产权基本问题研究》，中国人民大学出版社 2005 年版，第 55 - 56 页。

〔87〕 孔祥俊：《论侵权行为的归责原则》，载《中国法学》1992 年第 5 期。

〔88〕 郑成思：《知识产权论》，社会科学文献出版社 2007 年版，第 183 页。

〔89〕 郑成思：《侵害知识产权的无过错责任》，载《中国法学》1998 年第 1 期。

接侵权行为,其损害赔偿责任均应适用无过错责任原则;对于次要的直接侵权和间接侵权行为仍应适用过错责任原则,且主观形态须为故意,这样才能既保护知识产权人的利益又维护公众的行为自由。知识产权主要直接侵权行为包含未经授权制造、销售,或公开传播知识信息及载体的不法行为。知识产权次要直接侵权行为包括为主要侵权行为提供广告宣传服务等行为,其也直接侵犯了知识产权。间接侵权行为主要指帮助直接侵权的行为,如提供仓储、邮寄、运输等便利条件,也包含教唆他人直接侵权。美国知识产权相关法律采用上述规则,规定对于直接侵犯专利权的行为应负直接侵权的责任,不必证明被告具有侵犯他人专利的意图,甚至不必证明他知道存在这种专利。如《美国法典》第35章第271条(a)款规定:除本法另有规定外,于专利权存续期间未经专利权人同意,在美国制造、使用、要约销售或者销售已获发明专利的产品,或者将这种产品进口至美国即属侵害专利权。对间接侵权——实际上是帮助直接侵权的行为——也可以提起诉讼,但是,必须证明被告具有引起或者帮助侵权的意图。[90] 美国主要知识产权直接侵权的损害赔偿采用无过错责任原则。也有人持不同意见,认为美国专利损害赔偿实行的是过错责任原则。以美国《专利法》第287条(a)款为例,[91] 该款似乎表明在侵权人不知情的情况下造成损害,权利人不得提出赔偿请求。其实不然,只有在权利人既未通知侵权人也未在产品上附加专利标记的情况下,权利人的赔偿请求才得不到法院的支持。如果两个条件只具备其中一项,赔偿请求仍可获法院支持。如果权利人在产品上附加

[90] [美]约翰·G.斯普兰克林:《美国财产法精解》,钟书峰译,北京大学出版社2009年版,第62页。

[91] 美国《专利法》第287条(a)款"损害赔偿及其他救济方式的限制;标记和通知"规定:"专利权人如果未通知侵害人(提起侵权诉讼可视为通知),也未在产品上附加专利标记告示大众,对于侵害不得提出损害赔偿请求。"

了专利标记，由于技术因素阻碍等原因侵权人实际可能不知情，但是这并不妨碍权利人请求赔偿。美国《专利法》直接侵权损害赔偿主要采用无过错责任原则，即无论侵权人是否知情均应赔偿。依据是美国《专利法》第284条关于损害赔偿金的规定。[92] 依据该规定，法院只要作出有利于请求人的判决，如认定专利侵权存在（无论是善意侵权还是恶意侵权），就应该判令被告支付足以补偿所受损害的赔偿金。如果权利人能证明对方系恶意侵权，则法官可将损害赔偿金提高至3倍。

（四）公平责任原则

公平责任原则是指在双方当事人对造成损害均无过错，但是按照法律的规定又不能适用严格责任的情况下，由法院根据公平的观念，在考虑受害人的损害、双方当事人的财产状况及其他相关情况的基础上，判令对受害人的财产损失予以适当补偿的原则。公平责任是民法中的公平原则在侵权责任法中的具体运用。公平责任虽然是以道德责任为基础的，但其只是以公平观念作为价值判断标准，本质上仍是一种法律责任。[93] 公平责任原则不属广义的无过错责任原则，适用无过错责任原则时不考虑侵权人过错；而依公平责任原则分担损失的前提是双方均无过错，一方有过错就不能适用。

公平责任原则是双方当事人皆无过错的情况下依据公平理念合理分担损失。之所以不采用侵权人或加害人的概念，是因为赔偿方可能并未实施加害行为，而属于他人加害行为的受益者。依公平责

---

〔92〕 美国《专利法》第284条规定："法院在作出有利于请求人的裁决后，应该判给请求人足以补偿所受侵害的赔偿金……法院可以将损害赔偿金额增加到原决定或估定的数额的三倍。"

〔93〕 王利明：《侵权责任法研究》（第2版）（上卷），中国人民大学出版社2016年版，第282页。

任原则,受益者应对损害方进行有限补偿,一般不赔偿全部实际损失。公平责任原则的适用情形主要有:一种是无民事行为能力人或限制民事行为能力人造成损害,已尽监护职责的监护人的公平责任;另一种是当事人对造成的损害均无过错,一方受益,而另一方却无辜受损时的公平责任。后者包含自然原因引发并无不当的紧急避险导致损害时受益人的公平责任,见义勇为造成损害时受益人的公平责任等。[94] 在理论上,公平责任可以作为一种与过失责任、无过失责任并存的损害赔偿归责原则。公平责任系道德规范之法律化,乃在实践分配正义的理念。此种公平责任,系属例外,立法上应予慎重。[95] 公平责任原则只能在法律特别规定的情况下适用。知识产权领域中,侵权人与权利人之间并不存在贫富差异的定势,个案中情况各异;要求知识产权善意侵权人赔偿损失的国家,往往将无辜加害归入不法行为,因此在知识产权领域中不能也无法适用公平责任原则。

有学者认为一些国家在知识产权侵权损害赔偿中适用了公平责任原则。有少数国家要求无过错的侵权人支付一定数额的法定赔偿金,这可能是因为立法者认为在权利人和侵权人均无过错的情况下,要求侵权人适当承担由法律事先规定的法定赔偿金,不但符合公平原则,还可起到督促行为人尽到合理注意义务,避免从事侵权行为的作用,如美国《版权法》第 504 条(c)(2)款的规定。[96] 这其实是对有关法规的误读。美国不仅对善意侵权人设置了法定赔偿金额,而且对一般侵权情形也设置了法定赔偿金额,二者差别不大,不能认定善意侵权人承担的是有限补偿的公平责任。依美国《版权法》第 504

---

〔94〕 李明发:《关于公平责任原则若干问题的探讨》,载《法律科学(西北政法学院学报)》1990 年第 3 期。

〔95〕 王泽鉴:《侵权行为》,北京大学出版社 2009 年版,第 401 页。

〔96〕 王迁:《知识产权法教程》,中国人民大学出版社 2016 年版,第 258 页。

条(c)(1)款,著作权所有者在判决前任何时候均可请求赔偿法定金额,每部作品不低于250美元。[97] 依第504条(c)(2)款,侵权人如果能证明其无过错,法官可酌情减少法定赔偿额但是仍应赔偿,下限为每部作品200美元。美国《版权法》第504条规定了侵犯版权的补救方法——损害赔偿和利润。第504条(a)款规定了赔偿总则:"除本法另有规定外,侵犯版权者有责任赔偿。"侵权即应赔偿,不管是善意侵权还是恶意侵权,美国版权损害赔偿归责原则实质上是无过错责任原则而非公平责任原则,因为在明确侵权人有无过错前法院已判令其赔偿。

(五)严格责任原则

严格责任作为一种概念表述,在英美法上古已有之,只是其内涵随英美侵权法的发展而渐趋变化,最终形成了现代法意义上的严格责任。[98] 与之相应,严格责任的归责依据也不断演化。严格责任自古就存在,早期英国法中的不法侵害,并不需要行为人的主观过错。[99] 在欧洲不少学者认为,应当将严格责任表述为绝对责任或者无过错责任。[100] 早期的严格责任的确是绝对责任:严格责任指加害

---

〔97〕 美国《版权法》第504条(c)(1)款规定:"著作权所有者在终局判决作出以前的任何时候,可要求赔偿诉讼中涉及的任何一部作品著作权侵犯行为的法定损害赔偿,而不是要求赔偿实际损害和利润。此项法定损害赔偿的金额,每部作品至少不低于250美元,最多不超过1万美元,由法院酌情判定。"第504条(c)(2)款规定:"在著作权侵犯者承担举证责任的情况下,如法院判定著作权侵犯者不知道也没有理由认为其行动构成对著作权的侵犯,法院可酌情决定将法定损害赔偿金减少到不低于每部作品200美元的数额。"

〔98〕 周杰:《严格责任与无过错责任之源流初探——用比较的视角看两大法系侵权法的发展》,载《私法》2007年第1期。

〔99〕 徐爱国:《英美侵权行为法学》,北京大学出版社2004年版,第112页。

〔100〕 European Group on Tort Law, *Principles of European Tort Law: Text and Commentary*, Springer, 2005, p. 102.

人不论有无故意或过失，都一样承担损害赔偿的责任。亦即只要有加害行为并产生损害结果时，就必须承担赔偿责任。此时的严格责任原则实则是结果归责原则。随着严格责任的不断完善，故意、过失要件逐渐成为侵权行为的构成要件。后来又扩大了过失责任的适用范围，改正了受害人应负举证责任的问题，但仍不足以保护受害人使其得到赔偿。在此情况下发展出现在的严格责任理论（通称为无过失责任）。无过失责任是指，在某些特定情况下，不论有无过失，皆课以特定人责任。[101] 现代的严格责任原则主要为无过失责任原则，但并非绝对责任原则，只在特定情况下适用，且有免责理由。

依《牛津法律大词典》的解释，严格责任为侵权责任法中的一个术语，指比没有尽到合理的注意而应负责的一般责任标准更加严格的一种责任标准。但这种责任标准也不是绝对责任，它是一种有时由制定法规定的标准。如果承担严格责任，则仍有一些（尽管是有限的）对责任的抗辩理由可以援引，但当事人已尽到合理的注意不能作为抗辩的理由。[102] 严格责任原则是一种比过错责任原则更严格的归责原则，实际适用范围比危险责任原则、无过错责任原则更广。有学者认为严格责任与危险责任、无过失责任相近。无过失责任，德国法上称为危险责任，英美法上称为严格责任。[103] 严格责任概念是危险责任概念所不能替代的。尽管严格责任的归责基础主要是危险，但主要是高度危险作业和危险物致人损害的责任，不包括普通物件致人损害的责任。产品责任、监护人责任等严格责任也无法以危险

---

〔101〕 潘维大：《美国侵权行为法归责原因之变动及发展趋势》，载《复旦民商法学评论》编委会编：《复旦大学民商法学评论》总第2期，法律出版社2003年版。

〔102〕 张新宝：《侵权责任法》，中国人民大学出版社2016年版，第21页。

〔103〕 王泽鉴：《侵权行为》，北京大学出版社2009年版，第15页。

责任来涵盖。[104] 已尽职责的监护人的赔偿依据是抚恤贫弱、合理分担损失的公平观念。由此可见,严格责任以无过错责任为主,混杂了少数衡平责任。严格责任原则也非单一的归责原则,包含了无过错责任原则和衡平责任原则。我们应涤清严格责任类型,剔除衡平责任,保留无过错责任,废弃严格责任原则这一庞杂的概念,采用无过错责任原则的表述更科学。

有学者认为在英美法系国家,关于侵犯知识产权的判例确立了严格责任原则。美国等国在这一领域所采用的严格责任原则并非无过错责任原则。[105] 知识产权领域的无过错责任原则其实并非传统的严格责任原则,它是无过错责任原则在知识产权领域的崭新运用,是财产形态骤变下知识经济催生的产物。首先,归责依据明显不同。严格责任归责的基础主要是危险。[106] 侵犯知识产权的行为本身并不存在高度危险性,因此不能以危险来归责。其次,适用对象存在巨大差距。依危险归责的严格责任适用于社会必要的生产经营活动,在其蕴含的风险所引发的损害出现前,这一正常的生产经营行为不具有可追诉性。知识产权领域中无过错责任适用的对象,无论是善意还是恶意侵权,从一开始就具有违法性和可诉性。对于善意侵权人而言,其本意是从事正常的生产经营活动,然而该行为客观上具有违法性,属未经权利人许可擅自利用知识信息及产品的侵权行为。最后,英美法系知识产权侵权中无过错责任原则与严格责任原则的抗辩事由性质、作用不同。侵权行为抗辩事由分为三类:第一种是阻

---

〔104〕 王利明:《侵权责任法研究》(第2版)(上卷),中国人民大学出版社2016年版,第263页。

〔105〕 吴汉东:《试论知识产权的"物上请求权"与侵权赔偿请求权——兼论〈知识产权协议〉第45条规定之实质精神》,载《法商研究(中南政法学院学报)》2001年第5期。

〔106〕 欧洲侵权法小组编著:《欧洲侵权法原则:文本与评注》,于敏、谢鸿飞译,法律出版社2009年版,第110页。

却行为违法性的事由，如正当防卫、紧急避险、合理使用等；第二种是阻却损害后果、因果关系的事由，如不可抗力、受害人过错、第三人过错等因素，使损害可能不会发生；第三种是阻却侵权人过错成立的事由，如侵权人可证明侵权产品来源合理，说明其已尽必要的注意义务。严格责任的免责事由主要集中于因果关系方面，即证明行为人的行为与侵害后果之间不存在因果关系就可以免责。英美法系知识产权法无过错责任原则下的抗辩事由，往往是阻却行为违法性的权利限制条款。合理使用限制条款只能阻却行为的违法性，不能在实质上消除对权利的损害，只是各国将这些行为划入合法范围时已充分考虑知识产权人利益与公众利益的平衡，避免给权利人造成较大损害。适用严格责任时，依法律的规定受害人有过错可以减轻或免除行为人侵权损害赔偿责任。[107] 知识产权领域适用无过错责任原则时，却不能以此作为抗辩。有的国家设置了赔偿请求权的限制条款，如美国《专利法》第 287 条(a)款规定：如果专利权人未尽到权利公示义务(既可以直接通知侵权人，也可以在相关产品上标示专利标记)，应自己承担相应的损失。[108] 该款仅是赔偿请求权的限制理由，并非赔偿损失的抗辩事由。严格责任中受害人过错往往能够阻断损害后果的发生，因此它能成为侵权人免赔的理由。专利权人即使在产品上附加权利标识或告知侵权人，意在适当弥补知识产权行政公示的缺陷，尽力使公众知晓权利存在，但是这并不能避免损害的发生，所以不能作为赔偿的抗辩事由。

---

[107] 王利明：《侵权行为法归责原则研究》(修订 2 版)，中国政法大学出版社 2004 年版，第 92 – 123 页。

[108] 美国《专利法》第 287 条(a)款“损害赔偿及其他救济方式的限制；标记和通知”规定：“专利权人如果未通知侵害人(提起侵权诉讼可视为通知)，也未在产品上附加专利标记告示大众，对于侵害不得提出损害赔偿请求。”

（六）混合责任原则

一些国家针对主要的知识产权直接侵权行为，区分侵权主体及侵权行为类型，分别适用两种以上的归责原则。这种混合归责原则是单一的过错原则与无过错原则之间的折衷原则，较过错原则更利于保护知识产权人的利益，在激励创新方面不如纯粹的无过错责任原则，但是更有效地保护了公众目前的信赖利益。实行混合归责原则的国家，对于初始加害方往往适用更严格的归责原则，对后续侵权人采用较宽松的归责原则。如对于初始加害方适用无过错责任原则，对于后续侵权人采用过错推定或过错责任原则。初始加害方通常是故意加害方，应该从严惩处。侵权产品制造者往往是初始加害方，但也存在委托加工的可能。

法国在发明及技术知识领域对于直接主要侵权采用混合归责原则。1992 年颁布的法国《知识产权法典》中，著作权法与商标法部分并未就侵权人善意与否对侵权损害赔偿责任的影响作出规定，换言之，即使侵权人善意也要承担赔偿责任；在发明及技术知识领域，该法第 L615－1 条第 3 款明确规定如非产品制造人，仅在知情故犯时承担责任，那么除制造人之外的善意侵权者可免除赔偿责任。[109] 由此可知，在发明专利领域法国对于其他侵权主体的赔偿责任适用过错责任原则（且过错类型为故意），对于制造方采用无过错责任原则；而著作权、商标权领域赔偿责任均适用严格的无过错责任原则。法国之所以这样规定，可能是由于发明及技术领域专业性强，一般公众识别能力差，善意或过失侵权的可能性大，为维护公众利益规定知情故犯才担责。而制造人属特殊主体，对行业技术发展认知程度较高，

---

〔109〕 马嘉楠：《我国知识产权善意侵权制度研究》，浙江师范大学 2016 年硕士学位论文，第 31－32 页。

因此赋予其较高的注意义务。此外，基于知识产权的特殊性，较难证明侵权人的过错，所以对制造方应适用严格的无过错责任原则。在著作权、商标权领域，公众的识别能力较强，遭受善意侵权的可能性低，所以适用无过错责任原则能强化公众的注意义务，尽量避免侵权。

有学者认为《与贸易有关的知识产权协议》确立了过错责任原则为知识产权侵权赔偿的基本归责原则，依据是其第 45 条第 1 款。[110] 该款规定，知识产权的侵权损害赔偿以侵权人有过错为归责条件。[111] 侵权人赔偿的前提是主观明知已造成侵害，"已知或有充分理由应知"所表达的显然是过错责任。[112] 实则不然，因为第 45 条第 1 款仅规定侵权人在明知的情况下造成损害应负赔偿责任。该内容对无过错责任原则同样适用，无过错责任原则是不管当事人有无过错皆应赔偿，有过错须赔偿也是其应有之意。也有学者根据该协议第 45 条第 2 款[113]提出了不同看法。在这里，不仅无过错可被定为侵权，而且可判其负赔偿责任。它实实在在地规定了不可以不加区分地在一切场合全面排除侵害知识产权的无过错责任。[114] 追究次重要的知识产权（如电路布图设计权等）的直接侵害责任，和间接侵

---

[110] 世贸组织《与贸易有关的知识产权协议》第 45 条第 1 款规定，对已知或有充分理由应知其从事之活动系侵权的侵权人，司法当局应有权责令其向权利人支付足以弥补因侵犯知识产权而给权利持有人造成之损失的损害赔偿费。

[111] 吴汉东：《试论知识产权的"物上请求权"与侵权赔偿请求权——兼论〈知识产权协议〉第 45 条规定之实质精神》，载《法商研究（中南政法学院学报）》2001 年第 5 期。

[112] 张玉敏：《侵害知识产权民事责任归责原则研究》，载《法学论坛》2003 年第 3 期。

[113] 世贸组织《与贸易有关的知识产权协议》第 45 条 2 款规定，……在适当场合即使侵权人不知或无充分理由应知其从事之活动系侵权，成员仍可以授权司法当局责令其返还所得利润或令其支付预先确定的损害赔偿费。

[114] 郑成思：《侵害知识产权的无过错责任》，载《中国法学》1998 年第 1 期。

害重要知识产权的赔偿责任时，仍应适用过错责任原则。对于重要知识产权的直接主要侵权，应采无过错责任原则。也有学者认为要求侵权人适当承担由法律事先规定的法定赔偿金符合公平原则。[115]这些理解同样有误。特殊情形下侵权人没有过错可能仍须赔偿，但是特定场合下无过错责任原则的适用不具有强制性，而是由成员国选择是否遵守。纵观《与贸易有关的知识产权协议》，其未确立任何一种原则作为知识产权侵权损害赔偿的基本原则，但是其提供了最具包容性的选择，可同时涵盖过错责任原则、无过错责任原则和折中原则，由协议成员国自行设置具体规则。这与现实中各国各具特色的知识产权侵权损害赔偿归责原则正好相符。无论成员国选用哪种原则，均应满足《与贸易有关知识产权协议》第 45 条第 1 款所列出的必备条件：过错侵权必须赔偿。实行单一无过错责任或混合责任原则的国家，还可能满足该协议第 45 条第 2 款规定的选择性条件。

二、区分知识产权直接侵权适用不同归责原则

（一）主要的直接侵权依无过错原则进行赔偿

1. 赔偿责任所依据的须是能衡量价值的要素

损害赔偿请求权是一种法律效果，其产生基于一定的法律要件。依传统民法理论，损害、因果关系和不法性均为侵权行为的法律要件。能够成为归责事由的因素是众多的，其中带有评价性的根本事由才是归责原则。[116] 这种“使遭受侵害之权益与促使损害发出之原因者结合，将损害因而转嫁由原因者承担之法律价值判断要素”[117]

---

〔115〕 王迁：《知识产权法教程》，中国人民大学出版社 2016 年版，第 259 页。

〔116〕 孔祥俊：《论侵权行为的归责原则》，载《中国法学》1992 年第 5 期。

〔117〕 邱聪智：《庞德民事归责理论之评价》，载《台大法学论丛》第 2 期（1982 年）。

就是归责原则。知识产权侵权损害赔偿的归责原则，就是知识产权侵权人承担损害赔偿责任的依据。承担赔偿责任的依据必须是能够进行价值衡量的因素。而损害与因果关系只是单纯的客观事实要素，不能主观进行价值评判。在法制发展的早期，侵权损害赔偿选择以损害结果作为归责依据，完全依靠客观事实要素归责，这显然不科学，所以结果责任原则最终被法律所扬弃。主观因素能够体现个人与法律秩序之间的关系，主观意思的可责性正好符合归责的价值判断标准。[118] 因此人们后来转向主观归责，以侵权人主观过错为归责依据。在考虑其主观是否具有过错后，法院将与其行为存在因果关系的损害后果归于行为人承受。归责原则的本意在于平衡正当利益失衡状态，合理填补不幸损害。[119] 过于偏重侵权人主观意识状态，将使归责原则远离其设立宗旨。无论是单纯的主观归责还是客观归责，皆有失偏颇。工业大生产固有风险的存在，使社会成员更易遭受无辜加害。到了19世纪末，许多国家开始对传统的过错原则进行探讨，试图以严格责任解决事故赔偿问题。归责原则开始逐渐客观化、严格化。[120] 归责依据由侵权人的过错变为侵权行为客观存在的危险。过错责任充分反映了古典自由主义的哲学思想，是自然法学派理论在侵权行为法中的体现。无过错责任原则则体现了社会连带法学派的法哲学思想。[121] 根据法国法学家狄骥的观点，法律的社会功能乃是实现社会连带。法治要求每个人都要为充分实现社会连带作

---

〔118〕 孔祥俊：《论侵权行为的归责原则》，载《中国法学》1992年第5期。

〔119〕 吴汉东：《试论知识产权的"物上请求权"与侵权赔偿请求权——兼论〈知识产权协议〉第45条规定之实质精神》，载《法商研究（中南政法学院学报）》2001年第5期。

〔120〕 王利明：《侵权责任法研究》（第2版）（上卷），中国人民大学出版社2016年版，第219页。

〔121〕 张新宝：《中国侵权行为法》，中国社会科学出版社1998年版，第54页。

贡献,避免任何由与实现社会连带不相一致的目的所驱动的行为。[122] 20世纪以来,社会经济生活发生了变化,归责原则也发生了重要变化。这主要表现在侵权法的归责原则从单一的归责原则向多元的归责原则转化。在社会连带法学派的影响下,为适应归责原则多样化的发展趋势,内涵和外延日益丰富的行为违法性逐渐演化成侵权归责的基本依据。

普通法中众多类型的侵权行为分别有不同的责任构成要件,因此不存在一般的责任构成要件。[123] 事实上,并不存在一般性的行为义务,只有违反成文法明确确立的行为义务的加害行为,才属于具有违法性的行为。法律在设置具体的行为义务时,不仅需考虑权利体系自身的特点,还需考虑侵权行为的固有风险、侵权人与受害者的主观过错、公众行为自由与权利人利益的平衡等多项因素。即使在同一权利领域也不存在普适的行为标准。行为的违法性标准以具体行为义务为表象,以权利体系运作平衡的内在忍受限度为支撑,是一种可同时涵盖主观与客观、利益平衡多种要素的复合价值判断。在德国侵权法中,过错与违法性被分离为两个不同的要件,前者被理解为一种故意或者过失侵害他人的态度,而后者仅简单表明缺乏法定事由而违反某项法律规范。[124] 判断行为的违法性不仅要考察行为的结果,而且要考察行为本身是否违反了法律规定的行为准则。此种学说的优点在于将主、客观标准结合起来判断违法性,既要检验行为结果是否侵犯他人权益,也要考虑行为本身是否违反了注意义务。

---

〔122〕［美］博登海默:《法理学法律哲学和法律方法》,邓正来译,中国政法大学出版社1999年版,第183页。

〔123〕王利明:《侵权责任法研究》(第2版)(上卷),中国人民大学出版社2016年版,第282页。

〔124〕程啸:《侵权法中的"违法性"概念的产生原因》,载《法律科学(西北政法学院学报)》2004年第1期。

主观不法是未尽合理注意义务，这是从道德和心理状态而言的。而客观不法与行为人是否尽到合理注意义务没有必然关联，危险责任中行为人负责时并不要求其主观具有可责性；只有在适用过错责任原则时，侵权人主观上需有过错才构成违法。这种作为违法性的判断标准，即对被侵害利益的种类、性质与加害行为的态样进行衡量的相关关系学说成为如今民法学界的通说。[125]

2. 知识产权公示缺乏公信力难以判定侵权过错

由于知识产权的公示缺乏普遍的公信力，使知识产权侵权人实施侵权时的主观状态较难认定，应当将主观过错排除在知识产权主要侵权行为的赔偿依据之外。判定知识产权加害人侵权的主观状态，须以普遍建立知识产权公示公信制度为基础，在此基础上考量加害人是否尽到了必要的注意义务（检视公示信息与处分信息的一致及权利状态）。如果加害人没有进行必要的核查，其主观上就有过错，反之则无过错。知识产权加害人侵权主观状态不容易判断，因为知识产权领域没有物权领域中那样有公信力的公示制度。自罗马法以来，占有一直是动产物权的公示方法。[126] 一般的有形财产动产物权，以占有为公示形式。转让需登记才生效的动产与不动产物权以物权登记为公示形式，登记公示具有公信力。因为物权客体信息简单不易混淆，且物权客体的共享受到物质有限性的束缚，常人很容易验证物权登记信息与物的占有状况，检验结果可信度高，所以物权公示具有使当事人明知或应知权利存在的法律效力。知识产权客体具有非物质性，不能占有，因此只能以登记作为公示形式。然而主要知识产权并未建立与物权登记具有同等效力的公示制度。首先，并非所有的主要知识产权都建立了登记公示制度，如著作权在多数国家

---

〔125〕 于敏：《日本侵权行为法》，法律出版社 1998 年版，第 146 页。

〔126〕 梁慧星、陈华彬编著：《物权法》，法律出版社 2003 年版，第 206 页。

是自动产生的，因而无需登记。著作权领域也未普遍建立采取对抗主义模式的转让登记制度，不登记则著作权转让对善意第三人不发生法律效力。所以登记公示不能作为著作权产生和变更的依据，受让人无法根据著作权登记的状况判断作品真实的权利归属，其善意无从考证。即使在已建立公示制度的专利权、商标权领域，知识产权登记簿一定程度上对权利的产生、变更具有公示作用，但其并不具备严格的公信力。中国的司法实践中，法院曾明确否定商标授权公告具有使公众应知权利存在的法律效力。[127] 同样，不能以专利授权公告具有公示作用推论出专利授权公告具有使公众“应当知道”的法律效力。[128]

即使主要知识产权已普遍建立权利登记公示制度，该公示也难以取得公信力。登记公示的公信力来源于两方面，一是登记信息的权属本身真实可靠；二是公众容易核查登记信息及其权属状况，且结果可信。在知识产权领域这两点皆无法保证。由于巧合创作或相似发明、商标等实质存在，再加上侵权者人为干扰与核查人员知识能力有限等原因，难免造成相同或相似客体的知识产权并存等问题。专利权、商标权屡屡出现权利被宣告无效的情形，据此登记公示信息的可靠性大打折扣。知识产权客体信息量大、信息技术含量高，信息存在实质相似性与表现多样性的矛盾，这些因素都会阻碍行为人核查处分信息与登记信息是否一致或同源。另外，知识产权客体具有非物质性，无权处分不受物质有限性约束极易扩散。公众核查信息及其权属的可行性与可靠性较难保障。知识产权的特殊性使一般的权

---

〔127〕 裴某、刘某诉山东景阳冈酒厂侵犯“武松打虎”著作权案，北京市第一中级人民法院(1997)一中知终字第14号民事判决书。被告曾主张其“武松打虎”商标被商标局授权并予以公告，具有公示作用，因而主张已过诉讼时效。二审中法院确认：“商标授权公告对本案被上诉人不应具有应知的法律效力。”

〔128〕 张玲：《论专利侵权损害赔偿损失的归责原则》，载《中国法学》2012年第2期。

利公示不具有使公众知晓的效力，无法通过简单对比公示信息与实际处分信息是否一致来判定侵权人主观状态，权利人不易证明侵权者主观具有过错。

3. 知识经济促使产权制度价值向创新者转移

传统的有形财产领域设置了善意取得制度对物权进行限制，具备相应条件的善意侵权人不仅不用赔偿和返还原物，还可以取得财产的所有权。善意取得制度体现了当时社会经济条件下财产权制度的价值取向，即更注重交易秩序的安全与便捷，而非对财产创造者与所有权人的保护。财产所有权制度是经济得以存在和运行的前提，然而传统民法却忽视所有权而偏向公平交易秩序，这是当时的社会经济状况所决定的。工业时代生产力迅速发展，产品供过于求。市场经济的繁荣和良性循环更加依赖互通有无的交易制度，而不再单纯依靠保护财产所有权来激励财富创造。近代各国市场经济要求保障市场交易的安全与便捷的客观需要，是促成各国民法建立善意取得制度的根本原由。[129] 善意取得制度集交易秩序安全、经济效益和社会信赖于一体[130]，可以在一定程度上修复无权处分给社会秩序带来的负面影响。国家为了调和静态所有权与动态交易安全的价值冲突，为了保证财产流通，促进交易便捷稳妥和谋求社会的整体利益[131]，在进行价值衡量后选择优先维护交易秩序——以善意取得制度限制财产所有权。

信息时代知识经济来临，财产形态日新月异，知识财产在财富中的比重节节攀升。知识信息对社会经济发展的贡献越来越大，在发

---

[129] 梁慧星、陈华彬编著：《物权法》，法律出版社2003年版，第206页。

[130] 席建荣：《知识产权善意取得制度研究》，兰州大学2014年硕士学位论文，第15页。

[131] 江平主编：《民法学》，中国政法大学出版社2000年版，第372页。

达国家甚至具有举足轻重的地位。创造性成果对社会发展具有巨大的促进作用,有时甚至会使其跨跃式发展。同时,创造性成果具有稀缺性,创新劳动较一般生产劳动艰难,不是智力或体力劳动的简单叠加,需要靠创造性思维实现质的飞跃。知识信息与物质相比不能被占有,更易遭受无权处分的危害。信息时代社会经济条件的变化促使财产权制度的价值发生转移,知识产权制度设计的出发点应该是以激励创新为主,优先保护创新者和智力成果专有权人的利益而非公共的交易秩序。推广创新成果对交易秩序的价值与激励创新这一目标相比,居于次要地位。知识产权制度价值倾向转移势必会影响该领域侵权赔偿归责原则的选择。如果在该领域完全沿用有形财产权中的过错责任原则,善意侵权免赔,仅靠停止侵害来预防损失扩大,将给创新者带来难以估量的损失,无法弥补其前期投入,更谈不上激励创新。虽然这样有利于维护交易秩序和公众目前的信赖利益,但长此以往会阻碍创新发展与社会进步,损害人类长远利益。在知识产权领域设置行为义务时,首先要结合知识产权的独特性进行考量。知识产权与经济社会发展联系密切,在保护创新驱动力的同时,为了维护公众利益也需要从多方面限制该权利。此外,知识产权的客体并非物质,难以掌控,可无限共享,因而知识产权比物权更易受到侵害。目前各国按自身经济科技文化实力选择相应制度,知识产权保护水平不一。当各国创新能力普遍提高时,知识产权制度会进一步向为创造作出贡献者而非推广、使用者倾斜。该领域有一种激发个人及群体创造性、维护人类长远利益、限制公众目前的自由的倾向,所以对重要知识产权的主要直接侵害应适用较物权更严格的损害赔偿归责原则——无过错责任原则,善意加害人也应承担赔偿责任,如其能够证明善意,可以略微减轻。

4. 主要侵权人间应承担无过错连带赔偿责任

由于知识产权的公示缺乏普遍的公信力，使知识产权侵权行为中侵权者的主观状态较难认定，对于知识产权如果完全遵循物权中的过错责任原则要求加害方承担赔偿责任，则权利人获赔的可能性较低，不利于保护创造者。知识产权侵权赔偿责任同样不宜采用过错推定原则，有合法授权或者产品来源合理正在成为推翻推定的过错的天然漏洞。现实中已出现多个侵权单位预先谋划精心设计侵权产品合理来源或合法授权的案例，将侵权风险最终转嫁给早已与其勾结的担责能力极低的个体户，以逃避过重的赔偿责任。对于重要的知识产权，如创新性较强、价值较高的著作权、发明专利权和商标权，要想使之得到有效的保护，使权利人的损害得到应有的赔偿，应当要求主要的直接侵权人，包括擅自制造、销售、使用知识产品的主体承担连带的无过错赔偿责任。对于知识产权的主要侵权的直接实施者，权利人均可以要求其赔偿所有的损害，这样将促使知识产权产品的销售商和使用者注意保存证据，查证产品的真实来源。因为一旦其销售或使用的商品涉及侵犯知识产权，他们就可能需要承担全部的赔偿责任。现在的商品流通过程中，很多小商小贩为了减少经费支出和流通手续，不签订合同也不索要带有正式签章的票据，而是图省事通过电话订购货物，待对方送货上门后再付款，没有任何上游供货方的真实信息，一旦遭遇假冒商标的侵权纠纷，其就可能成为替罪羊。由于我国没有规定知识产权的主要直接加害人间负连带赔偿责任，对于下游销售商的追责过于宽松，依据我国工商行政管理方面的规定，对不能说明产品真实来源的销售商往往仅给予较轻的处罚。这样促使制造商与销售商互相勾结，销售商自愿代替制造商承担处罚，以不交待产品的真实来源为手段，从而逃避了本应承担的较重的处罚。对知识产权的主要直接侵害人实行连带赔偿责任，则可以避免上下游供应商间沆瀣一气,逃避法律责任的情形。销售商害怕承担过重的连带赔偿责任,因此不会隐瞒包庇上游的制造商,使其难逃法律的追究。在主要知识产权的直接侵权人间实行连带赔偿责任的同时,对于知识产权赔偿的总额应当进行控制,不能让权利人分别向不同的侵权主体多次索要重复的赔偿,造成过度赔偿,否则会损害社会公众的合法权益。

(二)次要的直接侵权依故意原则进行赔偿

1.次要的直接侵权应专门规定赔偿归责原则

知识产权的侵权行为分为直接侵权与间接侵权,知识产权直接侵权行为又可以划分为主要直接侵权与次要直接侵权,由于不同的知识产权侵权行为的危害差别较大,侵权行为承担赔偿责任的归责原则也应明显不同。有些国家对于三者的规制存在明显差异,如美国《版权法》中明确列举了除主要的直接侵权行为适用无过错赔偿责任原则外,次要的直接侵权与间接侵权一样应当适用故意赔偿责任原则。多数国家仅区分了知识产权直接侵权与间接侵权,在知识产权单行法中分别针对具体的侵权行为类型列举了应适用何种赔偿归责原则。对于直接的知识产权侵权行为,通常规定应适用过错赔偿责任原则;对于知识产权间接侵权行为,通常规定应适用故意赔偿责任原则。对于知识产权直接侵权行为不再区分主次,对于未明确列举的次要的知识产权直接侵权行为,究竟应该适用怎样的赔偿归责原则?由于法律没有规定,有的观点认为应当与已明确规定的知识产权直接侵权行为的赔偿归责原则保持一致。需要说明的是,在知识产权法中对于不同的直接侵权行为,本身就规定适用不同的赔偿归责原则。因此,即使比照法律已规定的直接侵权的处理原则处置,法官自由选择的空间仍然较大,既可能适用主要直接侵权中最为严格的赔偿归责原则,又可能按照当中较轻的原则进行处理。无论采用哪种原则都未免有失公平，因为次要的知识产权直接侵权行为所产生的危害远远不及主要的知识产权直接侵权行为，却要适用与之相同的较为严格的赔偿归责原则，这将导致损害与责任的失衡。

还有另外一种处理方法，即按照民法中一般的民事侵权行为适用的赔偿归责原则追责。这样做也不完全合乎情理，因为未考虑知识产权次要直接侵权的具体特点，而是将其混同于一般的民事侵权行为加以规制。民法中侵权行为的主要赔偿归责原则采用过错责任原则，而民法中的过错实质包含了故意与过失。依据过错责任原则追究赔偿责任，对于间接侵权人非常不利。即使是只负有一般过失的次要的知识产权直接侵权人，也有可能要承担赔偿损失的责任。由于知识产权公示公信力不足，判断知识产权侵权方的主观过错较困难，大量的无辜加害人即使在客观条件下已尽必要的注意义务，也可能仍未避免侵权发生，他们的行为较有可能被认定为存在过失，最终面临负担损害赔偿责任的后果。对于次要的知识产权直接侵权人，应当专门规定其适用的赔偿责任归责原则，才能在保护知识产权人利益的同时，尽量避免对公共利益造成较大的损害。

2. 次要直接侵权危害较轻宜从宽处分

(1)明知故犯才赔偿损失。知识产权公示的公信力不足，导致知识产权侵权人在侵权时的主观状态难以判断。基于知识产权的特殊性质和无辜加害的广泛性，对于危害程度较低的次要的知识产权直接侵权行为，即使适用民法中普遍采用的过错责任原则追究赔偿责任，仍然可能有失公允。在已经适用无过错责任原则严格规制知识产权的主要侵权行为的背景下，对于知识产权的次要直接侵权行为，应当适用较宽松的赔偿责任归责原则：当主观过错非常明显时，如明知故犯，才应追究其赔偿责任。相较于主观具有过失的情形，主观存在故意的情形较易确定,因为其特征相对较明显,所以发生误判的概率较低。不管是间接侵权人还是次要的直接侵权人,都应当以故意作为知识产权侵权损失赔偿责任的归责依据,这样才较为公平合理。次要的知识产权直接侵权行为与间接侵权一样,都是对主要的直接侵权行为起配合作用。知识产权侵权行为的规制应当以打击主要的直接侵权为重点,对于次要的直接侵权宜采用较为宽松的态度。这是因为在知识产权的后续侵权行为中善意侵权分布较广,发生的频率较高,不应当不加区分地一律严惩。如美国的知识产权法就显示了这种区别对待的原则。美国《商标法》对于主要的直接侵权行为,规定其赔偿责任适用无过错责任原则;而对于次要的直接侵权行为,则规定其赔偿责任适用故意归责原则。美国《商标法》第六章损害赔偿第 32 条包含两款:一是侵害行为之民事责任,二是不知情之印刷者、发行人及广播者行为之责任。[132] 对主要的商标直接侵权行为,如擅自制造、销售仿冒他人品牌的产品,法律规定任何人如未经注册人同意而有相关行为,应对注册人负损害赔偿责任。侵权人承担赔偿责任

[132] 美国《商标法》第六章损害赔偿第 32 条规定,(1)侵害行为之民事责任:任何人如未经注册人同意而有下列行为,应于民事诉讼中依本法规定对注册人负损害赔偿责任。但于本条(b)项之情形,除非行为人明知并故意引起混淆误认或欺罔而为该仿冒行为,商标注册人不得请求其赔偿所失利益或所受损害。(a)于商业行为中,将注册商标加以重制、仿冒、仿制或伪造,并使用于商品或服务上而为贩卖,或为贩卖而陈列,散布或广告,足以使购买人可能发生混淆误认或为欺罔者。(b)将注册商标加以重制、仿冒、仿制或伪造并使用于标贴、标志、印刷物、包装、包纸、容器或广告上,而其系供商业上之使用,或意图供商业上使用或使用于商品或服务上而贩卖或为贩卖而陈列、散布或广告,足生混淆、误认,或为欺罔者。(2)不知情之印刷者、发行人及广播者行为之责任:虽然本法另有规定,对于权利被侵害之商标所有人或依本法第 43 条(a)项提起诉讼之人,其损害赔偿之请求仍受下列之限制:(a)侵害人仅系以为他人印刷商标为营业者,且经提出确不知情之证明时,权利被侵害人或依第 43 条(a)项提起诉讼之人对于此等侵害人,仅得制止其将来之印刷……

不以过错为条件,实施侵权行为造成损害即应赔偿。对次要的商标直接侵权,如单纯印制商标或者从事发行、广播业务,法律规定除非行为人系明知并故意引起混淆误认或欺罔而为该仿冒行为,商标注册人不得请求赔偿所失利益或所受损害。侵权人明知故犯,才负赔偿责任;如果不能证明其故意造成混淆,商标注册人仅能要求其停止侵害。

我国无论是司法实践还是法理中,均未区分主要的直接侵权人与次要的直接侵权人,而是笼统按照直接侵权来处理。按照现在的法律,次要的侵权人要对主要侵权人造成的损害承担连带赔偿责任,这样有失公平。在魏某、王某、陈某诉帝豪集团、标格公司、未来公司著作权侵权纠纷一案中,标格公司替帝豪集团制作酒水销售广告。作为广告制作方,其未经许可擅自利用魏某等创作的春晚爆红歌曲作为广告的背景音乐,其中,标格公司是音乐作品著作权的主要侵权人。帝豪集团既是间接侵权中的代位侵权人,又是主要的直接侵权人。其授权未来公司发布侵犯歌曲版权的广告作品,属于侵权广告的使用者。另外,虽然其未直接参与广告制作,但是其从播放侵权广告处获取的收益是最大的,因为广告帮助其宣传促进酒水的销售。未来公司经帝豪集团授权发布广告,是次要的直接侵权人。依照故意归责原则,知识产权次要直接侵权人主观具有故意的才应赔偿损失。但是依照中国目前的共同侵权处理规则,次要的直接侵权人哪怕仅具有过失也应对损害后果承担连带赔偿责任。在中国关于知识产权侵权赔偿责任的追究过程中,次要的直接侵权的追责机制过严。法院最后认定:标格公司是侵权作品的制作者,帝豪集团是侵权作品的使用者,未来公司是侵权作品的发布者,在整个侵权过程中,三者对侵权结果的形成具有不可分的责任,故认定三者为共同侵权,应承担连带责任。基于春晚的收视率较高和未来公司的职业身份,判定未来公司能够发现涉案广告侵权的事实,其未制止侵权反而促成该广告在电视台播放,扩大了损害后果，主观过错明显，应承担连带赔偿责任。[133]

（2）仅须独立负担相应的赔偿责任。次要的知识产权直接侵权行为，往往对于主要的知识产权直接侵权产生帮助作用。如网络服务提供商应客户要求在广告宣传中播放侵犯著作权作品的行为，必然会扩大侵犯著作权的范围和影响。依据我国民法的共同侵权原理，帮助侵权人即使主观上存在过失，仍然可能被判定与主要侵权人承担连带的损失赔偿责任。共同侵权的处置原则，同样也适用于构成帮助的次要知识产权直接侵权行为。次要的直接侵权人负担连带赔偿损失的责任，必须以主要的直接侵权行为发生为基础，不能独立追究其法律责任。连带赔偿损失的范围，明显大于知识产权间接侵权理论中要求侵权人独立承担的相应损失赔偿的范围。依 2021 年修正的《广告法》第 34 条，广告经营者、广告发布者的审核义务限于：依据法律、行政法规查验有关证明文件，核对广告内容。对内容不符或者证明文件不全的广告，广告经营者不得提供设计、制作、代理服务，广告发布者不得发布。从事广告发布业务的网络服务提供商的审查义务，仅限于审查相关从业者的主体资质和一定程度内广告内容的真实性，原本不包含广告内容是否侵犯知识产权。而现在按照知识产权共同侵权处理规则，该网络服务提供商却要对其本不负审核义务的主要的知识产权直接侵权行为负责，且须承担所造成的全部损失的连带赔偿责任。这样的处置规则，未免显得不符合逻辑与理性。由于追偿机制的失灵导致间接侵权人责任过重，进而可能妨碍技术进步。美国、日本等国家的司法实践对于知识产权共同侵权致损中间接侵权人的损害赔偿责任，逐渐出现了限制适用连带赔偿责任的趋势。间接侵权人无须对直接侵权导致的损失承担连带赔偿责

[133] 魏某、王某、陈某诉帝豪集团、标格公司、未来公司著作权侵权案，北京市海淀区人民法院（2002）海民初字第 4933 号民事判决书。

任，只须单独就自身行为给权利人造成的损害承担相应的赔偿责任即可，通常是按照间接侵权人非法获利或者参照知识产权法定许可使用费单独计算赔偿额。间接侵权人作为被许可对象直接承担作品、专利或者中间产品的许可使用费。〔134〕 独立负担相应损失的赔偿归责原则，也应适用于同样起帮助作用的次要的知识产权直接侵权人。

三、目前中国知识产权直接侵权损害的混合赔偿原则

（一）有免赔事项的后续侵权适用过错推定原则

关于中国知识产权直接侵权行为的损失赔偿责任适用混合归责原则，学者多无异议。其中对于知识产权单行法中设置免赔事项明确列举的主要侵权行为，其赔偿归责原则适用特殊的过错推定原则亦较少有争论。这种推论的依据来自《民法典》侵权责任编第 1165 条，该条第 2 款规定了一般的过错推定责任原则。依照法律规定推定行为人有过错，其不能证明自己没有过错的，应当承担侵权责任。我国知识产权专门法为主要的后续直接侵权人规定了特殊的免赔事项。主要的后续直接侵权人，包含销售、许诺销售、使用未经权利人同意擅自制造的知识产权产品的侵权人。特定的事项，除不知情外，依有关法律还包括证明侵权产品有“合法来源”或者“合法授权”。后续侵权人能够证明特定事项存在时，其可以推翻过错推定，进而可以免除赔偿责任；反之，则须承担赔偿责任。因此这些主体适用的侵权赔偿责任的归责原则被称作特殊的过错推定责任原则。中国相关法条中“合法来源”一词殊为不当，未经授权而擅自实施他人知识产权的行为，本质上属于违法行为，即使行为人主观上为善意，自公开市场支付相应对价取得知识产权产品，亦不能改变后续利用这些产

〔134〕 朱冬：《知识产权间接侵权连带赔偿责任的反思与重构》，载《法律科学（西北政法大学学报）》2017 年第 6 期。

品的违法性。其他国家类似的条款中均未出现“合法来源”这种表述,仅表明相关方有义务证明产品的来源,由法官裁判其是否应承担赔偿损失的侵权责任。特定事项的表述,改为“侵权产品有合理来源”较为妥当。中国《著作权法》《专利法》《商标法》对特定的后续直接侵权行为均设置了免赔条款。《专利法》中明确规定,专利产品的销售、许诺销售和使用方可以用产品来源合理且不知情作为赔偿的抗辩理由。[135]《商标法》也规定了销售商能说明提供者的,可以以不知情且产品来源合理作为免赔理由。[136]《著作权法》规定了复制品的出版者、制作者、发行者或者出租者能够证明作品来源合理,或者作品的使用有合法授权的,可以以此作为赔偿请求权的抗辩。[137]

(二)其他知识产权直接侵权损害赔偿的归责原则

前面叙述的知识产权后续直接侵权造成的损失,其赔偿责任的归责适用过错推定责任原则较少有争议。如果侵权人不能证明存在法定的免赔事项,则推定的过错成立,那么他应负赔偿损失的责任。但是对于除此之外的法律未明确规定的知识产权直接侵权产生的损害,赔偿责任到底适用怎样的归责原则呢?由于法律没有明示,故存在较大的分歧和争议。一种观点认为,应当采用《民法典》中基本的损失赔偿归责原则,即过错责任原则;另一种观点认为,其他知识产权直接侵权损失的赔偿应当适用无过错责任原则。

1. 过错归责原则说

有学者认为侵害知识产权的赔偿责任在中国学术界与司法界普遍采取二元归责原则,即在采用过错责任原则的基础上补充适用其他归责原则。其中有代表性的观点主要是两种:一是以无过错责任

[135] 2020 年修正的《专利法》第 77 条。
[136] 2019 年修正的《商标法》第 64 条第 2 款。
[137] 2020 年修正的《著作权法》第 59 条。

原则为补充原则,二是以过错推定责任原则为补充原则。[138] 依此说,过错归责原则为知识产权直接侵权损失的基础赔偿归责原则。得出这个结论的原因在于,既然中国知识产权相关法律未专门规定直接侵权损害赔偿的基本归责原则,由于知识产权属民事权利,那么当然可以参照《民法典》中一般侵权责任适用的普通归责原则——过错责任原则。《民法典》侵权责任编第1165条第1款规定了过错责任原则,即行为人因过错侵害他人民事权益造成损害的,应当承担侵权责任。对于知识产权相关法律中未设置免赔事项的其他直接侵权行为,权利人需证明侵权人具有过错,才能要求其承担赔偿责任。这样一来,就会出现违反法律逻辑的后果:知识产权专门法中对真正的初始侵权人,没有规定专门的免赔条款,按照上面的推理,初始侵权人应适用过错责任原则。而过错推定责任原则免除了原告证明被告过错的义务,较过错责任原则对于侵权人更为严厉,对维护知识产权人的利益更有利。对于初始侵权方,应适用比后续侵权方更严格的赔偿归责原则才公平合理,因为他们是侵权的始作俑者。而按照上面的推理,对初始侵权人反而会适用较宽松的赔偿归责原则——过错责任原则,这实在有违法理。

2. 无过错责任原则说

有学者认为,我国现行《专利法》规定的侵权人承担赔偿损失民事责任的归责原则因侵权行为不同而不同:使用、许诺销售等侵权人采过错推定责任原则;其余的侵权人采无过错责任原则。[139] 依此观点扩张理解,知识产权相关法律对使用、许诺销售等后续直接侵权设

---

[138] 吴汉东:《试论知识产权的"物上请求权"与侵权赔偿请求权——兼论〈知识产权协议〉第45条规定之实质精神》,载《法商研究(中南政法学院学报)》2001年第5期。

[139] 张玲:《论专利侵权损害赔偿损失的归责原则》,载《中国法学》2012年第2期。

置了特定的免赔事项，适用的是特殊的过错推定责任原则。过错推定赔偿归责原则通常只针对销售、使用侵权人，并非普遍适用于其他侵权人，因此过错推定原则不是知识产权直接侵权赔偿责任的基础归责原则。知识产权直接侵权赔偿责任的基础归责原则应当为无过错责任原则。如前所述由于知识产权的公示缺乏普遍的公信力，导致侵权人主观状态较难确定。因此知识产权侵权行为应当被视为特殊侵权行为，而非普通的民事侵权行为，其侵权赔偿责任的归责原则也不能适用普通民事侵权行为的过错责任原则。结合知识产权侵权主观过错较难认定的现实，对初始侵权方适用最严格的赔偿归责原则无过错责任原则较为适宜，可以较好地保护知识产权。但是对于所有没有列举免赔条款的知识产权直接侵权人均适用无过错责任原则会显得过于严厉，尤其是对于一些次要的直接侵权人，如经授权发布侵权产品或作品的广告商和广播电视组织，其确实对知识产权直接侵权起到了推波助澜的作用，但是并不像主要的直接侵权者制造、销售商那样给知识产权人的利益造成了重大损失。不分主次地对所有未列举免赔条款的知识产权直接侵权方均适用无过错归责原则会令权责失衡，造成社会公共利益的困扰。应当只对初始的知识产权直接侵权人适用无过错归责原则，对其他未列明的次要的直接侵权人适用较轻的归责原则。知识产权相关法律对于各种侵权行为，应当根据其性质分别适用不同的赔偿归责原则，对此作出明确的概括性规定，以避免无谓的纷争。

第五章 知识产权侵权责任的完善

第一节 著作权侵权责任的完善

一、破解技术保护措施与删改权利信息责任的完善

《版权条约》第11条规定了参与国保护与作品有关的技术措施的义务，明确了各国应制定法律制止规避由作者为行使本条约或《伯尔尼公约》所规定的权利而采用的技术措施，该技术措施用于约束未经作者或法律准许对作品实施的行为。世界知识产权组织《表演和录音制品条约》第18条也用相似的语言对保护表演和录音制品的技术措施作了相应的规定。

（一）破解技术措施与删改权利信息危害著作权

我国《著作权法》曾将破除规避作品的技术保护措施与删改著作权信息的行为定性为著作权侵权行为，并将其放在著作权侵权行为的类型化条款中。[1] 这样归类是因为以上行为虽然可能不直接侵犯著作权，但是为直接侵权创造了实施条件。通常是在有关主体破解了作品的技术保护措施、修改权利管理信息后，另外的主体再擅自传播、利用作品信息，实施著作权的直接侵权行为。由于我国知识产

〔1〕 2010年修正的《著作权法》第48条第6、7项。

权法中并无间接侵权的规定，按照我国民法的基本原理，可将这两种行为作为直接侵权的辅助行为来处理，与直接侵权构成共同侵权惩处，行为人可能承担连带的法律责任。2020 年修正的《著作权法》将这两类行为从著作权侵权行为中单列出来，仅将其作为与著作权保护有关的普通违法行为处理。这样修改的原因是因为有学者认为应当效仿美国《数字千年版权法》对作品的技术保护措施进行分类，分为控制接触作品与控制著作权利用的技术保护措施。控制著作权利用的技术保护措施无疑与直接的著作权侵权行为相关连，破解有关技术措施后，他人可以擅自复制、传播等方式利用作品，直接侵犯了著作权中的复制权或其他权能。然而控制接触作品的技术保护措施则与著作权保护无关，因为著作权中并未规定接触权这项权能，著作权人从来都不享有控制公众接触作品的权利。一些发行商通过设置账号与密码在线销售电子书、电影或软件。他人未经许可破除或规避此类措施后，可以直接阅读欣赏文学电影作品和运行软件，而无须实施复制传播等侵权行为。因此保护接触作品的控制措施，无法从间接维护著作权的角度予以解释，利用著作权侵权行为规制此类违法行为缺乏正当性。规避或破除这类控制接触作品的技术保护措施的行为，不宜以著作权共同侵权或间接侵权加以规制。作品的接触控制措施不具有间接保护著作权的作用。同理，删改著作权管理信息的行为也被认为与著作权侵权无直接关联，只造成了他人违法接触作品的后果，并未直接侵犯某种著作权权能。但是接触控制措施仍是维护著作权人基于行使专有权获取财产收益的合法权利的手段，以著作权法保护作品的接触控制措施仍具有正当性，因此可将规避或破除控制接触作品的技术保护措施的行为置于著作权侵权行为之外作为与著作权有关的权利加以保护，列入著作权法规制的其他违法行为。[2]

然而学界与司法实务界也存在不同看法。美国学者金斯伯格认为，虽然著作权法并未像规定复制权和发行权等传统专有权利那样明确规定接触权，但接触权本身就是著作权必要且内在的组成部分。[3] 因此无须区分作品的技术保护措施究竟是控制接触作品还是控制著作权利用。除法律规定的例外情形外，擅自破解技术保护措施的行为，均应被列入著作权侵权行为，可以用间接侵权理论加以规制。有学者认为单纯的在物理上接触作品或作品载体，本身不属于现有的著作权权能，有必要依据著作权产业发达国家的学理概念设置接触权，将接触作为一种利用作品的新形式纳入著作权法，视其为著作权法对互联网信息时代社会变化作出的必然选择。[4] 其实无须另外创设接触权，接触权的实质是控制作品信息的扩散与利用。著作权权能的分化正遵循此道，随着技术条件的发展与作品传播利用途径的扩张而不断分列增添。著作权权能应当包含具体的传播方式控制权，并且可延及与之对应的利用方式。如发行权的权能，可延伸至纸质书籍的阅读和软件光盘的运行；网络传播权，可延伸至获取作品后的在线浏览和软件的运行。之所以未在著作权权能中单独列举接触权，是因为其已被传播方式吸收，而无须再专门列出。这是不言而喻的，接触权应当被著作权权能覆盖。正如知识产权的获取收益与处分权等，都已被具体的知识产权分支权能所涵盖，无须再专门列出。专利权与商标权的权能，都包含相应的知识产权客体的传播

---

〔2〕 王迁：《版权法保护技术措施的正当性》，载《法学研究》2011 年第 4 期。

〔3〕 Jane C. Ginsburg, *From Having Copies to E. rpriencing Works: the Development of an Aceess Right in U. S. Copy - right Law*, Journal of the Copyright Soeiety of the USA, Vol. 50, p. 113 - 115(2003).

〔4〕 熊琦：《论“接触权”著作财产权类型化的不足与克服》，载《法律科学（西北政法大学学报）》2008 年第 5 期。

与利用。如实施发明专利技术方案的行为,包括制造、销售专利产品及销售后的使用行为。商标权可掌控的处置商标的内涵,包含印制、销售相同或近似的商标,以及在相同或类似产品上使用相同或近似商标的行为。为何独著作权只能控制作品的印制、发行、传播,却不能控制作品(载体)售出后的使用行为?著作权穷竭原则,只适用于首次销售须为合法的作品载体的转移,对于非法出售的作品载体的转移,权利人的权利仍能追及。知识产权的权能应当全面覆盖知识产品的传播与利用方式,这样才能起到全面保护创作者权益的作用。著作权人正是基于自身对作品传播与利用、处分的专有支配权,才得以禁止他人擅自传播与利用、处分作品。自用权与禁止他人利用权是对专有使用权从不同侧面的阐释,二者组合起来完整解析了知识产权的整体权能。在法定的合理使用情形之外,他人擅自接触作品,一则破坏了著作权人的自用权,二则侵犯了禁止他人利用权,因而构成著作权侵权。上述行为触犯的正是著作权人禁止他人擅自利用作品的权利,该行为在没有合法理由的情况下擅自扩大了作品的传播范围。法律如果要排除对作品某项传播与利用的专有权利,必须明示,否则无法排除作者及有关权利人支配该权益的正当性。传统环境中,基于个人目的的合理使用条款可以成为个人擅自接触作品行为的抗辩理由。但是在网络环境下,针对作品的技术保护措施和电子权利管理信息,并无基于个人目的的合理破除规避或者删除修改的法定例外条款。此类行为的合法性无疑令人质疑。结合我国《著作权法》和《计算机软件保护条例》的规定,依据《著作权法》合理使用条款(第24条)与技术措施保护的例外条款(第50条),基于个人目的的合理使用的作品不应包含软件和添加技术保护措施后的各类作品。原来可以以个人目的合理利用的作品,在添加技术保护措施后被行为人擅自破除并加以利用,该行为不具有合法性。这是著作权限制制度面对发达的信息技术对创作者权益造成的重大威胁时作出的必要调整。既然擅自规避或破解技术保护措施以及接触利用作品的行为违背著作权法，侵犯著作权权益，那么此类行为当然属于著作权侵权行为。例如，行为人在破除技术措施后在线浏览电影，这不是擅自扩张了作品网络传播权的范围吗？只要技术措施保护的对象构成作品，破除技术保护措施接触利用作品的行为就应当被划归为著作权侵权行为。

（二）破解技术措施与删改权利信息应视为著作权间接侵权可独立追责

我国2020年修正的《著作权法》直接采用了《信息网络传播权保护条例》第26条关于技术措施的定义，在第五章著作权和与著作权有关的权利的保护中的第49条规定：技术措施，是指用于防止、限制未经权利人许可浏览、欣赏作品、表演、录音录像制品或者通过信息网络向公众提供作品、表演、录音录像制品的有效技术、装置或者部件。为保护著作权和与著作权有关的权利，权利人可以采取技术措施。该条还规定，未经权利人许可，任何组织或者个人不得故意避开或者破坏技术措施，不得以避开或者破坏技术措施为目的制造、进口或者向公众提供有关装置或者部件，不得故意为他人避开或者破坏技术措施提供技术服务。《信息网络传播权保护条例》只能制止侵犯信息网络传播权的行为，导致其对于技术措施的定义过于狭隘。由于我国《著作权法》采用的是《信息网络传播权保护条例》中关于技术措施的定义，因此只能制止规避或破解控制作品网络传播的技术措施，不能对著作权进行全面保护，造成了立法上的疏漏。美国《数字千年版权法》第1201条将技术措施分为两类：防止未经授权使用版权作品的措施和防止未经授权复制版权作品的措施。除特定情况外，严禁为规避任何一类技术措施而制作或兜售特殊设备和服务。

至于规避行为本身,该条款将禁止规避技术措施归入第一大类,而非第二大类。引入该区别对待条款,是为了保证公众能持续、合理地使用版权作品。[5] 这样做可以为破解防复制措施留下合理的空间,因为合法接触作品、拥有作品使用权的人为了方便而擅自复制作品并不违法。其实保留这样的合理空间并无必要,反而为作品的非法传播奠定了基础。即使有人最初出于合理使用目的破解了合法获取作品的防复制措施,该合法复制件后来被非法传播利用的可能性也会大大增加。美国《版权法》已禁止提供破解防复制措施的辅助行为,提供有偿服务或销售有关装置。这样一来,复制作品的可行性完全建立在自身或亲友的技术能力之上,其实现带有很大的随机性和不确定性。《版权条约》与世界知识产权《组织表演和录音制品条约》也未对技术措施的类型作出具体规定,上述国际公约中保护的技术措施主要用于维护著作权和相关权,且用于约束未经作者授权或法律准许对作品、制品、表演擅自传播、利用的行为。欧盟于 2001 年制定了《信息社会版权指令》,也没有将作品的技术措施区分为访问控制措施和版权保护措施。欧盟的立法禁止规避任何作品的技术保护措施,该技术措施须具备以下功能:用于阻止或限制未经版权人或法律规定的相关权利人准许的行为。

笔者认为,修改我国《著作权法》中技术措施保护的有关条款,无须细分技术措施的类型,只要明确技术措施须用于保护著作权及相关权,用于防范未获权利人授权或法律许可的对作品、表演、录音录像制品的传播、利用行为即可。这样就能够与有关国际公约技术措施的保护范围保持一致,无须再区分技术措施的具体类型。无论规避或破解的是接触作品的控制措施,还是防止复制的措施,只要提供

---

〔5〕 张大伟主编:《美国版权法》,王智丽、杨丽娟、俞峥译,东方出版中心 2019 年版,第 4 页。

相应装置和有关服务,均会明显增加作品被非法传播利用的概率,损害了著作权人的正当权益,除了基于公益目的的合理使用情形之外,此类行为应被视为非法行为并加以制裁。破解作品技术保护措施与删改著作权管理信息的行为的违法性,是建立在上述行为都产生了损害著作权的可能性与危险性的基础之上的。保护作品上的技术措施与权利管理信息,防止他人擅自传播与利用作品,与保护著作权具有内在的一致性。直接破除或规避作品上的技术保护措施,或者开发有关装置、提供相应服务的行为,与擅自传播与利用作品的行为虽然不能画等号,但是却为直接的著作权侵权行为创造条件、奠定基础。所以此类行为可以被视为著作权的间接侵权行为,著作权间接侵权理论完全可以解释保护作品技术措施与权利管理信息的正当性与合法性。开发、销售规避作品技术保护措施的装置或者提供相应的服务的主体,其行为虽然不会直接侵害著作权,但对帮助个人非法获取和利用作品起着巨大的促进作用。其行为的社会危害性要远远大于个体非法获取和利用作品,正是由于此类行为才使个人违规利用作品的行为形成巨大的集合效应,给著作权人带来惨重的利益损失。在信息技术日益发达,利用技术措施保护作品已成普遍趋势的今天,对于此类行为严厉打击确有必要。发明刀具本身是为了便于切割,即使有人利用它杀人,亦不能证明发明刀具者本身具有违法目的。而发明破除、规避作品技术防护措施的装置或者提供相应服务的主体,其意图本身具有违法性,是针对合法的受保护的作品有针对性地开发破解装置或者提供相应服务。由于此类行为对于著作权的潜在危害性较大,依据著作权间接侵权理论,可以直接追究开发作品防护措施的破解装置或提供相应服务的间接侵权人的版权责任。擅自删改版权管理信息的行为对于版权同样具有极大的危害性,也可独立追责。这样将更有利于保护著作权人的利益,也可以避免我国现行法中以共同侵权理论追究辅助侵权行为的不足，还可以避免因直接侵权不成立而无法追究辅助侵权人责任的尴尬局面。

二、网络信息服务商著作权侵权责任的完善

网络平台日益成为数字版权运营的核心与侵权规制的关键。网络信息服务提供者是网络传播的中枢，是网络空间重要的信息传播媒介。在计算机网络技术的作用下，网络服务提供者发挥重要作用，它不仅是网络得以正常运行的基本条件，也是网络上信息流通的基本通道。[6] 网络平台作为新兴的传播主流渠道，面临着与传统传播者分工协作与利益分配的问题。在传统的传播技术条件下，版权侵权诉讼针对的对象通常是作品的直接使用者，例如抄袭者、书刊出版者、表演公司等。在网络环境下，数字版权侵权诉讼的对象往往是网络服务商。这是因为，在数字技术和网络技术的背景之下，未经许可而复制、上传和下传版权作品的用户不仅数量很大，而且分散在许多地方。如果版权人针对一个个侵权的用户提起诉讼，不仅诉讼成本很高，而且很难达到有效制止侵权的目的。为了有效保护自己的权利，版权人将诉讼的焦点转向了网络服务提供者。网络服务提供者除了可能实施直接的版权侵权行为之外，还可能为直接侵权者提供便利条件，应当承担帮助侵权、替代侵权或者教唆侵权的责任。[7] 美国等西方传统法学理论中有“二分论”之说，该理论将信息流动过程中的所有当事人基本上分成两类：发布者和传播者。[8] 由于网络技术发展迅猛，信息服务项目繁多，网络服务提供者通常是混业经

---

〔6〕 王晋：《网络服务提供者著作权侵权责任研究》，知识产权出版社2016年版，第34页。

〔7〕 李明德：《美国知识产权法》，法律出版社2014年版，第434－435页。

〔8〕 张玲玲：《网络服务提供者侵犯著作权责任问题研究》，中国人民大学出版社2019年版，第35页。

营,不但自己直接上传内容,也为用户提供信息发布服务,所以很难将网络服务提供者进行简单归类。判断网络信息服务提供者是否应承担版权责任及承担怎样的版权责任,应结合其提供信息服务的特点和功能划分信息服务的类型,并结合其从事网络信息服务活动时的主观状态综合研究,分别适用不同的规则去判定。网络信息服务商所提供的具体信息服务类型,与其在信息服务中的具体职能密不可分。最高人民法院《关于审理侵害信息网络传播权民事纠纷案件适用法律若干问题的规定》,把信息网络传播行为区分为作品提供行为与网络服务提供行为。网络信息服务商的服务范围较广,按照是否直接提供经过选择的作品内容,主要分为两大类:对外直接发布信息的内容服务和不直接发布内容但促进信息传播的技术服务。我国《信息网络传播权保护条例》将网络(技术)服务按其功能分为:提供信息存储空间服务、搜索和链接服务、网络自动接入服务、自动传输和自动存储服务等。

(一)网络服务著作权侵权判定及责任限制规则

1. 提供内容服务及诱导共享传播的侵权认定标准

(1)提供内容服务的服务器侵权认定标准。网络信息服务商介入信息发布和传播的程度越深,其对上述行为负有的监管责任也越重。内容服务行为指向网络投放作品的行为。内容服务商直接在网上发布信息,对平台上的侵权信息应当承担直接的版权责任。网络服务商向用户提供作品内容,早期必须上传至自身的服务器。随着网络带宽的拓展,其可以用链接的形式向公众提供作品,无须将作品上传至自己的服务器。用户登录浏览器后,可以读取源自其他网站服务器上的短暂缓存形成的临时文件复本。在司法实践中,判断网络信息服务商的信息服务行为是否侵犯版权,已经衍生出许多标准:服务器标准、用户感知标准、播放器标准、新公众标准、实质替代标准以及专用权标准等。对于通过网络向用户提供内容的信息服务商，最初判定其是否侵犯版权采用的是传统的服务器标准，也称客观标准。[9] 指未经权利人同意也无其他合法理由，擅自在其服务器上保存作品较稳固的复制件，并提供给用户访问浏览，该行为侵犯他人版权。服务器版权侵权标准源自于有关的国际公约。1996 年通过的《版权条约》第 8 条规定了信息网络传播权，是通过有线或者无线方式将作品向公众提供的专有权利，公众可以自选地点和时间获得这些作品。在该版权条约基础提案中的说明指出，向公众提供作品的行为是将作品置于网络中的行为，即将作品上传至服务器的行为，而非提供信息存储空间、链接以及接入服务等行为。对此处“提供”作品的行为仅作狭义理解，指首次将作品上传至网络的行为。服务器标准适用于作品的实际上传者，谁将作品置于向公众开放的服务器中传播，谁就是作品的提供者，实施了信息网络传播行为。2006 年美国法院在 Perfect 10 v. Google 案（以下简称谷歌案）中确立了网络信息服务商版权侵权的服务器认定标准。[10] 谷歌的网络图片搜索引擎通过加框链接的方式，向用户提供原告图片的缩略图。原告请求法院禁止被告链接第三方网站上的侵权图片。一审法院认为，判断链接是否构成直接侵犯版权，应依据服务器标准：被告侵权与否就是看其网络服务器上是否存储了作品并向网络用户提供，因为这反映了技术的真实性。美国第九巡回法院在二审中也支持了这一标准。

随着网络技术的不断发展和互联网商业模式的多样化，尤其是在判断涉及深层链接的版权侵权案件时，服务器标准已呈现出“力不从心”的局面，美国在司法实践中也相应进行了调整。在 2014 年由

[9] 张玲玲：《网络服务提供者侵犯著作权责任问题研究》，中国人民大学出版社 2019 年版，第 123 页。

[10] Perfect 10 v. Google, Inc. ,416 F. Supp. 2d 828（C. D. Cal. 2006）.

美国广播公司等提起的涉及利用互联网转播其电视节目的 ABC v. Aereo 案中，美国联邦最高法院为互联网版权侵权判定开辟了新的路径。[11] 美国联邦最高法院指出，传播技术的差异仅关系到被告如何把电视节目传递给用户，从商业目标的实现和用户观看体验角度而言，电视与网络传播并无本质不同。可见美国联邦最高法院并没有把侵权与否的判断固定在服务器标准上，而是在其之外开辟了实质替代标准。在该案后，美国不再以行为人是否把所涉作品或节目上传至网络服务器作为唯一考查标准。[12] 通过仔细剖析我国有关的司法指导性规范，可以看出我国司法文件中最初确立的网络服务商著作权侵权认定标准也是服务器标准。2010 年发布的北京市高级人民法院《关于网络著作权纠纷案件若干问题的指导意见（一）》（试行）规定，网络服务提供者主张其仅提供信息存储、搜索、链接等服务的，如不能证明被诉侵权作品系由他人提供并置于开放的网络服务器中，可推定其实施了信息网络传播行为。由此规定，可推断出我国网络信息服务商的著作权侵权认定标准最初为服务器标准。[13] 通过深度链接等方式提供作品的行为，最初仅被定性为混淆服务来源的不正当竞争行为，不构成著作权侵权行为；如果网络服务商通过普通的跳转型链接提供作品，则可能被认定为不侵权。依据是该指导意见第 7 条，即搜索、链接网络服务商造成用户对作品来源产生误认的，被链网站经营者主张其构成侵权的，可依反不正当竞争法调整。

（2）诱导共享传播的专有权及实质替代侵权标准。服务器标准只能适用于向网络投放作品的内容服务侵权行为的判定。对于已被

---

〔11〕 ABC v. Aereo，134 S. Ct. 2498（2014）.

〔12〕 刘银良：《论服务器标准的局限》，载《法学杂志》2018 年第 5 期。

〔13〕 孔祥俊：《网络著作权保护法律理念与裁判方法》，中国法制出版社 2015 年版，第 288－294 页。

置于网络中的作品，未经授权采用链接等技术手段向用户提供等这类积极诱导共享传播的行为扩大了作品的传播范围，可能对权利人利益造成较大损害，依中国著作权有关司法解释也被视为侵犯网络传播权的侵权行为。依2012年通过2020年修正的最高人民法院《关于审理侵害信息网络传播权民事纠纷案件适用法律若干问题的规定》第3条，网络服务提供者在未经许可也无其他合法依据的情况下，通过上传到网络服务器、设置共享文件等方式，将作品、制品置于信息网络中的，应认定为实施了提供行为，侵害了信息网络传播权。“设置共享文件等”方式是与“上传到网络服务器”并列的侵权方式，其不会直接将作品上传到服务器进行传播，而是通过以链接技术设置共享文件的方式向用户提供作品。这类诱导共享传播的行为，往往无法满足服务器侵权认定标准，但是在行为结果上与之相似。按照单一的服务器标准认定信息网络传播权侵权行为，在当前的技术与规范环境下确实存在局限性。服务器侵权标准在本质上坚持的是以复制作为传播基础的理念。随着技术发展与网站带宽的增加，提供作品将不再需要经过服务器的复制环节，设链网站可以直接利用被链网站的带宽资源流畅地向用户提供播放服务。如果再坚持服务器标准，将使法律上的判断被技术架空，无法追究网络服务商非法扩散作品的版权责任。严格坚守服务器标准对著作权人非常不利，于是司法实践中又出现了针对网络信息服务商版权侵权判定的新标准。如遵循基本法理的专有权标准、实质替代标准、提供获取标准、新公众标准等。我国法院通过权利外观理论将深度链接行为纳入信息网络传播权的控制范围，将内容“提供行为”解释为包含间接提供。[14] 诱导共享传播的行为，从行为表象上判断完全符合提供—使

---

〔14〕 张玲玲：《网络服务提供者侵犯著作权责任问题研究》，中国人民大学出版社2019年版，第164－192页。

用标准。然后再依据专有权标准判断,如果未获得授权擅自提供就可能侵犯版权。专有权标准是指在判断是否属于擅自提供作品的直接侵权行为时,应当以是否构成对著作权专有权的直接侵犯为依据。[15] 北京市高级人民法院2018年发布的《侵害著作权案件审理指南》(以下简称《审理指南》),并未保留该院于2010年发布的《关于网络著作权纠纷案件若干问题的指导意见(一)》(试行)中确定的服务器标准。《审理指南》第9.16条基本采纳了侵害信息网络传播权(专有权)标准的观点。该侵权判断标准从本质出发,考虑当事人是否破坏权利人对专有权的控制,是否未经许可擅自行使他人的信息网络传播权。[16] 《审理指南》第9.22条则涉及提供网页快照行为的性质判定,明确规定网页快照服务提供行为的侵权认定与快照来源网页内容是否侵权无关。即使源网页内容属合法上传的免费公开的作品,只要搜索引擎服务商未经授权利用爬虫技术主动抓取有关信息并保存在自身服务器的缓存里,当用户点击链接时,其以快照形式呈现,就可能构成网络版权侵权行为。2020年修正的最高人民法院《关于审理侵害信息网络传播权民事纠纷案件适用法律若干问题的规定》第5条在网络服务侵权判定的标准中,除原有的专有权标准外,还增加了实质替代的客观效果标准。该条规定,网络服务提供者以提供网页快照、缩略图等方式实质替代其他网络服务提供者向公众提供相关作品的,人民法院应当认定其构成提供行为。但同时又规定,前款规定的提供行为不影响相关作品的正常使用,且未不合理损害权利人对该作品的合法权益,网络服务提供者主张其未侵害信

---

〔15〕 孔祥俊:《网络著作权保护法律理念与裁判方法》,中国法制出版社2015年版,第69页。

〔16〕 王艳芳:《论侵害信息网络传播权行为的认定标准》,载《中外法学》2017年第2期。

息网络传播权的,人民法院应予支持。实质替代的版权侵权认定标准,以设置链接的网络信息服务能否实质替代源网站的网络信息服务,是否损害被链网站的合法版权利益为标准。〔17〕实质替代标准是判断网络服务商的行为是否侵犯版权的补充标准,因为少量不经同意的主动利用技术手段提供作品的行为,一般无法替代源网络信息服务,对权利人造成的损害较轻,可视为不侵权。以上规定显示中国司法审判中不再以复制权受侵犯为基础来认定网络版权的侵权,跳出了网络版权侵权认定中传统服务器标准的窠臼。

2. 中立技术服务适用的避风港和红旗规则

(1)避风港规则。避风港规则是让网络信息服务商承担帮助侵权和替代侵权责任的例外。〔18〕替代责任源于美国版权法,指如果某人能够且有权利监督他人侵权的行为,并且从他人侵权行为中获得经济利益,就要对他人的侵权行为承担责任。〔19〕避风港规则源于美国法,实际上是特定免责制度的别称。自20世纪90年代始,网络著作权侵权纠纷进入了司法领域,由于缺乏统一的法律标准,法院对于网络服务提供者是否侵权的裁判不一,网络服务提供者及互联网产业界则呼吁统一法律标准并限制其提供网络服务的法律责任。由于网络中介服务商没有能力进行事先内容审查,一般事先对侵权信息的存在不知情。所以,采取了"通知+移除"规则,对网络中介服务商的间接侵权责任予以限制。1998年美国专门制定了《数字千年版权法》,其中特别规定了限制网络服务提供者侵权责任的避风港制度。该法第512条对临时数字网络传输、系统缓存、应用户要求的信息存

〔17〕 石必胜:《论链接不替代原则——以下载链接的经济分析为进路》,载《科技与法律》2008年第5期。

〔18〕 李明德:《美国知识产权法》,法律出版社2014年版,第441页。

〔19〕 王迁、[荷]Lucie Guibault:《中欧网络著作权保护比较研究》,法律出版社2008年版,第71-72页。

储及信息定位、非营利教育这五类在线活动提供了避风港保护。如果网络服务提供者链接、存储的相关内容涉嫌侵权，在其能够证明自己并无恶意，并且及时删除侵权链接或者内容的情况下，网络服务提供者不承担赔偿责任。避风港规则源于美国《数字千年版权法》的第二部分：在线版权侵权责任限制法案。〔20〕其实际上是网络信息服务商著作权侵权责任的限制规则。对于网络信息服务商的著作权侵权责任有必要进行限制：首先，赋予网络信息服务商审查用户上传材料的合法性这一义务事实上不可行；其次，让起中介作用的网络信息服务商替用户承担著作权侵权责任有失公平；最后，为了维护公共利益，使信息流通带动产业发展，避风港制度清晰地界定了网络服务商的责任边界，在特定条件下免除居中的网络信息服务商的著作权侵权赔偿责任，可增强网络信息服务商在经营中的安全感，便于其提供优质高效的服务。避风港规则最初仅适用于著作权领域，后来逐渐发展至适用于整个知识产权领域。避风港规则的推出，是为了限制网络中介信息服务商的责任，避免其承受过重的风险，使之能够正常运行。依美国《数字千年版权法》第 512 条(a)款对临时性数字网络传播服务商的责任限制，要求：第一，传播是由服务商之外的人发起的；第二，传输、链接或者存储是通过自动技术进行的，服务商没有选择干预。美国《数字千年版权法》虽然为从事信息存储及信息定位服务的网络服务商提供了避风港保护，但是其适用对象仅限于应用户要求展开此类服务的网络经营者。〔21〕由此可见，避风港规则的适用仅限于被动中立的信息技术服务，且须符合一定的条件，例如网络信

〔20〕王迁、[荷]Lucie Guibault：《中欧网络版权保护比较研究》，法律出版社 2008 年版，第 142 页。

〔21〕孔祥俊：《网络著作权保护法律理念与裁判方法》，中国法制出版社 2015 年版，第 101－105 页。

息服务商在接到权利人通知后迅速采取有效措施纠正的,才可以免除赔偿责任。

避风港规则是著作权侵权的抗辩理由还是免责事由,在我国存在不同的看法。信息服务商的行为不符合避风港要求的,即构成著作权侵权,应当承担侵权责任。这实际是将避风港规则作为特殊主体(网络信息服务商)的著作权侵权抗辩理由,或者是侵权判定原则和侵权责任的归责原则。这种对于避风港规则性质的认识有误,其并非网络信息服务商著作权的侵权判定和侵权责任归责原则。网络信息服务商的行为在不符合避风港规则要求的情况下,是否属于著作权侵权,还须依侵权行为要件进行衡量,并不必然构成侵权。我国部分司法裁判的指导性法律文件中,将网络服务商是否知情(有过错),知情后是否采取断链、删除作品措施与著作权侵权的成立关联起来,这是对避风港规则性质的误认而产生的司法误导。2012 年通过 2020 年修正的最高人民法院《关于审理侵害信息网络传播权民事纠纷案件适用法律若干问题的规定》第 7 条第 3 款规定,网络服务提供者明知或者应知网络用户利用网络服务侵害信息网络传播权,未采取删除、屏蔽、断开链接等必要措施,或者提供技术支持等帮助行为的,人民法院应当认定其构成帮助侵权行为。从该司法解释的有关内容来看,将主观过错与未采取必要防范措施作为认定网络中介服务商帮助侵权成立的要件,是误将避风港规则视为侵权判定原则,即能够适用就不侵权,不能够适用就侵权。事实上,网络技术服务商能否适用避风港规则与其知识产权侵权行为是否成立无关。以上为网络服务商帮助侵权成立的依据,与我国将帮助侵权列为共同侵权规制的原则和法理不符。按照前面所述的我国共同侵权行为的构成要件分析,帮助侵权成立的前提是著作权直接侵权须成立,而这一必备要件并未被提及。《审理指南》赋予了避风港规则正确的定位:避风港规则不是网络服务商的侵权判定原则,而是责任限制规则。《审理指南》第9.20条规定了链接服务提供者进入避风港的要件。《信息网络传播权保护条例》第23条规定,免除提供搜索、链接服务的网络服务提供者的损害赔偿责任,应当同时具备以下两个条件:一是对被链接的作品、表演、录音录像制品是否侵权不“明知”并且不“应知”;二是接到权利人的通知后,及时断开与侵权作品、表演、录音录像制品的链接。

(2)红旗规则。2013年修订的《信息网络传播权条例》第20条强调避风港规则只适用于根据用户指令提供网络自动接入或传输服务的网络服务商,即被动中立的技术服务行为。确定网络服务的性质是否被动中立非常重要,但是这与网络服务商是否构成版权直接侵权并无关联,仅是其承担赔偿责任的依据。其服务具有被动中立的特性,因而可以适用避风港规则,其只需断开链接或者删除侵权作品即可免予承担赔偿责任。即使网络服务行为是被动中立的全网搜索链接行为,只要链接的是未经著作权人授权擅自上传的侵权作品,那么网络服务商就构成侵权。如果事先认定作品系非法上传的侵权作品,那么通过确定链接服务商知情,可决定其无法适用避风港规则,应承担赔偿责任。如果作品系合法上传,服务商对于促进作品传播知情的判断并不必然推出链接等行为侵犯著作权。由于中国现行法中不存在网络版权链接默示许可的侵权抗辩规则,他人擅自设置链接传播已合法发布且未添加技术保护措施的作品是否侵犯版权,还须视是否满足实质性替代标准而定。如果未造成实质性替代的后果,那么可能不侵权。网络服务商擅自设置链接汇总从而设置共享文件的行为,通常会实质性替代原信息服务,因此其在中国被视为版权侵权行为。由于这种积极促进作品传播的行为不具有中立属性,所以网络服务商还应负责赔偿损失,但是这并不意味着网络服务商对于链接等行为知情与版权侵权认定存在必要关联。我国一些规范性法律文件将网络服务商是否有过错(是否知情)与提供作品是否侵犯版权相联系,这违背了著作权直接侵权行为的认定规则,在逻辑推理过程中存在错误。如2012年通过2020年修正的最高人民法院《关于审理侵害信息网络传播权民事纠纷案件适用法律若干问题的规定》第6条规定,原告有初步证据证明网络服务提供者提供了相关作品、表演、录音录像制品,但网络服务提供者能够证明其仅提供网络服务,且无过错的,人民法院不应认定为构成侵权。依该司法解释第3条的规定,网络服务提供者在未经许可也无其他合法依据的情况下,通过上传到网络服务器、设置共享文件等方式将作品、制品置于信息网络中,应认定其实施了提供行为,从而认定其侵害了信息网络传播权。网络服务商设置共享文件即被视为实施了提供作品的行为,构成著作权直接侵权,著作权直接侵权行为的成立不含过错要件,无须考虑当事人是否有过错。

网络技术服务有多种,其中包含网络联通的技术服务,其既不直接也不间接向终端用户提供信息,但是其为信息服务提供基础的网络互联的技术服务,属纯粹中立的网络技术服务。如中国移动、中国联通等公司提供的基础网络电信服务。除此之外,还有应用户要求发起的信息定位和存储、共享服务,前者含搜索链接的信息服务,后者包括提供网络云盘的信息存储服务;以及社交网站、网络论坛、网络社区等网络共享空间的构建服务等。判断网络服务的性质,首先是判定网络服务是否具有被动属性,通常是通过考察网络服务商是否主动向用户提供信息或积极促进作品传播来判定的。网络服务商的信息服务行为是否属于被动性质,应结合网络信息服务的特性和网络服务商行为时的主观状态进行判定,而不能仅依据服务类型和服务手段的表象下结论。搜索引擎是互联网上实现快捷传递和获取信息的一种技术手段,具有公共性与工具性。但是搜索引擎也可能构成侵害网络版权的技术手段,关键在于如何链接和链接内容的性质及如何展示。[22] 确定搜索链接服务提供者的认知能力,很大程度上取决于具体的"链接方式"及"被链接内容的性质"。就链接方式而言,相对于被动的全网搜索的链接服务,主动、定向的链接服务的提供者应负有更高的认知义务。如在用户设置的搜索条件中附加区别性标识,缩小搜索范围以提供定向链接服务的信息服务商更可能被认定为知情。[23] 提供诱导共享传播的网络链接服务,如主动设置条目引导搜索、链接的,或者编辑整理链接信息的,往往都被视为非被动的信息服务行为。

排除了网络服务行为的被动性质,其次才需判断网络服务是否符合中立特性。弄清网络服务商对经营中的版权侵权行为是否"明知"或"应知"非常关键,可以据此判断其在主观上是否知情,从而确定其服务属性是否中立,决定能否适用避风港规则免除赔偿责任。即使从表面上看,网络服务商未主动提供作品,只构建了共享的信息平台,但只要他积极参与了侵权作品的推介,那么仍可确定其知情,应承但赔偿责任。这是以版权侵权行为成立为前提的,而非以网络服务商"知情"为前提要求其承担版权侵权责任。如最高人民法院《关于审理侵害信息网络传播权民事纠纷案件适用法律若干问题的规定》第 10 条规定,网络服务提供者以设置榜单、目录、索引、描述性段落、内容简介等方式积极推荐热播影视剧等作品,且公众可以在其网页上直接下载、浏览或以其他方式获取这些信息的,法院可以认定

〔22〕 沈木珠、乔生:《网络链接与我国信息网络传播权保护之辨析》,载《法律科学(西北政法学院学报)》2004 年第 4 期。

〔23〕 张玲玲:《网络服务提供者侵犯著作权责任问题研究》,中国人民大学出版社 2019 年版,第 189 – 191 页。

网络服务提供者应知网络用户系侵犯信息网络传播权。其“应知”的主观状态排除了避风港规则的适用,仍须承担侵权责任。之所以规定成立版权侵权,是以擅自上传至网络的热播影视剧是侵权作品为条件的。对于合法上传未添加技术保护措施的作品,不能仅以构建平台的网络服务商采取设置榜单、简介、目录等措施积极推荐作品为由,认定其服务侵犯版权,该逻辑推理过程存在严重的漏洞。如果他人擅自上传侵权作品到平台的事实过于明显,网络服务商对此持放任态度,则可认定其知情,应承担赔偿责任。根据侵权事实是否明显的标准判断网络服务商知情与否,从而确认其服务属性是否中立及是否适用避风港规则,采用的是源于美国版权法的红旗标准。〔24〕虽然网络服务商提供的信息服务从技术角度分析是被动的,但是如果其服务范围内的侵权事实非常明显,其在主观上可能被认定为明知或应知,则无法适用避风港制度逃避赔偿责任。美国《数字千年版权法》第512条(c)(1)(A)(ii)项规定了红旗标准,即使网络服务提供者并不实际知晓侵权行为,但只要其知道且能够明显推出存在侵权行为而不采取相应措施,就应当为损害后果承担责任。〔25〕我国有司法解释也作出了类似的规定。2020年修正的最高人民法院《关于审理侵害信息网络传播权民事纠纷案件适用法律若干问题的规定》第9条规定,人民法院应当根据网络用户侵害信息网络传播权的事实是否明显来认定网络服务提供者是否构成应知。如果侵权事实非常明显,像鲜艳的红旗一样在眼前容易被发现,那么即使是不直接提供内容、未积极促进作品扩散的信息技术服务商也会被认定为知情。此

〔24〕孔祥俊:《网络著作权保护法律理念与裁判方法》,中国法制出版社2015年版,第222-223页。

〔25〕王晋:《网络服务提供者著作权侵权责任研究》,知识产权出版社2016年版,第90页。

类网络服务商通常为网络公共空间的建构者，如果其未尽到注意义务并且未及时干预侵权，则在通知删除之外其还须承担损害版权的赔偿责任。该司法解释第12条进一步规定了侵权事实明显的情形，如将热播影视作品等置于首页或者主页上其他能够被明显感知的位置，以及其他可以明显感知到相关作品系未经许可而提供的情形。

3. 聚合信息服务版权侵权判定及抗辩规则差异

（1）我国聚合信息服务版权侵权认定的变化。随着信息技术的发展，新的服务业态不断涌现，聚合信息服务是指通过搜索引擎、数据挖掘、网络链接、转码等网络技术，将分散在网络空间的文件资源整合起来，使网络用户能够通过一站式平台访问该文件资源的网络服务。各个国家在聚合信息服务是否侵犯著作权的问题上采取了不同的标准，判定结果迥然相异。聚合信息服务商在信息服务中的角色定位到底是内容提供方还是渠道供应者，屡有争执。版权界一直将搜索引擎视为网络信息的定位工具，聚合信息服务早期通常被视为用户通向内容服务和获取信息的通道，因此凭借技术服务的抗辩可以摆脱侵权的控告。初期，我国司法实践视百度音乐、今日头条公司这类聚合链接服务商提供的信息服务为信息定位工具，并将其列入渠道服务的类别，大致消除了其承担直接侵权责任的风险。〔26〕随着聚合信息服务商的兴起，围绕其开展的一系列作品的利用行为是否构成侵权产生了激烈的争议。链接非法上传的作品时，聚合信息服务商的行为通常被认定为侵犯版权。当链接合法上传且未添加技术保护措施的作品时，人们对聚合服务平台设置带有标题、片段内容的链接从而提供其他网站作品的行为的定性充满争议。网络链接服务商提供的链接服务方式可分为普通链接与深层链接、定向链接等。

〔26〕　崔国斌：《著作权法下移动网络内容聚合服务的重新定性》，载《电子知识产权》2014年第8期。

普通链接又称浅层链接。普通链接的对象通常是被链接网站的入口,通过明显的跳转实现链接网址的转换。深层链接绕开被链接网站的首页,直接在设链网站中呈现目标网站网页的全部或部分信息。定向链接是服务商通过自主设定链接条件,干预链接结果,使链接结果定向化的一种特殊信息服务提供行为。[27] 定向链接通常被认为是对被链网站内容的照搬抄袭,既侵犯版权,又可能混淆服务来源形成不正当竞争。通过设置未经许可的浅层或深层网络链接来利用外部网页的内容的手段在中国能否被视为侵犯复制权或者信息网络传播权存在争议,司法判决结果也不统一。[28] 在华纳、环球、索尼等7家唱片公司起诉百度案中,百度通过搜索框、榜单提供网络音乐链接及其试听与下载服务,这些数字音乐均为他人擅自上传的侵权作品。法院认为百度设置榜单及数字音乐搜索框、提供链接的行为,并不能证明其明知链接的录音制品侵权,百度在未接到权利人通知的前提下无须承担侵权赔偿的法律责任,仅断开链接即可。因此法院判决百度不构成侵犯信息网络传播权。[29] 在正东唱片诉世纪悦博案中,法院认为被告对收集到的音乐网站中的歌手、歌单等信息进行了选择、编排、整理,再提供给用户浏览、使用,认为其完全有能力对被链接信息的合法性进行甄别,最后认定世纪悦博公司的行为根据2000年通过当时尚未废止的最高人民法院《关于审理涉及计算机网络著作权纠纷案件适用法律若干问题的解释》第5条,构成版权共同

[27] 张玲玲:《网络服务提供者侵犯著作权责任问题研究》,中国人民大学出版社2019年版,第198页。

[28] 乔生:《信息网络传播权研究》,法律出版社2004年版,第134-137页。

[29] 华纳、环球、索尼等七家唱片公司诉百度公司侵犯信息网络传播权案,北京市第一中级人民法院(2008)一中民初字第5026、5043、5154号民事判决书。

侵权。[30]

聚合媒体的行为模式主要分为两种:第一种是临时复制与转码,这种处理行为如不符合《信息网络传播权保护条例》中的规定,可能构成网络转载侵权行为;第二种是网络设链,主要涉及的是信息网络传播权的侵权判定问题。[31] 当信息服务商设置的是为源网站带去访问流量的非定向跳转型链接时,有人认为此类行为未损害版权人利益不侵犯版权;也有人认为聚合平台主动设置链接,向用户提供免费公开的正版作品信息仍须得到授权,未获授权擅自设链侵犯版权。有的聚合平台利用源作品标题、摘要等设置深度链接,跨过被链网站首页直接链接其网页信息。这样虽利用了权利人的信息,却并没有为其导入流量,屏蔽了源网站的广告损害其利益,被新闻媒体指责侵犯新闻版权。[32] 也有学者认为深度链接的行为并未侵犯被链接网站的信息网络传播权,因为源网站已经公开免费提供了新闻等有关内容,且未添加技术保护措施,其他网站的深度链接行为并不会使该内容二次公开。[33] 聚合平台使用深度链接技术直链网页,将原始网页以超文本链接标记语言(HTML)格式存储在目标网页,并在用户电脑及设链网站代理服务器上形成临时复制件的过程叫缓存。聚合平台还运用内置的浏览器嵌套显示其他网站经转码后的页面,使用户无须转换应用程序即可查看不同媒体的作品。链接在缓存过程中并未形成其他网站作品的较为稳定的复制件,这种复制并向公众提

---

〔30〕 正东唱片诉世纪悦博侵犯信息网络传播权案,北京市高级人民法院(2004)高民终字第713号民事判决书。

〔31〕 蔡元臻:《新媒体时代著作权法定许可制度的完善——以“今日头条”事件为切入点》,载《法律科学(西北政法学院学报)》2015年第4期。

〔32〕 彭桂兵、陈煜帆:《取道竞争法:我国新闻聚合平台的规制路径——欧盟〈数字版权指令〉争议条款的启示》,载《新闻与传播研究》2019年第4期。

〔33〕 张庆玲:《新闻聚合类应用程序的版权问题研究——以“今日头条”为例》,载《中国广播》2015年第8期。

供复制件的行为，引发了是否侵犯版权人向公众传播权和复制权的争议。〔34〕有学者认为，聚合信息服务商通常采用应用软件内置的浏览器框架嵌套显示第三方的新闻页面，在用户浏览过程中经过转码的网页会形成临时的复制件，这种临时复制并不构成对复制权的侵害。虽然这一临时存储过程是技术意义上的复制，但形成的信息会随着电脑浏览器持续工作被其他信息更替，不会被保存，不会在存储设备上形成较为稳定的复制件。〔35〕由于深度链接合法上传的作品可能混淆来源，使消费者产生误认，所以可被视为不正当竞争行为。聚合服务商从事的包含链接、转码等在内的信息服务行为，按照传统的服务器标准（未形成较稳固的复制件），很难被认定为版权侵权行为。依据不上传但提供作品的诱导传播行为的专有权侵权认定标准，服务商主动设置带标题、摘要等的链接的行为，不管链接的作品本身是否侵权，均可以被认定为版权侵权行为。依据我国网络服务行为版权侵权的判定规则，虽然网络服务商积极设置链接、主动提供他人的作品，但是如果不构成实质替代，未不合理地损害著作权人的利益，仍然不构成侵权。在聚合链接的情形下，聚合链接服务商往往只链接某个网站的少量作品，再聚合汇总形成自身的特色信息服务。就其是否满足实质替代的标准也看法不一，这导致聚合网络链接服务的版权侵权裁判难以统一。

在我国司法实践对聚合媒体的链接、转码行为是否侵权认识不一的同时，有关法律规范和司法及行政指导性文件也出现了摇摆。我国按照作品类型的不同，分别拟定了网络信息服务适用的网络著作权限制规则。2000年通过的最高人民法院《关于审理涉及计算机

〔34〕龙井瑢：《探析链接版权法律责任在欧盟和英国的新发展——兼评中国相关版权司法实践》，载《法学杂志》2014年第12期。

〔35〕王迁：《“今日头条”著作权侵权问题研究》，载《中国版权》2014年第4期。

网络著作权纠纷案件适用法律若干问题的解释》(已失效)第3条规定了网络转载的法定许可使用条款,权利人可以通过事先声明的方式排除。对于已在报刊上刊登或者网络上传播的作品,如果权利人未发布禁用声明,则网站可以转载、摘编,但须付酬。2006年通过的《信息网络传播权保护条例》(已修改)未吸收该条款,相当于取消了对于已发表作品进行网络转载的法定许可著作权限制条款。但该条例第6条第7项却为网络新闻链接服务设置了有限的合理使用规则,对于权利人在网络上已发表的政经类时事新闻,他人可以不经著作权人同意也不付费就利用。对政经类时事新闻可免费转载利用,一方面是因为政治、经济类时事新闻与人民生活息息相关,另一方面可能是由于新闻机构在我国多为公立的事业单位,享受较多的财政资金支持,因此对此类新闻作品的著作权限制较严。但是政经类时事新闻的含义本来不甚明确,其客体的范围较模糊,对于其只包含客观事实报道,还是可涵盖主观评述意见纷纭,因此该侵权抗辩的有效性值得怀疑。在北京三面向版权代理有限公司诉青海省发展和改革委员会侵犯《农民增产增收所关注的十大热点问题》著作权纠纷案中,一审与二审法院对涉案文章是否为政经类时事性文章持相反观点。一审法院认为该文章属于政经类时事性文章,擅自转载不侵权。二审法院则认定该文章不属于政经类时事性文章,而属个人思想意志的表达,故认定被告擅自转载侵权。[36] 国家版权局于2015年颁布的《关于规范网络转载版权秩序的通知》第2条特地重申了《著作权法》(2010年修正)第33条第2款(报刊之间的新闻转载运用法定许可机制)并不适用于网络媒体;该通知第8条规定,推动报刊单位

〔36〕 北京三面向版权代理有限公司诉青海省发展和改革委员会侵犯著作权案,西宁市中级人民法院(2006)宁民三初字第21号民事判决书、青海市高级人民法院(2007)青民三终字第7号民事判决书。

与互联网媒体间通过签订许可协议等方式建立网络转载版权合作机制。上述规定使得网络传媒再也无法以界定不清的时事新闻或政经类时事性文章作为抗辩。[37] 聚合链接新闻服务商也不得以此作为网络版权侵权的抗辩。在经济参考报社诉广州网易计算机系统有限公司侵害作品信息网络传播权案中,广州市中级人民法院分析了以剪报形式将整篇文章进行网络转载是否属合理使用,最终认定未经授权转载文章的行为构成侵权。[38]

移动网络的迅速发展使得网络渠道服务与内容提供之间的界限进一步模糊化,网络用户对聚合型网络应用的依赖进一步加深。虽然版权界一直将搜索引擎视为网络信息的定位工具,但这并不妨碍搜索引擎及衍生的聚合服务实际上已经在用户心目中成为了一种强大的内容服务工具。公众获取信息方式的变革导致内容提供商的地位走向衰落,传统的内容提供商的角色被淡化,渠道服务商喧宾夺主,其成为了信息服务市场真正的控制者。[39] 聚合信息服务商事实上正在逐渐替代内容服务商的作用,攫取信息来源方应当获取的正当利益。利益分化使得对于聚合信息服务商是否应承担著作权侵权责任的裁判导向发生了变化。聚合平台即使只是提供纯粹的跳转链接服务,其都不应被看作一个单纯的渠道服务商,而应当被视为内容服务商或者至少是诱导传播的信息服务商,承担相应的版权责任,不应将其与被动的信息搜索定位服务商等同视之。例如,百度提供的通用搜索链接服务是由用户率先启动的,在用户输入关键词后,其才

---

〔37〕 张红斌、左玉茹:《简评〈关于规范网络转载版权秩序的通知〉》,载君合法评网 2015 年 5 月 13 日,https://www.junhe.com/law-reviews/35。

〔38〕 经济参考报社诉广州网易计算机系统有限公司侵害作品信息网络传播权案,广东省广州市中级人民法院(2014)穗中法知民终字第 1020 号民事判决书。

〔39〕 崔国斌:《著作权法下移动网络内容聚合服务的重新定性》,载《电子知识产权》2014 年第 8 期。

被动地开展全网搜索，链接与关键词主题相近的信息。聚合信息服务商积极地将搜索到的链接整理归类，并添置标题便于用户挑选感兴趣的内容点击浏览，这是一种积极诱导信息传播的行为。聚合信息服务商虽未向网络投放作品，但是其积极地创造条件，为作品的迅速传播奠定了坚实的基础。如设置便于发现利用的作品目录，整合有关链接条目等方式，使用户登录有关网页后可以轻松地发现和利用作品，其行为大大扩张了作品传播的范围。今日头条虽然只链接部分网站的少量作品，但是其已实质替代了其他新闻网站的功效，成为很多人在新闻获取方面的首选信息服务商。聚合信息服务商的行为已满足了实质替代要件，应当被认定为侵犯网络版权。随着利益天平的倾斜，聚合信息服务商陆续遭多位权利人起诉，再加上版权直接侵权认定标准的变化，聚合信息服务行为渐渐被归入版权直接侵权行为。2014 年，多家传统媒体和网络公司对今日头条发起维权抗议，最终国家版权局裁定今日头条构成侵权。[40] 今日头条的操作模式偏离了避风港规则的范围。今日头条对聚合后的新闻进行了选择、编排和分类，展现出了其对被提供链接的掌控能力，且其聚合行为带有明显的商业目的。[41] 聚合信息服务商不仅构成版权侵权，还应承担赔偿责任。2015 年发生的今日头条转载江苏现代快报传媒有限公司新闻作品的版权纠纷案也采纳了此种观点。江苏现代快报传媒有限公司以侵权为由，将今日头条所属的北京字节跳动科技有限公司（以下简称字节跳动公司）诉至无锡市中级人民法院。今日头条称其只扮演了搜索引擎的角色，通过爬虫（Robots）协议抓取各大网

---

〔40〕 彭桂兵：《再论网络转载立法的历史变迁及动因——基于版权法哲学的阐释》，载《中国出版》2016 年第 9 期。

〔41〕 蔡元臻：《新媒体时代著作权法定许可制度的完善——以“今日头条”事件为切入点》，载《法律科学（西北政法学院学报）》2015 年第 4 期。

站已发布的可公开浏览的免费内容,对任何有异议的内容经权利人通知即断开了链接。一审法院则认为,现有证据不足以证明今日头条仅提供了链接服务。即使其仅提供了链接服务,也不能完全免责。一审法院判决字节跳动公司侵权。2018 年江苏省高级人民法院作出终审判决:驳回上诉,维持原判。二审法院认为今日头条对于涉案新闻作品未尽到充分的审查义务,其提供链接的新闻聚合行为侵犯了江苏现代快报传媒有限公司的著作权。[42] 我国司法实践对聚合信息服务态度的转变,显示了我国在保护著作权人利益和照顾新兴版权产业发展与公众利益中,更加倾向于保护前者的立场。

(2)欧美网络版权默示许可抗辩规则的差异。网络内容提供行为与诱导传播的网络技术服务行为是否构成著作权侵权,与权利人是否能以网络著作权默示许可作为侵权抗辩有关。英美法系中,知识产权默示许可制度是一个相对成熟的制度。知识产权法中的默示许可制度的运用最早可以追溯到英国的普通法。由知识产权人的言行可以推定出其许可他人利用其知识产权的意思,并以此作为侵权抗辩。美国最早在专利侵权案中通过判例确立了知识产权默示许可制度,后来将其引入了著作权领域。[43] 著作权默示许可源自于合同默示条款。合同默示条款起源于英美法系,英美法学者通常将默示条款划分为依事实推定的默示条款、依法律推定的默示条款及依习俗推定的默示条款三种,依法律推定的默示条款又分为判例法上的默示条款和成文法上的默示条款。[44] 大陆法系国家通常只有在法

---

〔42〕 北京字节跳动科技有限公司与江苏现代快报传媒有限公司、江苏现代快报传媒有限公司无锡分公司等著作权权属、侵权纠纷案,江苏省高级人民法院(2018)苏民终 588 号民事判决书。

〔43〕 冯晓青、邓永泽:《数字网络环境下著作权默示许可制度研究》,载《南都学坛》2014 年第 5 期。

〔44〕 Paul Richard, *Law of Contrac*, Law Press, 2003, p. 114 – 117.

律有明确规定的情况下，才能在当事人意思之外再为合同添加条款。英美法系国家却不局限于此，法官可以基于对当事人意思的推测进而直接拟定合同默示条款。对于合同中不确定的问题，英美法系国家认为重要的不是当事人真正的合意，而是将当事人作为“理性人”认定其已经或推定其达成合意的内容。[45] 英美法系默示许可是以沉默、特定行为作为意思表示的形态，产生以许可为内容的法律效果的法律行为。司法判例中网络著作权默示许可意思的成立，部分是由权利人的特定行为推定得来的。这种由行为外观推定行为后果的意思内容的著作权默示许可制度，原本就与当事人间是否具有协议或共识无关。[46] 传统的著作权默示许可原则的适用，要求双方具有明示的合同关系，并且使用者的范围是限定的，著作权默示许可的意思源于对合同的解释。著作权默示许可在本质上是尊重著作权人的意志，更接近于著作权人的授权许可使用。传统的著作权默示许可多产生于合同，合意是默示许可存在的基础。随着新技术的发展，著作权默示许可在没有明确合同的情况下也逐渐出现并开始适用。信息时代，著作权默示许可原则不应当局限于特定领域的适用，应将其功能扩大至作为利益平衡的工具，使其成为一个开放性的概念，以应对现在著作权法领域复杂的利益冲突。[47] 网络环境下著作权默示许可原则必须拓展，不能再拘泥于交易关系和习惯，需要超越对当事人真实意思的探求，由立法者基于公共利益进行认定，并在法律中明确加以规定。[48] 默示许可不需要社会公众和著作权人签订一对一或者明确的合同，只需根据法律、行业管理的规定，以及根据著作权

---

〔45〕 杨圣坤：《合同法上的默示条款制度研究》，载《北方法学》2010 年第 2 期。

〔46〕 郭威：《版权默示许可制度研究》，中国法制出版社 2014 年版，第 125 页。

〔47〕 Orit Afori, *Implied License: An Emerging New Standard in Copyright Law*, 39 Santa Clara High Tech. L. J. 175(2008).

〔48〕 马德帅、刘强：《网络著作权默示许可研究》，载《中国出版》2015 年第 17 期。

人的行为进行合理的推断就可以合法、快捷地使用著作权人的作品。因此明确默示许可的属性，确立默示许可的适用条件有利于平衡著作权人和社会公众的利益，同时也有利于节约信息交流的时间和成本。[49] 网络著作权默示许可原则突破了合意是默示许可存在的基础的条件，是在尊重科技发展和利益平衡的基础上，经司法或者法律拟定相应规则，赋予特定的行为默许作品利用的含义，主要针对的是不确定的社会公众。

英美法系国家以判例法形式拓展了网络著作权的默示许可制度。加拿大最高法院于2006年判决的罗伯森案（Robertson）认为，报刊媒体对自由作家作品进行网络传播需要得到作者许可，不过这种许可可以是默示的，并根据案件所处的环境加以推定。[50] 该网络著作权默示许可仅限于报刊上发表的自由作家的作品，可以由原来的复制发行权默示许可扩张至信息网络传播权。2006年美国内华达州的联邦区域法院在审理的Field v. Google一案时发展了版权默示许可原则，扩大了默示许可的适用范围，确立了网络搜索引擎的默示许可原则。在该案中，法院认可了谷歌默示许可的抗辩，并进一步发展了默示许可的认定标准。在网页中使用“robot. txt”或“meta - tags”标记以引导搜索引擎索引网页已成为一个众所周知的行业惯例。一是使用“Robot 排除协议”以及在网站上创建名为“robots. txt”的文件，可以告知搜索引擎允许搜索的内容。二是使用元标记法（meta - tags），在网站的每个页面上加入元标记告知搜索引擎可以使用网站页面。权利人可以用添加标记的方法防止搜索引擎擅自抓取自己发布的作品。Field明知上述行业惯例，仍不在其站点使用这种标记的

---

〔49〕［美］约纳森·罗森诺：《网络法：关于因特网的法律》，张皋彤等译，中国政法大学出版社2003年版，第152页。

〔50〕马德帅、刘强：《网络著作权默示许可研究》，载《中国出版》2015年第17期。

行为应被解释为以沉默的方式许可谷歌通过“缓存”“快照”的方式访问该网站，相当于授予了谷歌非独占的默示许可。最后，法院认定谷歌的搜索、链接、下载以及储存等一系列行为并不构成侵权。[51] 欧美网络著作权默示许可理论充分考虑了互联网的开放性和联通性特征，使网络链接技术（涵盖深层与浅层链接）得以充分发展运用，聚合链接信息服务即在此背景下产生壮大。尽管不少美国报社批评谷歌新闻网站，认为谷歌在未经授权的情况下转引他们的新闻和标题，侵犯了他们的版权。但谷歌坚持认为自己提供的新闻搜索链接和聚合服务符合版权法的规定。通过设置链接间接提供内容服务的信息服务商，其设置带标题的普通链接的行为不侵犯版权。因为其并未在网络空间制造新的传播源，也未在自身网站上复制传播源网站享有版权的信息，而是仅提供定位服务。如果用户要浏览该标题项下的详细信息，其仍须跳转至源网站。这种设置普通链接的行为，一般不会阻止用户访问源网站，也不会阻隔源网页上的广告向用户投放，不会对源网站的经济收益产生较大的负面影响。谷歌全文刊载那些经报社授权并付费使用的新闻；而对于那些没有获得授权的报纸内容，谷歌只显示新闻标题，并附有消息来源的网站链接，这符合美国《版权法》的规定，且谷歌新闻的搜索引擎也为报纸网站带来了相当大的有价值的流量，这是网站获取广告收益的重要砝码。[52] 在美国联邦第九巡回上诉法院审理的 Perfect10 诉谷歌案中，Perfect10 公司提出：谷歌设置对其网站中图片的深层链接，会导致用户误认为图片来自谷歌。法院指出：虽然内置的加框链接（属于深层链接）可能使计算机用户误以为他们正在观看谷歌网页而非源网页，但与商标法

〔51〕 Field v. Google, Inc. ,412 F. Supp. 2d 1106(2006).

〔52〕 刘滢：《谁动了传统媒体的“奶酪”——美国报业与网络媒体的版权之争》，载《新闻与写作》2009 年第 6 期。

不同,版权法并不帮助版权人制止导致消费者混淆的行为。[53]

聚合信息服务商可以用链接、临时偶然的复制等方式,免费向用户提供网络中合法公开且未添加技术保护措施的作品,但这不代表其可以通过直接复制稳定复制件的方式向用户提供有关信息。在2013年3月美国纽约地区法院裁决的美联社诉融文集团案中,融文集团自动抓取已免费公开的信息后再制作成数字剪报,并向客户以有偿方式发送新闻快讯。该案最终裁定美联社胜诉,驳回了融文集团提出的合理使用、默示许可等抗辩。本案网络著作权默示许可的抗辩之所以不能成立,有两点主要原因:一是美国地区法院对剪报服务提供者未经授权的复制使用行为不予支持,认定其不构成著作权的合理使用。二是聚合信息服务商链接作品后采用有偿方式提供,超越了合理使用的范围。以融文集团为被告的另一起相似的网络版权侵权案件于2013年4月在英国最高法院得到了判决。初审法院和最高法院均认为其剪报行为需要经过报社的授权许可,未经授权的复制使用不构成合理使用,这与美国地区法院的裁决结果一致。同时最高法院认定终端用户通过第三方服务器对他人版权作品的搜索、浏览属于合理使用,不需要版权持有者的许可。[54] 2004年谷歌欲将世界上的五家大型图书馆的藏品扫描和数字化后,通过网络向用户提供浏览部分书籍的服务。在该计划遭到版权界的否决后,谷歌试图通过选择退出策略将其行为纳入版权的默示许可之中,其提出出版商可以提供一份不想被扫描的书籍清单,从而避免书籍被收录于数字图书馆的策略。但是出版商们认为该策略不合理地将防止

[53] Field v. Google, Inc., 412 F. Supp. 2d 1106(2006).

[54] 赵杨佩:《“剪报”服务的合理使用问题分析——以美联社诉融文集团案为视角》,载《知识经济》2015年第4期。

侵权的义务转嫁给了版权人,实际上著作权人仍未同意授权。[55] 2005 年美国作家协会和美国出版商协会等在纽约州的联邦地区法院提起诉讼,指控谷歌的图书馆计划侵犯了其版权,要求法院禁止谷歌的复制行为。2008 年 10 月,谷歌最终选择与出版商、作者达成和解协议,提出其出资 1.25 亿美元建立图书版权档案供作者和出版商登记他们希望数字化的作品,之后他们可以在广告或者图书销售中得到分成。但是由于竞争对手、版权人、消费者保护团体以及外国政府的激烈反对,这一和解协议最终被法院驳回。[56] 谷歌数字图书馆案的焦点是其扫描、复制并提供搜索链接服务时,是否涉及默示许可制度。有学者认为对于仍在版权保护期内且系非法上传的图书,谷歌虽然没有提供图书的全部内容的阅读和下载服务,但是对图书进行扫描数字化后的提供行为构成了版权法意义上的复制和传播,并不构成合理使用[57],无法适用搜索引擎的版权默示许可规则。这两者之间有着巨大的差别:搜索引擎所搜索的网页本身存在于互联网中,而谷歌数字图书馆拟搜索的对象是纸质图书,必须先经过扫描和数字化才能利用,这将构成复制权侵权。在搜索引擎中使用元标记来避免网页被搜索到的做法已成为搜索引擎网络服务行业的惯例,但在传统的图书出版领域并不适用。本案中法院的确在互联网搜索引擎领域扩大适用了默示许可,但是在数字图书馆建设中谷歌对默示许可原则的挑战最初并没有成功。[58] 然而情况最终发生了反转。

---

〔55〕 *Google Library Project Raises Serious Questions for Publishers and Authors*, Association of American Publisher Press, 2005.

〔56〕 Authors Guild v. Google, Inc. ,98 U. S. P. Q. 2D(BNA)1229.

〔57〕 吕炳斌:《网络时代的版权默示许可制度——两起 Google 案的分析》,载《电子知识产权》2009 年第 7 期。

〔58〕 张今、陈倩婷:《论著作权默示许可使用的立法实践》,载《法学杂志》2012 年第 2 期。

2005 年 9 月，美国作家协会和出版商等其他权利人在美国纽约南区联邦地区法院提起集体诉讼，起诉谷歌侵犯其版权。2013 年 11 月，法院依美国《版权法》第 106 条和第 107 条认为谷歌公司的行为属于合理使用。[59] 原告不服提起上诉，2015 年 10 月，美国联邦第二巡回法院认为谷歌图书馆计划没有构成侵权。[60] 2016 年 4 月《纽约时报》报道美国高等法院驳回了美国作家协会针对谷歌的诉讼。称谷歌扫描的且通过谷歌数字图书馆网页在网络上传播的只是书籍的部分内容而非全部。谷歌数字图书馆给读者提供了一种新的方法使其找到感兴趣的书。[61] 美国网络版权默示许可规则进一步扩张，发展为其可以适用于传统领域中非数字作品部分内容的数字化复制和网络传播、链接利用。这将为信息聚合服务产业的发展壮大创造条件，也为公众搜索利用信息给予更多的便利。

对于网络版权链接默示许可规则，欧盟国家早期的主流观点与美国接近，即以信息是否免费公开且是否添加技术保护措施为准，来判定作品网络版权默示许可是否成立及聚合信息服务是否侵权。德国最高法院在 2003 年判决的 Paperboy 案中、挪威最高法院在 2005 年判决的 Tono 案中，以及欧盟法院在 2014 年 2 月判决的 Svensson 案中，均认定：对已经权利人许可、在网络中公开传播的作品设置深层链接并不构成著作权侵权。[62] 注册用户可以通过被告提供的链接访问存储于第三方网站的报纸新闻。在 2014 年 Svensson 案中，欧盟法院依据新公众标准，认定不管是设置超文本链接传播作品的行为还是设置加框的深层链接传播作品的行为，均不构成 2001 年欧盟

[59] Authors Guild v. Google, Inc. ,954 F. Supp. 2d. 282(2013).

[60] Authors Guild v. Google, Inc. , 804 F. 3d 202(2nd Cir. 2015).

[61] 《美国最高法院宣布将不再接受谷歌图书扫描案的上诉请求》，载观察者网，https://www.guancha.cn/america/2016_04_19_357462.shtml。

[62] 王迁：《“今日头条”著作权侵权问题研究》，载《中国版权》2014 年第 4 期。

《信息社会版权指令》第3条第1款所指的向公众传播权的侵权。欧盟法院指出，被告即网络信息服务商通过提供链接，使公众访问原本可以自由访问的网页，这一行为不构成向公众传播，不侵犯著作权。因为源网站并没有设置技术措施限制公众访问其网站上的作品，所以源网站的目标公众包含所有潜在的访问者，不存在新的公众。[63] 欧美国家法院的判例中认定，链接转载他人信息构成版权侵权，多是由于作品添加了技术保护措施或者聚合服务需付费，或是由对于含作品标题、摘要等内容的链接标志是否侵权的认识分歧引发的。1996年，英国苏格兰的谢德兰时报(Shetland Times)诉谢德兰新闻(Shetland News)案成为全球第一起因链接引起的著作权纠纷案。谢德兰时报起诉谢德兰新闻，称谢德兰新闻侵犯了其文章的复制权。谢德兰时报于1996年开始运营自己的新闻网站。谢德兰新闻是一家创办于1995年的提供网络新闻聚合服务的机构。其通过新闻聚合技术，收集并整合了来源于不同的新闻媒体的文章标题，并将文章标题设置成深度链接呈现给用户。当用户点击该标题，便直接跳转至被链接文章的内容界面，但源新闻网站设置在网站首页的广告及相关的版权信息却被屏蔽了。这影响了包括谢德兰时报在内的报社的广告收益，其向法院提起诉讼，认为谢德兰新闻设置深度链接的方式侵害了其著作权。法院认为按照英国版权法的有关判例，新闻标题是具有独创性的文字作品，是版权法保护的对象，并以此为基础颁布了禁令。[64] 相对于其他法域的独创性标准，英国源自个人劳动、技能或者判断的标准是一种相对较低的标准。低于欧盟在软件、数

---

〔63〕 龙井瑢：《探析链接版权法律责任在欧盟和英国的新发展——兼评中国相关版权司法实践》，载《法学杂志》2014年第12期。

〔64〕 Shetland Times Ltd. v. Dr. Jonathan Willis and Zetnews Ltd. , Scotland Court of Sessions(Oct. 24, 1996).

据库、著作权保护期限等相关指令中设立的统一独创性标准——独立的智力创造。[65] 美国则对新闻标题这种简短的表达形态给予著作权保护尚存争议。[66] 在世界上多数国家的版权法中，文章标题都被认为达不到著作权法所要求的较高的独创性，所以不能成为著作权的客体。在谢德兰时报诉谢德兰新闻案中，争议焦点并不在于链接本身是否侵权，而在于设链者的链接标志是否侵权。[67] 该案对于判决的导向意义与价值是建立在链接标志侵犯版权的基础上的，而不是链接行为本身侵犯版权。

由新闻链接聚合服务而引发利益纷争，是国内外均普遍存在的现象。传统媒体在市场竞争中逐渐呈现弱势。[68] 在此背景下，2019欧盟推出了《单一数字市场的版权指令》。有学者认为该指令为传统传播者即报刊出版社创设了一种新的邻接权，网络服务提供者以数字化方式复制和在网络环境下传播新闻出版物时，除需要获得作品版权人的许可外，还应向出版者获得邻接权许可。[69] 并且网络信息服务商须向出版社和作者付费，个人或者非商业使用除外。欧盟链接税条款为报刊出版者设置了对其新闻出版物的网络传播邻接权。该权利的有效年限为两年（从该出版物出版次年的 1 月 1 日起算），这一版权保护周期符合当前数字信息更迭的时间周期。[70] 2019 年欧盟《单一数字市场的版权指令》出台，其第 15 条在一定程度上修正

---

〔65〕 万琦：《论英国版权法上的独创性》，载《知识产权》2017 年第 11 期。

〔66〕 沈木珠、乔生：《网络链接与我国信息网络传播权保护之辨析》，载《法律科学（西北政法学院学报）》2004 年第 4 期。

〔67〕 薛虹：《网络时代的知识产权法》，法律出版社 2000 年版，第 246 页。

〔68〕 梅术文：《“谷歌税”的著作权意蕴及其展望》，载《编辑之友》2017 年第 8 期。

〔69〕 杨垠红：《客观看待欧盟版权法改革争议内容》，载中国社会科学网 2021 年 9 月 6 日，https://www.cssn.cn/skgz/202209/t20220916_5515533.shtml。

〔70〕 谢新洲、朱垚颖：《信息资源管理视角下的欧盟数字版权保护研究》，载《信息资源管理学报》2020 年第 6 期。

了欧盟原来认同的网络著作权链接默示许可的规则，为聚合链接网络信息服务商增添了寻求授权与缴纳费用的义务。这项权利的创设意在改变传统出版商与新兴的网络信息服务商之间严重的利益失衡局面，在照顾新技术发展与社会公众利益的同时，也激励原创，保护人类社会文化的长远发展。聚合信息服务有集合网站内容的强大功能和巨大的后发优势，体现出选刊与原创刊物间天然的差异性。另外借助人工智能与大数据技术，聚合信息服务商能向用户推送更契合其需求的信息，可以维系较高的用户粘性。传统报刊出版社尽管也创建自己的网站，但是由于资金、技术、用户习惯等条件所限，其在公众中的影响力远不及专门的聚合信息平台，无法与之竞争。只作信息二传手的聚合平台利用类似汇编选刊的后发优势，提供了优中选优的综合高质量信息，吸引了大量网民访问和巨额投资、广告收益。其利用原创内容平台的版权信息在竞争中获益取胜，按照网络著作权链接默示许可规则即无须承担任何版权义务，实在有违公平。与之相反，传统的汇编选刊一般都要经过原著作权人同意，并支付报酬才能使用其作品。聚合平台无须在自己的服务器复制作品，其只提供了通向众多内容平台的共用入口和有关链接，但两者在最终的呈现效果上却是一致的。聚合信息服务商可以回避传统环境下的版权义务，这虽然促进了作品的迅速传播与信息共享，但却助长了著作权利益分配的不公平，最终将使原创陷入枯竭。聚合平台实质上只是传播者，真实的创作者和付出编审等创造性劳动的报刊出版社才是直接参与创作的主体。聚合平台只作新闻等作品的二传手就能收获巨额利润，且无须向真正的创造者支付报酬。长此以往，将不利于形成激励创造的社会风气，而会出现人人争当二传手的局面。也有人认为，设置链接税条款的效果与《单一数字市场的版权指令》出台的宗旨刚好相反。欧盟 2019 年《单一数字市场的版权指令》出台的重要目的之一就是打破各国间的版权壁垒,促进知识和信息的充分流动。然而,链接税条款和过滤器条款却对信息传播设置了不必要的阻碍,违背了法案设立的初衷。聚合平台与传统出版社之间利益的天平已经严重倾斜向新兴的传播者,在这种背景下欧盟才推出链接税条款欲改变局面。为新闻出版物的最初传播者报刊出版商设置网络传播邻接权,一方面是因为新闻等作品传播途径的变化导致传播者利益分配不均,另一方面是因为其首先发掘了出版作品的独立劳动价值。为原始传播者(报刊出版社)增设网络传播邻接权,能适应时代发展对社会分工调整的需求,满足平衡各方的利益诉求。创作、发掘与传播是推动社会文化共享的不同层面,基于新闻作品与生活密切相关的重要性,为最初采编发布新闻的报刊出版社增设网络传播邻接权,可以在其与聚合信息服务商间构建利益平衡分享机制,进一步推动新闻的创作、发掘与传播共享。

(3)对我国网络版权默示许可规则的建议。英美法系国家的法官可依理性人标准推定存在的著作权默示许可,在大陆法系国家须以法律规定为基础。中国的默示许可最初出现在合同法中,我国1999年《合同法》(已失效)第61条、第62条的规定即体现了对默示条款的认可,对当事人未明确约定的内容,可通过其他条款和交易习惯来推定。[71] 我国传统民法中合同的默示许可的成立须以合意存在为前提,法律规定由其他条款、交易惯例来推测未明确约定的内容。默示许可作为合同交易规则的组成部分,不仅涉及合同确认的方式,也涉及交易的内容。依据2020年通过的《民法典》第140条的规定,行为人的意思表示通常须以明示或者默示的方式作出,沉默能够作为意思表示产生法律后果必须满足一定的先决条件:已有相关

〔71〕 郭威:《版权默示许可制度研究》,中国法制出版社2014年版,第125页。

的法律规定，或者当事人间有约定，或者符合当事人间的交易惯例。我国立法上虽有关于网络环境中著作权默示许可的规定，但是仅限于农村扶贫的特殊情形。[72] 文化扶贫中网络著作权默示许可的成立，是有明确的法律依据和条件的：使用者须先公告欲利用作品的要约，只有著作权人在作品利用期间未提出异议，才视为默示同意利用作品。[73] 该默示许可条款的适用范围很窄，仅限于扶贫中使用。这与权利人直接在网上发布作品未添加技术保护措施，即可推定默示许可他人链接利用的普适情形大相径庭。这种由行为外观推出行为内容后果的网络著作权默示许可，与我国民法规定的默示许可的来源并不一致：我国要求必须有明确的法律规定，亦或当事人间事先的约定，或者交易往来间已形成的统一惯例。这导致我国司法裁判中无法适用英美法系国家中由法官推定成立的网络著作权默示许可规则，在行业没有相关惯例或当事人间缺乏事先约定的情况下，必须有相关的法律规定才能适用著作权默示许可。英美国家曾广泛采用的由法官推定成立的网络链接默示许可规则在我国由于缺乏相应的法律规定的著作权限制规则而无法实施。我国曾经尝试将在中国特有的传统环境下已发表的报刊作品的转载摘编法定许可延伸至网络环境，但最终失败仍回归了传统的授权途径。与此相反的是，美国不仅通过判例设立了网络著作权链接默示许可规则，还基于文化共享等公共利益的考量将其拓展到了更广泛的领域。欧洲原本与美国一样确立了广泛的网络版权链接默示许可规则，但是为了平衡新旧传播者利益失衡的局面，其在一定程度内修正了原规则，在新闻报刊作品领域与我国一样重回授权许可的轨道。我国未明确确立统一的网络著作权默示许可规则，但是由于法官个人观点的差异在司法实践中

〔72〕 2013 年修订的《信息网络传播权保护条例》第 9 条。

〔73〕 李捷：《论网络环境下的著作权默示许可制度》，载《知识产权》2015 年第 5 期。

仍出现了体现相关规则的判例。在2005年正东唱片公司指控百度以链接方式提供音乐录音侵犯信息网络传播权的案件中,法官认为被链接的网站未对其上传的音乐录音设置禁链协议,意味着搜索引擎服务商百度可以链接第三方网站上的音乐录音,实现信息共享。[74] 该判决中,法官实际上错误地运用了网络著作权链接的默示许可规则,默示许可链接的仅是权利人合法上传免费公开的作品,对他人擅自上传的侵权作品无法适用。在方正公司起诉宝洁公司商业利用其版权作品倩体字库中的"飘柔"二字侵犯著作权案中,二审法院认为,被告的行为得到了默示许可。广告设计公司NICE经方正公司授权利用倩体字库后,宝洁公司基于与NICE公司的广告合同合法地取得了倩体字"飘柔"二字的使用权。宝洁公司和NICE公司对"飘柔"二字的使用行为,是NICE公司购买倩体字库的合理期待行为,不受方正公司的单方限制条款的约束。因此二审法院认为宝洁公司的行为属于合法的经过版权人默示许可的版权使用行为,驳回了方正公司的上诉。[75] 著作权默示许可体现了被许可人对著作权人的合理信赖,即被许可人根据著作权人的特定行为或者其沉默而合理地认为著作权人许可使用其作品,由此产生了合理信赖利益。[76]

在我国现行的《著作权法》里,没有明确的法律条文涉及默示许可,学界有很多人质疑默示许可在版权法中的正当性、可行性以及必要性,提出默示许可不属于权利限制。[77] 默示许可在一定程度上增

---

〔74〕 正东唱片公司诉百度公司侵犯信息网络传播权案,北京市第一中级人民法院(2005)一中民初字第7978号民事判决书。

〔75〕 北大方正公司诉广州宝洁公司等侵犯著作权纠纷上诉案,北京市第一中级人民法院(2011)一中民终字第5969号民事判决书。

〔76〕 尹卫民:《著作权默示许可研究》,厦门大学2019年博士学位论文,第16页。

〔77〕 赵莉:《质疑网络版权中"默示许可"的法律地位》,载《电子知识产权》2003年第12期。

加了版权人的负担,要求其承担权利行使过程中可能产生的后果的必要注意义务。关于著作权默示许可的性质存在认识分歧。有学者认为其是作品权利人的自我限制。[78] 有学者认为著作权默示许可本质上仍是授权许可,其是指在特定的范围,虽然著作权人未以明确的方式许可他人使用其作品,但他人根据著作权人的沉默或其特定行为推断出著作权人不反对在此种情形下利用作品,作品使用者据此进行侵权抗辩的特殊许可形式。[79] 部分学者主张网络著作权默示许可属于可以与合理使用并列的著作权限制手段。[80] 网络著作权默示许可兆始于权利人自我限制的表象,目前在一些国家已发展为基于公益对著作权的限制。由于权利人以行为放弃或限制权利的意思表示不清晰、界限模糊、相关方认识不一致等原因易引发争议,因此在此种情形下法律有必要介入,一定程度上考察作者意愿,对于网络著作权默示许可的成立条件和范围进行必要的界定。网络著作权默示许可规则,是基于平衡著作权人(创作者)与公众(使用者)及网络信息服务商(传播者)等主体间的作品权益,在权利人自我限制意思模糊甚至存有争议的情况下,公权力对于作品权益进行分配的著作权限制制度。该制度既融合了著作权人的自我限制,又带有外在的权利限制的特点。其既体现为自我限制的行为表象,又带有著作权限制的法律实质。从本质上看,网络著作权默示许可制度应当属于著作权限制制度,但是其并非一味地限制私权,而是为了促进知识共享实现社会互惠共赢,参考个人意愿在特定情形下合理分配著作权人与传播者、公众间的作品权益的制度。默示许可在本质上是

[78] 尹卫民:《著作权默示许可的法律性质分析》,载《西南石油大学学报(社会科学版)》2014 年第 1 期。

[79] 尹卫民:《著作权默示许可研究》,厦门大学 2019 年博士学位论文,第 21 页。

[80] 吕炳斌:《网络时代的版权默示许可制度——两起 Google 案的分析》,载《电子知识产权》2009 年第 7 期。

尊重版权人意志的，推定默示许可成立须结合各种主、客观因素判定。其中客观因素包含：版权人的客观行为、行业惯例、与案件有关的客观情况和公众利益等；主观因素包含：版权人通过客观行为想要体现的主观意志、作品使用方与传播方的主观意志等。在没有合同关系存在的情况下，判断著作权默示许可成立的主要参考因素及标准为：当事人的意图、行业惯例、利益平衡的考量。[81] 由于新技术发展推动相关产业的利益不断分化，行业默许的惯例并非一成不变，如聚合信息服务业对源网站作品的链接推广传播，该行为初期被各大新闻网站欢迎和接受，随着利益分配天平的倾斜，行业态度发生转换。法院对于著作权默示许可的判断受行业态度的影响，须持续调整有关规则。原来只要著作权人声明保留权利禁止擅自使用，著作权默示许可的主张通常就被视为不成立。现在法院应当考虑科技与社会发展的需求和公私利益的平衡，一方面通过版权人的行为深究其意图，另一方面在不伤及版权人正当权益的基础上为版权设计合理的默示许可界限。对于搜索引擎提供的基础搜索服务来说，大量网页的权利人并不拒绝搜索引擎的捕捉，还通过增加外部链接来提升被搜索引擎收录的机会。因此，将版权默示许可适用于搜索引擎的基础搜索服务不违反权利人的初衷，也符合社会公共利益。不应允许版权人以发表权利保留声明的方式来排除基础搜索链接服务，这是非常不科学的。这样无法利用现有爬虫技术的自动识别功能来提高搜索链接信息的效率，反而会扼制搜索信息服务业的发展，因为需要安排大量的人员排查被链网站是否发表权利声明。如果各大信息源网站均发布权利保留声明，那么搜索引擎信息服务商须将这些源网站信息全部屏蔽，否则就是明知故犯，要承担赔偿责任。在这种

---

〔81〕 王玮婧：《网络著作权侵权认定中的默示许可研究》，华东政法大学2012年硕士学位论文，第11页。

情况下,加速信息检索的搜索引擎服务将无法开展,这样无疑会阻碍新技术运用与信息的传递,造成信息服务质量的退化,阻碍信息社会的发展进程。

我国有不少学者呼吁在信息网络传播领域应全方位引入著作权默示许可制度。他们认为网络环境下适用著作权默示许可制度有利于保障网络空间信息的创作和流通共享,有利于解决海量作品授权难的问题,减少谈判交易的成本,促进网络文化产业的健康有序发展并有利于减轻网络作品使用者可能面临的诉讼风险。[82] 欧美版权法在传统版权时代未赋予其余报刊直接转载他人作品(已在报刊上发表)的权利,在网络版权时代结合新兴传播技术与公众对作品需求的提升,顺应时代发展通过默示许可赋予了聚合信息服务商此项权能(以链接、转码等形式转载作品)。美国给予新兴的聚合信息等网络服务产业显著的倾斜式保护,在照顾公众信息需求的同时大力促进了信息产业的发展,但是未充分考虑对于创作者与最初传播者利益的回馈,有失公允。欧盟在版权新旧传播者利益严重分化的情况下,在新闻网络版权领域重新回归传统的授权机制,这有利于保障传统新闻报刊出版社和著作权人的利益,但是不利于提高授权效率和推动信息服务产业的发展。美国的做法只注重促进信息流动,推动网络产业的发展和满足公众上升的需求,可能会造成利益分配的不公,使原创枯竭或萎缩。这与我国传统环境中报刊转载法定许可制度导致的选刊与原创报刊的不公平竞争情况相似,选刊利用后发的优势博采众长,只须向作者付出较低费用,就可以用远低于原创报刊的采编成本在竞争中脱颖而出。转载报刊不仅向作品著作权人,还向首先推出作品的最初传播者进行一定

[82] 冯晓青、邓永泽:《数字网络环境下著作权默示许可制度研究》,载《南都学坛》2014 年第 5 期。

的利益补偿，这样才有助于改进这种不公平的竞争局面和激励原创。欧美由法官推定的版权默示许可在中国无合法的效力来源，为了平衡各方利益和顺应信息社会的发展趋势，兼顾创新与传播共享，我国可参考域外版权的默示许可制度，归纳合理之处，结合实际建构适应国情的完善的版权默示许可限制规则。建立中国的版权默示许可规则，首先应确立默示许可的适用范围；其次是明确默示许可成立的条件。[83] 版权默示许可涉及的情形：一是传统的版权许可是否可以扩张至网络环境，以及版权许可扩张到网络环境中的范围；二是权利人合法上传作品至网络，免费公开且未添加技术保护措施，他人可以在网络环境中利用作品的权限和范围。

首先，对于已授予的传统环境下传播作品的专有版权，授权范围是否可以扩张至网络传播领域？这既要看版权人的真实意愿，也要视是否会造成利益失衡进行判断。有学者呼吁建立宽泛的网络著作权默示许可制度，将传统版权合同许可的范围扩张至数字图书馆、数字期刊数据库的网络传播权。著作权人在与图书出版社、报纸期刊出版社签订出版合同时，明确将作品授权给出版社出版，如果作者无事先发表相反的声明，即视为同时授权给与出版社合作的数字图书馆、数据库，数字图书馆、数据库就可以把传统的纸质作品转化为数字作品存入数字图书馆、数据库，并向作者支付相应的报酬。[84] 设置如此宽泛的网络版权默示许可制度，在补偿没有保障的情形下就任由网络信息服务商将以传统途径出版的作品上传至网络传播，将会给版权人的正当利益造成严重损害，不利于激励创作。这种宽泛的网络版权默示许可规则，远远超越了世界上其他国家现有法规或

---

〔83〕 李捷：《论网络环境下的著作权默示许可制度》，载《知识产权》2015 年第 5 期。

〔84〕 华鹰：《数字出版环境下著作权默示许可制度的构建》，载《重庆工商大学学报（社会科学版）》2018 年第 1 期。

判例所确立的默示许可范围。在加拿大最高法院于2006年判决的罗伯森案(Robertson)中,对于网络版权默示许可的扩张适用,仅限于在报刊等传统媒体上已发表的自由作家的作品,并不包括在图书及报刊上已发表的职务作品。或许由于报刊作品的时效性较强,自由作家较单位或职务作品版权人来说较难取得联系,为促进自由作家作品的传播才适用默示许可。美国在谷歌图书馆一案中确立了对已出版纸质图书的网络版权的默示许可,仅扩张适用于部分内容,且仅供促销图书使用。除了传统版权许可在默示情形下可以向网络环境适度扩张外,对于已合法上传、免费提供且未添加技术保护措施的作品,他人默示许可利用作品的权限和范围到底是怎样的?针对已免费发布在网络空间的作品的法定默示许可的使用范围,有学者认为应当在两方面予以明确:其一,应增加针对网络作品的转载默示许可,除非权利人明确声明不得转载、摘编,一般推定可以无偿地转载利用(不得以有偿方式向用户提供)。其二,应针对网络搜索引擎服务添加默示许可,如果上传作品的权利人未发表禁止声明或者通过技术手段防止被链接,则默许他人链接利用。[85] 搜索引擎服务适用的网络版权默示合理利用许可(免费利用),应当仅限于被动的全网搜索基础信息定位服务和偶一为之的主动设链行为,不含可替代源服务的主动设置标题汇总链接的信息聚合服务。搜索引擎以网页快照方式的临时复制他人网页并在系统缓存中存储,当用户点击搜索结果中的缓存链接时,再自动传送缓存页面到用户浏览器上。这种行为是否适用版权默示许可?这一行为满足提供—使用的行为外观构成侵权。如百度的MP3搜索结果列表中以歌词(LRC)文本文件

〔85〕 马德帅、刘强:《网络著作权默示许可研究》,载《中国出版》2015年第17期。

形式保存歌词快照的行为被认定为侵权。[86] 基于对搜索行业习惯的考量，快照并非实现搜索引擎基本功能的必要手段。[87] 这一行为不应被列入版权默示许可的范畴。为了促进搜索引擎等信息技术的运用，发挥其基本功能时应限制电子权利声明的效力，只承认技术措施的保护效力。有学者认为国内外一般把在电子公告板上发表的文章视为默示许可他人利用的样品[88]，因此对于发布在开放的网络公共空间的作品，皆适用网络版权的默示许可规则。由于网络环境中盛行以非对应补偿机制提供作品，服务商以免费向公众提供作品的方式提高访问流量，再吸引广告投放以获利。因此即使版权人不采用技术措施保护作品，也并不意味着其会放弃收益权。不是所有开放的网络空间都能被视为公共空间，置于网络开放空间的作品全部可以被免费转载的观点不利于激励原创。即使在支持新技术运用的美国，网络版权默示许可也不支持在服务器上形成稳固复制件的转载，网络版权默示许可只适用于聚合信息服务中临时转码的侵权抗辩。

新闻与生活密切相关，且时效性较强，须迅速传播才能发挥其价值和功用。传统的授权许可制度效率低、周期长，网络时代对于新闻出版物有必要制定特殊的授权许可制度，才能适应信息时代人们对资讯的要求。法定许可制度能够避免可能出现的“海量”授权导致的不可操作性以及私人谈判过程中过高的交易成本。[89] 对于免费公

---

〔86〕 浙江泛亚电子商务有限公司诉百度公司侵犯著作权案，北京市高级人民法院（2007）高民初字第1201号民事判决书。

〔87〕 王玮婧：《网络著作权侵权认定中的默示许可研究》，华东政法大学2012年硕士学位论文，第11页。

〔88〕 刘志刚：《博客作品适用版权授权方式的可行性分析》，载《知识产权》2006年第4期。

〔89〕 [美]Jay Dratler Jr.：《知识产权许可》（上册），王春燕等译，清华大学出版社2003年版，第172－173页。

开未添加技术措施保护的网络新闻作品,可采用版权默示法定许可规则利用,以替代我国实际采取的复杂授权机制。即不经原版权人和初始传播者同意便可使用,但是应向他们付费。2016 年北京知识产权法院在新浪微博诉脉脉不正当竞争案的二审中,以案例形式创制了第三方通过爬虫技术自开放平台链接获取用户信息时应遵循的三重授权原则,即“用户授权 + 平台授权 + 用户授权”的原则。三重授权原则指:开放平台对用户数据第一次收集、使用时需要获得用户的授权;在第三方通过开放平台间接获取用户数据时,需要获得平台方的授权并再次获得用户的授权。[90] 杭州市中级人民法院在淘宝诉美景不正当竞争案的判决中也肯定了三重授权原则:网络运营者应受制于网络用户对其所提供的用户信息的控制,而不能享有独立的权利,只能依其与网络用户的约定享有对原始网络数据的使用权。[91] 用户已自愿免费公开的网络信息须经双重授权(首发平台授权与用户的再次授权),才能被第三方运营商主动利用,这与欧盟链接锐条款相似。我国对于第三方平台获取已公开信息的裁判立场,显示出我国注重维护著作权人与原始传播者的利益,未考虑加速信息流动和新兴信息产业的发展需求,也忽略了公众提升信息服务质量的需要。在网络环境中遵循与线下同样的授权许可机制,诚然可以较好地保护创作者的利益,但是网络加速信息交流、促进社会创新发展的功能却无法充分发挥。这样无异于“开新车走老路”,旧的授权机制无法匹配新的技术条件,无法适应人类信息社会的发展进程,甚至会抑制社会文化的跨跃式发展,损害普通人的文化福利。国家

〔90〕 北京微梦创科网络技术有限公司诉北京淘友天下技术有限公司等利用脉脉软件经营不正当竞争案,北京知识产权法院(2016)京 73 民终 588 号民事判决书。

〔91〕 淘宝(中国)软件有限公司诉安徽美景信息科技有限公司不正当竞争案,浙江省杭州市中级人民法院(2018)浙 01 民终 7312 号民事判决书。

版权局于2015年4月颁布了《关于规范网络转载版权秩序的通知》，片面强调须遵循授权机制维护新闻市场有序竞争，却忽视了强化新闻著作权规制将带来的阻碍公众获取公共信息、参与公共讨论的负面可能。[92] 新闻的客观真实与广泛传播被认为是重要的价值追求。[93] 新闻迅速准确地传播，也是公民行使知情权获取信息，以及参与公共管理乃至践行民主监督责任的重要基础。[94] 公众集体性转发以及评论社会新闻事件往往是形成公共舆论，从而向政府传递社情民意的最直接途径。在网络时代新闻内容参与式生产与跨平台传播的语境下，针对新闻作品，构建包含复制在内的基于个人目的的合理使用条款和网络信息服务的链接使用条款确有必要：有利于保障公民获取资讯的知情权和讨论公共事务的权利，提升民主治理效率。[95] 在网络环境下完善我国传统的报刊转载法定许可制度，是解决新闻媒体利益冲突的手段之一。许可环境的复杂化不能成为摒弃法定许可的理由，反而为该制度的延续提供了新的土壤。法定许可制度以利益平衡为原则促进作品的传播利用，更能迎合网络的开放性。完善配套机制充分保障权利人的获酬权，即可实现权利方、聚合转载方以及公众间的利益平衡。[96]

（二）网络信息服务不正当竞争责任的追究

在欧美等国，依网络著作权默示许可规则被排除在著作权侵权

---

〔92〕 张红斌、左玉茹：《简评〈关于规范网络转载版权秩序的通知〉》，载君合法评网 2015年5月13日，https://www.junhe.com/law-reviews/35。

〔93〕 林子仪：《言论自由与新闻自由》，台北，月旦出版社1993年版，第73-78页。

〔94〕 冯晓青、周鹏博：《网络新闻转载及其法律规制探析》，载《南都学坛》2019年第1期。

〔95〕 尤杰：《网络新闻转载规制的正当性边界——以〈关于规范网络转载版权秩序的通知〉为例》，载《新闻记者》2016年第4期。

〔96〕 蔡元臻：《新媒体时代著作权法定许可制度的完善——以"今日头条"事件为切入点》，载《法律科学（西北政法学院学报）》2015年第4期。

行为之外的行为，可能被视为不正当竞争行为。如深度链接合法上传的免费公开作品的聚合信息服务行为。其虽然不构成对著作权的直接侵权，但如设置方式不当，也可能构成不正当竞争。〔97〕在我国，网络信息服务商作出此类深度链接作品的行为，往往会造成著作权侵权与不正当竞争法律责任的竞合：既侵犯网络著作权，又混淆作品来源，使消费者产生误认，最终损害来源网站的正当利益。依1993年通过2019年修正的《反不正当竞争法》第6条，不正当竞争行为包含经营者使公众混淆或误认商品或服务来源的行为。不正当竞争行为往往违背《反不正当竞争法》第2条规定的公平、自愿、诚信等原则和商业道德，扰乱市场竞争秩序。追究网络信息服务商不正当竞争的法律责任，不能仅以其触犯商业原则即认定，还须有损害竞争者的正当权益的事实。不正当竞争的认定要求存在竞争关系。竞争关系不限于同行业经营者之间的直接竞争关系，只要实质上存在以不正当手段争夺交易机会、损害其他经营者竞争利益的可能性，即可认定经营者之间存在竞争关系。〔98〕源于网络版权侵权与合理使用认定的实质替代标准，对网络服务商不正当竞争的判定也具有一定的指导意义，已被收录在2022年发布的《反不正当竞争法（修订草案征求意见稿）》第18条第1款第2项即不正当获取商业数据中，即违反正当的数据抓取协议获取他人商业数据，并提供足以实质性替代其他经营者的相似服务。实质替代标准源自最高人民法院2012年通过2020年修正的《关于审理侵害信息网络传播权民事纠纷案件适用法律若干问题的规定》第5条：网络服务商擅自以提供网页快照、缩略图等方式向公众提供他人已合法上传的作品的，如果影响作品的正

〔97〕王迁：《"今日头条"著作权侵权问题研究》，载《中国版权》2014年第4期。

〔98〕江必新主编：《最高人民法院司法解释与指导性案例理解与适用》（第4卷），人民法院出版社2016年版，第629－630页。

常使用,不合理地损害权利人的正当权益,则被视为信息网络传播权侵权行为。如未实质替代和影响原服务正常进行,则构成合理利用。依实质替代标准认定不正当竞争的前提,是网络服务商的行为可能混淆主体或者作品来源,致其不当得利。在新浪微博诉今日头条不正当竞争案中,法院认为今日头条抓取信息后的使用对新浪微博构成实质性替代,且该使用仅仅是简单的毫无创新的复制,同时也并未增进消费者的福祉。聚合网站跨过源网站直接深度链接源网页信息的行为,混淆了公众对于获取信息的来源的认识,阻断了用户对源网站的访问和接收源平台上投放的广告信息。这将导致来源网站为提供作品而付出的投资得不到相应的回报,而聚合网站却无偿利用了来源网站的投资提高了其客户端软件的受关注度和使用量,并通过在软件中添加广告,获得了广告收益。法院认为字节跳动构成不正当竞争。聚合网站直接分流了来源网站的手机客户端用户,对其信息服务可能构成实质性地替代,这种深度链接的方式违反了诚实信用和公平竞争的原则,应当受到反竞争法的规制。[99] 对实质替代应作广义的理解,虽然有时聚合网站只链接某网站的部分信息,但是聚合信息服务从整体上可能取代多个网站的集束功能,依然会产生实质替代的后果。

第二节　我国与专利有关的刑事责任的完善

各国对于与专利有关的犯罪大多都设置了独立罪名,这些罪名

---

〔99〕 王迁:《“今日头条”著作权侵权问题研究》,载《中国版权》2014 年第 4 期。

的数量各异，内容也不尽相同。

一、外国专利刑事罪名多包含专利侵权行为

（一）多数国家专利罪名含专利侵权行为

1. 英美法系国家的专利侵权入罪情况

无论是英美法系还是大陆法系国家的法律，在设置与专利有关的刑事罪名时大多包含专利侵权行为。美国现行的专利类法律也规定了对侵犯专利的犯罪的处罚。[100] 美国“专利法”中的专利犯罪共有两个，即虚假专利标记罪和伪造专利特许证罪。[101] 美国“专利法”以附属刑法的形式将下述行为规定为犯罪：首先是虚假专利标记行为，这类行为与我国假冒他人专利的行为类似。[102] 此外，美国的专利特许证制度规定了伪造、仿造、变造专利特许证的刑事责任条款，故意印制、运输这样的专利特许证，也要负刑事责任。[103] 美国的伪造专利特许证罪可能涉及专利权人的权能，他人未经许可擅自印制、销售某项专利技术的特许证，侵犯了专利权人对专有技术的专有支配权。对于虚假专利标记罪，根据美国《专利法》第 292 条的规定，对虚假的专利标记行为应处以不超过 500 美元的罚金。对伪造专利特许证罪则处罚较重，根据《美国法典》第 18 编第 3571 条的规定，伪造专利特许证的行为人将被处以 10 年以下的监禁，或者单处罚金，或二者并处。对于伪造专利特许证行为的处罚明显要重于对虚假专利标记行为的处罚，因为二者性质截然不同，前者主要是对专利管理秩

---

〔100〕 穆伯祥：《知识产权刑法保护要论》，知识产权出版社 2016 年版，第 227 页。

〔101〕 田宏杰：《侵犯专利权犯罪刑事立法之比较研究——兼及我国专利权刑法保护的完善》，载刘科、程书兵编著：《侵犯知识产权犯罪专题整理》，中国人民公安大学出版社 2008 年版，第 286 页。

〔102〕 于阜民：《专利权的刑事保护》，社会科学文献出版社 2005 年版，第 18 页。

〔103〕 聂洪勇：《知识产权的刑法保护》，中国方正出版社 2000 年版，第 18 页。

序的破坏，后者则真实地触及专利权人的利益，影响创新激励机制的社会效用。所以对前者的处罚较轻，而对后者的处罚较重，处罚较轻将阻碍创新激励机制发挥作用，削减公众的创新动力和能力。英国与专利有关的刑法主要以附属刑法表现，主要依据是1977年颁布的《专利法》，规定了以下罪行：伪造专利记录、冒充专利代理人、假冒专利等。[104] 其中的假冒专利与我国的类似，指虚假的专利标记行为，而冒充专利代理人可能涉及侵犯专利权，但犯本罪仅才判处2000英镑以下罚金，明显轻于美国。

2. 大陆法系国家的专利侵权入罪情况

大陆法系不少发达国家的知识产权法中有关于专利侵权刑事罚则的规定。法国关于侵犯专利权的犯罪规定在《发明专利法》第60条、第61条。法国除规定了专利申请期间的泄密行为外，还规定了擅自实施专利的犯罪行为。前者由于专利尚未得到授权，因此并未侵犯专利权。根据法国《发明专利法》第25条的规定，凡正在申请专利的发明，未经准许不得随意泄露或实施。违反这一规定者即可构成犯罪，行为人将被处以3000法郎至30000法郎的罚金；只有当行为对于国防利益造成损害时，才可另判1年至5年的徒刑。[105] 日本于2001年实施的《专利法》、《实用新型法》、《外观设计法》分别规定了以下犯罪：侵害罪、欺诈行为罪、虚假表示罪、伪证罪等。此外，日本《专利法》第197条为诈欺行为罪，涉及以欺诈行为获取专利或专利的延长登记，与侵犯他人的专利权无直接关连。第188条规定了虚假表示罪，违者将处3年以下徒刑或者300万日元以下罚金。[106]

---

[104] 于阜民：《专利权的刑事保护》，社会科学文献出版社2005年版，第15页。

[105] 田宏杰：《侵犯专利权犯罪刑事立法之比较研究——兼及我国专利权刑法保护的完善》，载刘科、程书兵编著：《侵犯知识产权犯罪专题整理》，中国人民公安大学出版社2008年版，第281页。

[106] 《日本专利法》（第2版），杜颖译，经济科学出版社2009年版，第74－75页。

日本《专利法》第188条将虚假表示行为界定为四种方式，可以归纳为两类情况，即于非专利物品上附以专利表示或者易与同专利表示混同的表示。该犯罪的构成与中国法中的假冒专利罪相似。日本《实用新型法》与日本《外观设计法》中也规定了与《专利法》中类似的罪名，但处刑普遍较轻。由日本专利附属刑法可以看出：其不仅保护专利权人的利益，也对妨害专利市场秩序（如虚假表示）和知识产权管理秩序（如诈欺专利局、法院或作伪证获取专利）的行为处以刑罚，以维护公众利益。其较英、美、德、法等国刑法的保护范围更广。多国仅对发明专利加以刑事保护，日本还以刑罚手段惩处侵害实用新型与外观设计权的行为。英国和法国对侵害专利权的行为一般只处以罚金，德国对非法实施他人专利者规定的最高法定刑仅为1年监禁。[107] 2006年日本修改《专利法》时，对侵犯专利权行为的处罚重刑化，这点与美国相似，处罚对象为故意行为人。对于侵犯专利权或独占实施权（直接侵权）的行为人，应当处以10年以下徒刑或1000万日元以下的罚金（或并罚）（第196条）。对于《专利法》第101条规定的视同侵犯专利权或独占实施权的行为人，应当处以5年以下徒刑或500万日元以下的罚金（或并罚）（第196条）。[108] 德国法仅规定了未经许可实施专利的刑事罪名，不含假冒专利罪。德国《专利法》第49条规定，凡在法定许可情况外，未经专利权人许可而使用其发明者，即可构成非法使用他人专利罪。对于犯罪的行为人应判处罚金或1年以下的监禁。[109] 原因可能是：专利权主要保护技术方

---

〔107〕 于阜民：《专利权的刑事保护》，社会科学文献出版社2005年版，第26－27页。

〔108〕 ［日］青山纮一：《日本专利法概论》，聂宁乐译，知识产权出版社2014年版，第50页。

〔109〕 田宏杰：《侵犯专利权犯罪刑事立法之比较研究——兼及我国专利权刑法保护的完善》，载刘科、程书兵编著：《侵犯知识产权犯罪专题整理》，中国人民公安大学出版社2008年版，第281页。

案,专利代码及标记并非专利权的保护对象,但是仍然属专利法保护的范畴,随意使用会误导消费者,破坏专利管理与市场经济秩序,与虚假宣传等不正当竞争行为相似,只有情节严重才应入罪。对于这种虚假标记假冒专利危害专利管理秩序的行为,如果未造成严重后果,则不宜进行严厉的追究;如果造成了严重的后果,则会与生产假冒伪劣产品等严重损害生命与财产安全的犯罪交叉,重复设置罪名似无必要。除了上述国家外,还有瑞典、瑞士等不少国家有专利侵权的刑法规制条款,如瑞典《专利法》第 57 条、瑞士《专利法》第 81 条。

3. 国际条约中的专利侵权入罪情况

随着贸易向世界范围拓展,知识产权犯罪也与日俱增呈现国际化发展态势。在这种情况下,世界各国尤其是各发达国家除了在各自国家刑法或知识产权法中设立侵犯知识产权犯罪以外,还纷纷要求在相关的国际公约中设置刑事条款,通过刑事手段的运用,加大对侵犯知识产权犯罪活动的打击力度,推动世界范围内知识产权保护的发展与完善。具有代表性的国际公约主要有《与贸易有关的知识产权协议》和欧盟关于用刑罚方法保护知识产权的有关法案。由于各国专利权保护在程序与效果等方面存在巨大差异,专利权与著作权、商标权在保护过程中呈现出不同的特点,添加专利侵权罪并非履行国际义务的必然表现。《与贸易有关的知识产权协议》并未要求对专利权采取统一的刑事保护,该协议第 61 条只明确要求对著作权和商标权以刑事手段加以保护,对以商业规模蓄意假冒商标或剽窃著作权的案件适用刑事诉讼程序和监禁或罚款的刑事处罚。欧盟理事会于 2005 年发布的《关于用刑罚方法保护知识产权的指令草案》要求对著作权、专利权和商标权均采用刑事手段加以保护。[110]

---

[110] 刘科:《中国知识产权刑事保护国际化研究》,中国人民公安大学出版社 2009 年版,第 37 页。

（二）部分国家和地区将专利侵权行为除罪化

1. 有效保障专利稳定性的国家坚持专利侵权入罪

坚持专利侵权入刑的国家往往不断完善专利确权的有关制度，以严密的程序保障优异的技术与方法的专利权的稳定性。日本、美国、德国除了专利无效宣告或者专利无效诉讼制度外，其对瑕疵专利的救济还有专利异议制度。美国发现专利传统的司法确权制度产生了一些弊端，为了克服这些弊端，美国确立了单方再审制度。由于单方再审制度对请求人权限的限制，美国又建立了双方再审制度。鉴于双方再审制度提起无效理由的有限性和对当事人禁止反言的限制，美国再次更新复审制度，创立了授权后重审制度。美国在2011年《专利法》的修改中，为克服单方再审和双方再审制度的弊端，借鉴欧洲专利局的授权后异议程序，建立了专利授权后的重审程序，为企业挑战瑕疵专利权提供了一条便捷高效、低成本的确权与法律救济渠道。2011年后，美国通过行政手段挑战专利权的有效性包括三种方式：单方再审程序、双方重审程序和授权后重审程序。单方再审程序的请求人可以是任何人，包含专利权人，但是只有专利权人才能对结果提起上诉，单方再审程序更偏向于为专利权人提供巩固自身权利的机会。专利权人可以删改权利要求但不能扩大保护范围，以便在专利诉讼中取得主动。单方再审程序中的证据类型被严格限定，只包括在先专利和书面出版物。只有当专利存在实质的新的可专利性问题时，单方再审程序才会启动。单方再审对提起时机没有要求，但第三方提起的授权后重审程序与双方重审程序对提起时机有明确规定：最晚须在专利颁发日或再颁日后的9个月内提出重审要求。对于双方重审与授权后重审的证据和理由的类型，均有明确的规定：专利中至少有一个权利要求可能被确认无效，这是启动两种重审程序的共同理由；第三方能提出全新或未解决的对专利案具有重要作用的问题，这是授权后重审程序启动的另一个理由。单方再审没有禁止反言的要求，而双方重审和授权后重审均适用禁止反言的规定，能够阻止后续发生因相同证据和理由引起的争议。[111] 日本的专利无效审判制度在瑕疵专利的补正方面存在明显的局限性，当事人须前往特许厅参加审理，成本高昂、程序冗长。随着日本专利审查速度的提升，申请人难以获得充裕的时间对专利申请中的权利范围进行全方位考量。因此 2014 年日本将简便经济的专利异议制度再次纳入《专利法》，此举对救济瑕疵专利意义深远。简便易行的异议制度既能消除瑕疵专利对创新的阻碍，也有利于权利人避免风险，促进专利整体质量优化稳定。日本专利异议制度有严格的时间限制，任何人可在专利授权后 6 个月内提出异议，要求对专利权的效力重新认定。[112]《保护工业产权巴黎公约有关专利部分补充条约》第 18 条规定：专利行政撤销程序提起的期限应该不少于自专利授权之日起 6 个月，提起撤销的理由应该至少包含不符合新颖性或创造性。德国在将发明专利无效宣告的职权转给德国联邦专利法院以后，仍然保存了由专利商标局主管的发明专利授权后异议程序，并在最新的《专利法》修改中将发明专利授权后提起异议的时间由授权后 3 个月延长至 9 个月，以和欧洲专利局的授权后异议程序保持一致。德国发明专利的无效程序和异议程序不能同时运行，专利授权后的 9 个月内只能提起异议程序，之后属于无效程序的权限。德国的专利确权与侵权管辖分属不同法院，确权由联邦专利法院专属管辖，采两审终审制。由于最高法院尊重联邦专利法院在事实上的判断，因此德国

---

〔111〕 左萌、孙方涛、郭风顺：《浅析美国专利无效的双轨制》，载《知识产权》2013 年第 12 期。

〔112〕 刘点、肖冬梅：《日本专利异议制度回归缘由及其启示》，载《湘潭大学学报（哲学社会科学版）》2018 年第 3 期。

的专利确权程序变成了事实上的一审，再加上德国发明专利的严格审核制度和异议制度的保障，德国专利确权的质量和效率都较高。专利确权判决通常先于专利侵权判决作出，所以也不会出现我国面临的因确权程序而耽误侵权诉讼审理的情况。[113]

2. 部分国家专利侵权除罪化情况

鉴于近年来侵权活动的日益猖獗，特别是集团和组织犯罪增加，因此用刑法方式保护知识产权确有必要。如前所述欧盟理事会于2005年发布《关于用刑罚方法保护知识产权的指令草案》要求对著作权、专利权和商标均采用刑事手段保护，力图在欧盟范围内对于专利权、商业秘密的强制性刑事保护标准，但由于欧盟各国立场不一，最后从草案中删除。可见即使在欧盟内部，各成员国对于专利犯罪入罪化问题也远未达成一致意见。[114] 反对设立专利侵权罪名的基础理由是：专利权是一种被推定有效的权利，专利具有无效率较高、稳定性较差等特点。发明者能够就其技术发明享有法律明文规定的权利，获得专利授权必须通过国家专利行政机关的审查，判断所涉技术方案是否满足新颖性、创造性、实用性等特性，应根据出版物对相关技术的记载和实际公知公用的情况进行衡量。专利审查员应根据检索到的信息加以对比，认定有关技术符合授权要件的，决定颁发专利证书；否则驳回专利申请。专利审查员对相关技术的判断，难免出现主观上的失误。同时专利申请人在申请专利的过程中，会有意无意地隐瞒一些情况，加重了专利审查的难度。为确保专利授权的公正，世界各国的专利制度中包含了专利权的无效宣告程序，即使是已

---

〔113〕 王虎：《专利确权制度研究》，西南政法大学2016年博士学位论文，第100－108页。

〔114〕 任军民：《从法国和欧盟对文学艺术知识产权的刑法保护看中国有关立法的不足》，载赵秉志主编：《中国知识产权的刑事法保护及对欧盟经验的借鉴》，法律出版社2006年版，第221页。

经被授予的专利权，在特定情形下也可能被第三人提起的无效程序宣告无效。从世界各国的实践来看，无论是在美国、欧洲还是日本，均有数量不少的专利被宣告无效，或者需要修改专利保护范围。有学者认为，单纯的专利侵权仅涉及专利权人的个人利益，不存在相关产品或服务假冒伪劣的问题，不涉及对社会公共利益的侵犯。专利侵权行为主要侵害了专利权人的经济利益，因此不应对专利侵权行为施以严格的刑罚。在采取严格程序保障专利有效性的国家，其专利的稳定性较强，基于专利对于经济发展的重要推动作用，这些国家坚持专利侵权入罪的立场，甚至采用比原来更严厉的刑罚处罚专利侵权罪行。但是在另一些国家则呈现了相反的趋势。由于法国的专利审批采取的是新颖性审查原则[115]，这可能导致专利创造性不强的问题，因此不宜对专利侵权行为进行严厉的处罚。另外，法国没有像德国一样设立技术法官制度，因而其专利有效性的认定仍然是一个法律问题。[116] 专利有效性与稳定性的不确定，容易导致司法判决的反复，影响司法权威，还会引发国家赔偿加重政府的经济负担。这是部分国家取消专利侵权刑事罪名的主要原因。

3. 我国专利侵权的除罪化历程

对于非法实施他人专利的行为是否应当规定为犯罪，世界各国的规定并不相同。国际上有些法学家认为，刚刚建立专利制度的国家为了确保专利权人的利益，以刑罚对侵权者进行威胁是必要的。这种观点在世界知识产权组织1979年为发展中国家起草的《专利示范法》中得到了一定程度的反映。该法第164条规定：任何明知某行为侵犯专利权而为之者，即构成违法，应对其处以罚金或者监禁，或

---

〔115〕《法国知识产权法典：法律部分》，黄晖译，商务印书馆1999年版，第66页。

〔116〕冯术杰、崔国振：《法国专利无效程序解析》，载《电子知识产权》2010年第10期。

者两者并处。[117] 该《专利示范法》对我国专利立法有很大的影响。从1979年到1984年,我国专利法先后起草了20多稿,在这些草案中,大多数都规定了侵犯专利的刑事制裁。在1983年9月提请全国人大常委会审议的草案中,对于侵犯专利权仍然规定了民事和刑事制裁。审议期间,委员会认为对于侵犯专利权的行为只需给予民事制裁。不过对于假冒他人专利的行为,因其损害了一般消费者的利益,可以与假冒商标的行为同样处理。[118] 1984年3月通过的《专利法》(已修改)第60条规定:对未经专利权人许可,实施其专利的侵权行为,专利权人或者利害关系人可以请求专利管理机关进行处理,也可以直接向人民法院起诉。该条没有规定非法实施他人专利的刑事责任。第63条规定:"假冒他人专利的,依照本法第六十条的规定处理;情节严重的,对直接责任的人员比照刑法第一百二十七条的规定追究刑事责任。"1984年通过的《专利法》仅规定了假冒专利罪,未规定专利侵权罪。后来,立法机关在1992年和2000年两次对《专利法》进行修正,都只规定了假冒专利犯罪。1997年修订《刑法》,将假冒专利罪纳入了《刑法》。1997年《刑法》第216条规定:"假冒他人专利,情节严重的,处三年以下有期徒刑或者拘役,并处或者单处罚金。"[119] 我国《专利法》和《刑法》只对假冒他人专利的行为适用刑罚,而对于一般的专利侵权行为(非法实施他人专利)只规定了民事救济方法。我国只有单薄的专利无效宣告制度,取消了专利异议制度,且对专利无效的请求主体和提起时限未作限制,在专利授权后的

〔117〕 荣守宇主编:《专利法教程》,大连工学院出版社1986年版,第245页。
〔118〕 汤宗舜:《回忆专利法的起草》,载刘春田主编:《中国知识产权二十年》,专利文献出版社1998年版,第105页。
〔119〕 刘科:《中国知识产权刑事保护国际化研究》,中国人民公安大学出版社2009年版,第24-25页。

有效期内赋予了任何人提出无效宣告请求的权利。[120] 此外，我国既无对一事不再理程序的限制，也无对申请宣告专利无效的理由、条件的限制，任何人在任何时候（专利授权后的有效期内）均可提出专利无效宣告申请，导致我国专利被宣告无效的机率较大。我国的专利稳定性一般，因此以刑法规制专利侵权的基础薄弱。如果将严重的专利侵权行为定为刑事犯罪，就必须在司法程序中确认其所侵犯的权利是一项确定的权利，从目前的专利保护实践来看，不仅会造成诉讼程序的无限延长，且无法保障相关专利权的绝对性，为了充分保障人权，同时节约司法资源，暂不规定专利侵权的刑事责任是明智的。[121]

1997 年《刑法》规定假冒专利罪后，我国理论界和司法实践中对假冒专利罪是否应包含非法实施他人专利的行为，及假冒专利罪所侵犯的客体都存在很大争议。这种争议多是在 2001 年修改的《专利法实施细则》公布前形成的。2001 年国务院修改并公布了《专利法实施细则》，其第 84 条就假冒他人专利的行为进行了明确界定，包括在产品、产品包装或广告、宣传材料、合同中使用他人的专利号，伪造或者变造他人的专利证书等，列举的 4 种形式都侵害了专利的独占实施权或者进口权。[122] 这种解释也被吸收进了 2004 年最高人民法院、最高人民检察院发布的《关于办理侵犯知识产权刑事案件具体应用法律若干问题的解释》，第 10 条按照《专利法实施细则》的相关规定拟定了《刑法》第 216 条假冒专利罪的具体表现。[123] 由于司法人

---

〔120〕 罗施福：《海峡两岸专利无效制度之比较》，载《政法学刊》2010 年第 4 期。

〔121〕 李菊丹：《论知识产权侵权行为的刑事责任》，载搜狐网 2019 年 3 月 5 日，https://www.sohu.com/a/299289959_648952。

〔122〕 于阜民：《专利权的刑事保护》，社会科学文献出版社 2005 年版，第 56－57 页。

〔123〕 刘科、程书兵编著：《侵犯知识产权犯罪专题整理》，中国人民公安大学出版社 2008 年版，第 42 页。

员与立法部门对于该罪的内涵的理解不同，导致1997年《刑法》公布后中国第一个适用假冒专利罪定罪量刑的案例出现了错误：混淆了假冒他人专利行为与一般专利侵权的界限。1999年个体户周某注册乐凯制品厂，并从滕州天元瓶盖厂购进杯体，销至河北某某实业有限公司等单位。该杯与某集团董事长卢某的双层艺术玻璃容器的专利技术特征相同。法院认定被告人周某在明知卢某具有专利权的情况下，未经专利权人许可，为生产经营目的非法制造、销售侵犯他人专利权的口杯，侵犯了国家的专利管理制度和他人的专利专有权，情节严重，已构成假冒专利罪，判决其犯假冒专利罪。二审维持了原判。[124] 2006年后一些学者单纯从形式逻辑上分析，认为假冒专利罪应当既包含假冒专利标记的形式上的假冒，又包含擅自实施专利的实质假冒专利行为。假冒专利罪应当吸收2008年修正的《专利法》第60条和第63条有关的专利侵权行为和假冒专利行为。假冒专利罪侵犯的客体应当是复杂客体，其不仅侵犯了国家对专利的管理制度，还可能侵犯他人的专利专用权。判断是否构成假冒专利罪需考虑的焦点问题是：假冒专利罪侵犯的客体是否应当包含专利权；以生产经营目的非法制造、销售、使用专利产品，是否是假冒专利罪的客观表现。[125]

无论是在刑法理论上还是在司法实践中，犯罪的直接客体都是决定犯罪性质的最主要因素之一。犯罪的直接客体揭示了具体犯罪所侵害的社会关系的性质以及该犯罪社会危害性的程度。[126] 假冒

---

〔124〕 魏东主编：《侵犯知识产权罪立案追诉标准与司法认定实务》，中国人民公安大学出版社2010年版，第62页。

〔125〕 王秀梅：《假冒专利罪核心问题分析》，载赵秉志主编：《中国知识产权的刑事法保护及对欧盟经验的借鉴》，法律出版社2006年版，第171－172页。

〔126〕 高铭暄、马克昌主编：《刑法学》（第6版），北京大学出版社、高等教育出版社2000年版，第59页。

专利罪属于侵犯知识产权犯罪，被纳入《刑法》分则第三章破坏社会主义市场经济秩序罪的范畴，这表明《刑法》将侵犯知识产权犯罪视为超越个人法益的犯罪。假冒专利罪的客体究竟是哪种具体的社会关系？对此有不同的观点。有学者认为其不仅包含专利管理制度，还包含专利权。[127] 也有学者认为假冒专利罪侵犯的客体是国家专利管理制度。[128] 在假冒专利罪保护法益上的分歧，直接决定了本罪行为方式覆盖的范围：如果侧重于保护专利权，那么对于情节严重的专利侵权行为和假冒专利行为都应予以规制；如果侧重于保护专利制度，那么只应对假冒专利行为进行规制。1997 年修正的《刑法》第 216 条对假冒专利罪罪状进行描述时并没有明确阐述本罪的犯罪客体，通过条文对该犯罪行为的描述可揭示本罪的犯罪客体，但描述该罪行为的表现形式的只有“假冒”两个字。2000 年修正的《专利法》以第 57 条和第 58 条专条的形式分别规定了专利侵权行为与假冒他人专利的法律责任，可见两者实质上相异。专利侵权行为，指未经专利权人许可擅自实施其专利的侵权行为。广义的假冒专利行为，由伪造、变造他人专利证书，虚假的标记专利与冒用专利权人名义等行为引起，令人错误地产生行为人为专利权持有人的印象。专利标记由两部分组成，专利代码再加上专利通用标识。专利的数字代码并非专利权权能支配的对象，这与商标注册证号码并非商标权的支配对象相似。专利的专门标记“ZL”与著作权专门标记、注册商标的专门标记“©”相同，均属特定类型知识产权的权利人共用的标志，不为个体所支配。因此综上所述，假冒专利行为并不一定涉及专利侵权。在假冒专利中冒用专利权人名义或虚假标记专利是必备要件，擅自

---

[127] 党建军主编：《侵犯知识产权罪》，中国人民公安大学出版社 2003 年版，第 59 页。

[128] 苏惠渔主编：《刑法学》，中国政法大学出版社 1997 年版，第 557 页。

实施专利并非必备要件而是选择性要件。假冒专利罪不一定含擅自实施专利的侵权行为，该罪侵犯的直接客体是专利管理秩序或者专利管理制度，而非真实有效的专利权。2000 年修正的《专利法》第 11 条规定：发明和实用新型专利权被授予后，他人不得擅自为经营目的制造、销售、使用及进口有关专利产品（含使用专利方法获得的产品）。由此得出专利权的内容包含两项：独占实施权与进口权。〔129〕擅自实施专利的行为又称专利侵权行为，其侵犯的专利权权能包括专利独占实施权与进口权。专利侵权行为并不必然构成假冒专利罪。如果专利侵权人仅擅自实施专利，而未在产品上标注专利代码标记，则不构成假冒专利罪。〔130〕假冒专利罪的承担，并不以专利侵权为必要前提。我国刑法设置的假冒专利罪所保护的是经专利法、民法调整而形成的“不得伪造、变造他人专利证书或者非法使用他人专利标记、专利号”的社会秩序。因此，刑法制定假冒专利罪的目的并不是保护个人法益，而是保护社会法益。〔131〕美国法则不同，其以刑事制裁的手段惩处的不仅是假冒专利的行为，还包含专利的侵权行为，如制裁伪造专利特许证和故意印刷或运输伪造的专利特许证等行为，其中伪造特许证等行为是直接侵犯专利权的行为。

二、我国与专利有关的刑事罪名的改进

在我国通行的理论中，一般认为刑法对于经济犯罪的干预应持一种谨慎的态度和宽和的原则。因为刑事手段具有特殊严厉的性质，这就决定了刑法干预包括知识产权活动在内的经济活动时更须慎重、适度。由于经济活动本身牵涉面较广，涉及的社会关系又纷繁

---

〔129〕吴汉东主编：《知识产权法学》，北京大学出版社 2000 年版，第 277－279 页。

〔130〕柏浪涛：《侵犯知识产权罪研究》，知识产权出版社 2011 年版，第 120－121 页。

〔131〕于阜民：《专利权的刑事保护》，社会科学文献出版社 2005 年版，第 19 页。

复杂，所以其合法与非法、正当与不当的界限时常难以划清，有时甚至正处于两种性质彼此交汇的结合点上，难以作非此即彼的判断。对于这些“模糊”的行为，应优先使用非刑事性质的经济、民事、行政、道义规范的调整手段加以干预，坚决摒弃刑法适用上“优先性”的做法。[132] 侵犯知识产权犯罪是一种经济犯罪，是法定犯。因此，我们在参考、移植国外的知识产权刑法类规定时，坚持谦抑性原则具有积极意义。刑法要贯彻谦抑性原则，就必须首先强调刑法的补充性。只有在最适当的情况下，立法者才有权规定刑事制裁；在不用刑事制裁措施就足以有效地处罚和预防某种行为时，就不允许将该行为规定为刑事犯罪，即刑法具有辅助性和补充性。[133] 包括专利权在内的知识产权，其本身就属经济利益的范畴。根据刑法适用的谦抑性原则，需尽量避免使用残酷的刑罚手段维护专利权益。刑法作为强行法，其调控范围虽然在本质上是为了维护和扩大自由，但是这种目的的达成是以不得不限制某些自由为代价的。因此，刑法介入、干预社会生活，应以维护和扩大自由为目的，而不应过多地干预社会。在确立刑法的调控范围时，应最大限度地给社会和个人留出自由空间，以保证社会主体的创造力、想象力的发挥，促进个人和社会的发展和进步。[134] 由于种种原因我国专利权的民事和行政保护并不到位，如果再不增加刑事法规的保护，那么专利权的保护实际上非常薄弱，这与专利在促进技术创新推动国家经济转型中的重要作用不相称。如专利的初始侵权行为通常较为隐蔽，难以真正从源头上制止侵权。另外，由于专利权客体具有非物质性和可共享性，公正客观地评估其价

〔132〕 曲平：《刑法干预必须把握“速度性”》，载《政治与法律》1995 年第 2 期。

〔133〕 ［意］杜里奥·帕多瓦尼：《意大利刑法学原理》，陈忠林译，法律出版社 1998 年版，第 3 – 5 页。

〔134〕 刘科：《中国知识产权刑事保护国际化研究》，中国人民公安大学出版社 2009 年版，第 112 页。

值较困难;专利权人通过民事诉讼与行政的手段维权不太容易,存在调查取证与损失确定等诸多困难,出现现实的赔付率与赔偿额度较低等问题。这样导致民事侵权处理和行政处罚等手段根本无法威慑到专利侵权人。惩罚的低概率性使非法实施他人专利的违法之风猖獗,也不足以激励市场主体冒着高风险去开发实质上很难独占的技术发明。在我国目前的民事法律与行政法规的双重规制下,权利人遭遇专利侵权后很难得到有效的和充分的救济。据此,刑罚手段有保留与应用的必要,这样才能起到预防专利侵权犯罪的效果。从目前我国专利犯罪的犯罪成本与犯罪收益的视角分析,可以发现我国专利犯罪呈现高经济收益、低犯罪成本的特点。具体来说,专利罪名设置不完善、专利刑罚配置不合理、专利刑事案件追究率低等造成专利犯罪的惩罚成本低。[135] 为有效抑制专利侵权行为,充分保护专利权人的合法权益,发挥专利制度推动创新强国和民族复兴的巨大作用,我国应完善与专利有关的罪名的设置。

(一)假冒专利罪罪状的改进

我国假冒专利罪的表现,不包括擅自实施专利,只包括冒用他人的专利标记代码和专利权人名义的行为,将擅用专利标记而未使用他人专利代码的行为定为冒充专利,不包含在假冒专利罪中。此种划分确无必要,既然假冒专利罪的客体是专利管理秩序,为何还要作此区分?二者同为以非专利产品冒充专利产品或者以非专利方法生产的产品冒充专利方法生产的产品等行为,区别只在于使用的专利代码或者专利权人的名称是否是真实有效的。如不使用专利权人的名义和其专利代码,仅仿冒他人的专利外观与产品名称,或者称其产

---

〔135〕 范丹丹:《基于成本收益理论的专利权刑法保护研究》,中原工学院2021年硕士学位论文,第1页。

品为专利产品，使用通用的专利标识，但是产品不具备专利的必要技术特征和实际功效。那么此种行为只能算作冒充专利，不能被看作假冒他人专利。不管假冒专利之人使用的是真实有效的专利代码，还是虚构的根本不存在的专利代码，二者会产生相似的效果，都会使消费者误认其产品或方法属于专利。二者具有相同的性质，均欺诈了消费者，扰乱了社会正常的经济秩序。实际上冒充专利的行为不仅在现实生活中大量存在，而且对于专利制度以及专利权人和消费者的合法权益所造成的危害并不逊于假冒专利行为，有的甚至有过之而无不及。从对专利违法行为的查处情况来看，假冒他人专利比冒充专利的发生少得多。截至 2002 年年底，全国专利行政管理机关共立案查处冒充专利案件 6379 件，而假冒他人专利案件却只有 153 件。原因就在于冒充专利能够取得与假冒他人专利基本相同的利益，但是其违法成本明显较低，尤其体现在行为人无须承担刑事责任。[136] 尽管我国《专利法》对假冒他人专利行为与冒充专利行为进行了严格区分，但是从文义解析的角度看似乎并无必要严格区分两者，因为假冒在文义上有以假充真，彼此看似可以相互替代的含义。实际上，无论是英美法系国家，还是大陆法系国家，其专利法未对两者作严格区分。因此只需将现有假冒专利罪罪状中“假冒他人专利”中的“他人”删除，即实现了将冒充专利行为入罪化的目的。这样一来，既全面保护了我国的专利制度，又有利于我国假冒专利罪的刑事立法规定与国际接轨。[137]

---

[136] “中国知识产权的刑事法保护及对欧盟经验的借鉴”课题组：《中国知识产权刑法保护的立法完善研究》，载赵秉志主编：《中国知识产权的刑事法保护及欧盟经验的借鉴》，法律出版社 2006 年版，第 348 页。

[137] 赵秉志、田宏杰：《侵犯知识产权犯罪比较研究》，法律出版社 2004 年版，第 164 页。

（二）应增设擅自实施发明专利罪

我国之所以将专利侵权行为除罪化，有一种说法是因为专利侵权行为仅直接侵害发明人的私益，而未涉及公共利益。笔者认为，这种辩解理由无法成立：虽然知识产权是私权，但是保护知识产权与激励创新、促进社会经济文化发展等公共职能密切相联。同样属于知识产权私权的著作权和商标权，其侵权行为为何都存在相应的刑事罪名加以规制，而单独冷落专利权，将其侵权行为搁置在刑罚手段规制之外？专利侵权行为对公共法益造成的危害，并不逊于刑法中已设立的假冒专利罪。我国现行《刑法》仅对假冒专利行为予以刑事制裁的做法，无疑不利于维护专利制度的权威性和充分保护专利权人的合法权益，故有必要完善现行《刑法》中与专利有关的罪名体系，将专利侵权行为纳入刑法的调控范围。[138] 20世纪初以来，私法体系出现了社会化的趋势，国家基于管理社会经济的目的介入市民社会的私权领域，全方位调控社会关系。私法出现社会法化的倾向，并不意味着私权必然向公权转变，而是国家必须动用足够的力量保障私权与公益的平衡。在专利权人的合法权益不能得到有效保障的情况下，短期内仅损害发明者的私人利益，长期看来也可能会损害因科技创新带来的巨大社会公共福利。擅自实施专利不仅涉及发明人私益，也与广大公众的社会福祉息息相关。由此，刑法有必要将非法实施专利的行为纳入刑事法律管辖。知识产权犯罪中首要的立足点是保护创新者的合法权益，其终极目标是利用激励创新机制实现经济科技文化等社会福祉的增进与共享。国家知识产权管理制度和行政管理秩序最终服务的法益是创新者权益与社会公共利益的集合。

---

〔138〕“中国知识产权的刑事法保护及对欧盟经验的借鉴”课题组：《中国知识产权刑法保护的立法完善研究》，载赵秉志主编：《中国知识产权的刑事法保护及欧盟经验的借鉴》，法律出版社2006年版，第339页。

专利除罪化的部分原因是专利公示的公信力不强，所以裁判者对侵权行为人的主观过错的判定较难，可能存在许多善意的侵权行为受到过重处罚，为了避免对大众过于苛责，则将该类行为统统归于民事或行政司法管辖的范畴。但是这样一来，无疑会放纵违法分子，甚至纵容无视他人专利权而故意制造销售的侵权行为。侵权人只要在违法制造销售专利产品时，不使用专利权人的名义及专利代码作标记，就可以规避刑事制裁。这样不利于保障专利权人的利益和发挥创新激励机制的效用。我国现阶段专利技术水平处于不断上升的趋势，出于维护自身利益的需要，我国也应当将非法实施专利行为入罪。专利权主要指的是独占实施权，如果不添加擅自实施专利的侵权行为罪名，那么我国实质上并不存在对于专利权的刑法保护。专利技术性强易妨碍公众识别，因而善意侵权的现象较多。对于善意侵权，无须适用刑罚；但是对于少数明知故犯的恶意侵权行为，应当适用刑罚。我国刑法之所以对专利侵权行为较为宽容，主要是因为大量的专利可能被宣告无效，专利的稳定性影响了司法的稳定。但是世界上技术创新领先的国家一般都设有含有擅自实施专利的罪名，如美国、日本与德国，其都有严格的措施防止专利被任意宣告无效，同时又有提升专利质量保障专利稳定性的程序。一方面我国可以参考设置类似的制度提高专利的稳定性，另一方面有必要设立侵犯专利权罪，打击专利侵权的犯罪行为。[139]

我国专利法未明确规定专利侵权赔偿责任应适用何种归责原则，依专利法有关条文推断，专利侵权赔偿责任主要适用过错推定原则。对于后续侵权人来说，在其无法证明未经专利权人授权制造的产品有着合理来源的情况下，他就应当承担赔偿损失的侵权责任。

〔139〕　杨兴培、李翔：《经济犯罪和经济刑法研究》，北京大学出版社 2009 年版，第 413－419 页。

对于已经支付相应的对价，并且自公开的市场销售途径取得产品的善意买家，由于侵权人没有过错，专利权人将无法获得赔偿。但是上述规则并不适用于初始侵权人。擅自制造专利产品的侵权人并无免赔条款，只要其无合法理由制造了专利产品即应承担赔偿责任。适用于制造商的专利侵权赔偿责任归责原则，相当于是无过错归责原则。真正擅自制造专利产品或者利用专利方法制造有关产品的初始侵权人，往往深藏不露，较难追究他们的法律责任。后续侵权人又可以侵权产品有合理来源为由，逃避赔偿责任。由于知识产权侵权的损失估算存在许多变量与影响因素，对于技术等知识产权的价值评估不像有形财产那样稳定，尤其是新兴技术的评估存在较大的不确定性。再加上我国缺乏成熟的专利技术评估参照体系，专利评估人才欠缺和技术流转市场建设不完善，因此，专利赔偿标准往往难以确定。民事求偿时，法院通常依法定额确定赔偿标准，但赔偿数额往往远低于实际损失，根本无法弥补权利人的研发投入和利益损失。我国专利侵权司法裁判中确立的赔偿数额不及发达国家。尽管现在已增加了知识产权故意侵权的惩罚性赔偿规定，但是其运用效果尚不明显。知识产权执法的复杂性和执法成本的高昂性是世界各国在保护知识产权方面遇到的普遍性难题。在民法执法中存在较大的不确定性和执法成本较高的情况下，采用刑法规制非法实施专利行为不失为上策。[140] 我国应结合专利诉讼的特点与刑法的谦抑性以及知识产权利益平衡的原则，严格限定擅自实施专利罪的管辖范围并提高入罪门槛。应尽可能在民事侵权行为的范畴内解决问题，不是情节特别严重的专利侵权行为，不适用刑罚。刑法只应保护最重要的法益，为了维护专利权人权益与社会公共利益的平衡，擅自实施专利

〔140〕 黄玉烨、戈光应：《非法实施专利行为入罪论》，载《法商研究》2014 年第 5 期。

罪保护的专利应当仅限于发明专利，不含实用新型、外观设计，因为后面两者对于经济和社会发展的贡献明显较小。擅自实施专利罪的行为模式，应限定在制造、销售等犯罪源头环节，使用、平行进口等后续的侵权行为不宜入罪。为了提高擅自实施专利罪的入罪标准，仅打击给权利人造成重大损失的故意犯罪行为。[141] 擅自实施专利罪的主观构成要件应当为故意，即明知故犯，不包括过失侵权。由于知识产权的特性（公示缺乏公信力），知识产权侵权中存在较多善意侵权，或者过失侵权。过于严苛地追究当事人的刑事责任，不利于维护公众利益，可能会造成社会恐慌，也不能从根本上避免善意或过失的知识产权侵权。考虑到我国专利权的保护现状，为增强公民的专利权意识，有效抑制专利侵权行为，充分保护专利权人的合法权益，发挥专利制度在推动科技进步中的巨大作用，有必要通过立法增设侵犯专利权类罪名。专利侵权入罪仅应适用于恶意侵权且情节严重的情形。如对专利权造成巨大损害，故意非法制造、销售专利侵权产品数额巨大，所获经济利益较多的；或者因故意非法制造、销售专利侵权产品而受过两次行政处罚，又再次实施上述行为的，应予刑事追究。[142]

---

〔141〕 杨帆：《知识产权刑法的面向：强化和适正》，上海交通大学 2016 年博士学位论文，第 215－216 页。

〔142〕 赵永红：《知识产权犯罪研究》，中国法制出版社 2004 年版，第 70 页。

参考文献

一、论文

1. 吴汉东:《人工智能生成作品的著作权法之问》,载《中外法学》2020年第3期。
2. 杨利华:《人工智能生成物著作权问题探究》,载《现代法学》2021年第4期。
3. 李扬、李晓宇:《康德哲学视点下人工智能生成物的著作权问题探讨》,载《法学杂志》2018年第9期。
4. 李晓宇:《元宇宙下赛博人创作数字产品的可版权性》,载《知识产权》2022年第7期。
5. 郑智航:《人工智能算法的伦理危机与法律规制》,载《社会科学文摘》2021年第4期。
6. 张玲:《保护作品完整权的司法考察及立法建议》,载《知识产权》2019年第2期。
7. 卢炳宏:《论人工智能创作物独创性判断标准之选择》,载《内蒙古社会科学》2020年第4期。
8. 陶鑫良:《论"署名权"应改为"保护作者身份权"》,载《知识产权》2020年第5期。
9. 谢晴川:《论独创性判断标准"空洞化"问题的破解——以科技类图形作品为切入点》,载《学术论坛》2019年第5期。
10. 刘铁光:《作品独创性判定标准调适的准则及其遵守的路径——以体育赛事直播画面独创性的判定为例》,载《苏州大学学报(法学版)》2019年第4期。
11. 张玉龙:《论连续画面的独创性认定标准——兼论体育赛事画面的法律属性》,载《南京航空航天大学学报(社会科学版)》2022年第3期。
12. 王迁:《论体育赛事现场直播画面的著作权保护——兼评“凤凰网赛事转播案”》,载《法律科学(西北政法大学学报)》2016年第1期。
13. 刘银良:《论服务器标准的局限》,载《法学杂志》2018年第5期。
14. 刘家瑞:《论美国数字音乐版权制度及启示》,载《知识产权》2019年第3期。
15. 张庆熊:《语言与结构主义方法论:从索绪尔出发的考察》,载《社会科学》2020年第5期。
16. 黄玉烨、戈光应:《非法实施专利行为入罪论》,载《法商研究》2014年第5期。
17. 蔡曙山、薛小迪:《人工智能与人类智能——从认知科学五个层级的理论看人机大战》,载《北京大学学报(哲学社会科学版)》2016年第4期。
18. 冯晓青、潘柏华:《人工智能“创作”认定及其财产权益保护研究——兼评“首例人工智能生成内容著作权侵权案”》,载《西北大学学报(哲学社会科学版)》2020年第2期。
19. 王迁:《论人工智能生成的内容在著作权法中的定性》,载《法律科学(西北政法大学学报)》2017年第5期。
20. 乔丽春:《“独立创作”作为“独创性”内涵的证伪》,载《知识产权》2011年第7期。
21. 骆电:《传统著作权法上创造性要求面临的挑战与回应》,载《法律适用》2010年第5期。
22. [美]威廉·费歇尔:《知识产权的理论》,黄海峰译,载刘春田主编:《中国知识产权评论》(第1卷),商务印书馆2002年版。
23. 时建中:《著作权内在利益平衡机制与反垄断法的介入——美国录音制品数字表演权制度的启示》,载《法学杂志》2018年第2期。
24. 谢新洲、朱垚颖:《信息资源管理视角下的欧盟数字版权保护研究》,载

《信息资源管理学报》2020 年第 6 期。
25. 郑鲁英:《区块链技术冲击下版权集体管理的发展之路》,载《集美大学学报(哲学社会科学版)》2020 年第 1 期。
26. 郑淑凤、沈小白:《版权保护后时代互联网音乐平台营利问题的分析与对策——数字版权许可模式改进与新商业模式之探索》,载《科技与法律》2017 年第 6 期。
27. 熊琦:《著作权合同实质公平规则形塑》,载《法学》2020 年第 6 期。
28. 陈霄、孟伟:《"5·5 断更"事件:阅文新约引发网络作者大抗议》,载《法治周末报》2020 年 5 月 5 日,第 1 版。
29. 王秀梅:《假冒专利罪核心问题分析》,载赵秉志主编:《中国知识产权的刑事法保护及对欧盟经验的借鉴》,法律出版社 2006 年版。
30. 彭桂兵、陈煜帆:《取道竞争法:我国新闻聚合平台的规制路径——欧盟〈数字版权指令〉争议条款的启示》,载《新闻与传播研究》2019 年第 4 期。
31. 郭晶、崔家勇:《网络平台版权协议权责失衡与再平衡》,载《中国出版》2021 年第 12 期。
32. 田小军:《欧盟版权法数字化改革带来哪些启示》,载《中国新闻出版广电报》2018 年 7 月 26 日。
33. 崔国斌:《论网络服务商版权内容过滤义务》,载《中国法学》2017 年第 2 期。
34. 张钦坤、张正:《欧盟 2016 年版权法数字化改革综述》,载《中国版权》2017 年第 2 期。
35. 咸晨旭:《新闻聚合模式引发的著作权问题与对策——以欧盟新闻出版媒体邻接权为借鉴》,载《科技与法律》2019 年第 5 期。
36. 杨垠红:《客观看待欧盟版权法改革争议内容》,载中国社会科学网 2021 年 9 月 6 日,https://www.cssn.cn/skgz/202209/t20220916_5515533.shtml。
37. 梅术文:《从消费性使用视角看"微博转发"中的著作权限制》,载《法学》

2015 年第 12 期。
38. 王迁:《搜索引擎提供"快照"服务的著作权侵权问题研究》,载《东方法学》2010 年第 3 期。
39. 孔祥俊:《论侵权行为的归责原则》,载《中国法学》1992 年第 5 期。
40. 阮开欣:《欧盟版权法下的文本与数据挖掘例外》,载《图书馆论坛》2019 年第 12 期。
41. 宁立志、王宇:《叫停网络音乐市场版权独家交易的竞争法思考》,载《法学》2018 年第 8 期。
42. 熊琦:《〈美国音乐现代化法案〉制度创新评介》,载微信公众号"百家号"2018 年 11 月 08 日,https://baijiahao.baidu.com/s?id=1616569862768630402&wfr=spider&for=pc。
43. "中国知识产权的刑事法保护及对欧盟经验的借鉴"课题组:《中国知识产权刑法保护的立法完善研究》,载赵秉志主编:《中国知识产权的刑事法保护及欧盟经验的借鉴》,法律出版社 2006 年版。
44. 王进:《欧盟〈数字化单一市场版权指令〉的例外与限制制度解读及对我国的启示》,载《科技与出版》2019 年第 10 期。
45. 焦萍:《欧盟文本与数据挖掘版权例外条款的法律框架评析》,载《编辑之友》2017 年第 10 期。
46. 樊佳怡:《欧盟有关文本和数据挖掘的法律框架》,载《信息资源管理学报》2016 年第 1 期。
47. 刘宇琼:《著作人格权的性质:历史和体系之思》,载《知识产权》2011 年第 9 期。
48. 李琛:《质疑知识产权之"人格财产一体性"》,载《中国社会科学》2004 年第 2 期。
49. 张伟君、张韬略:《署名权等于作者身份权吗?韩寒诉方舟子一案引发的思考》,载《电子知识产权》2012 年第 5 期。
50. 王迁:《论"法人作品"规定的重构》,载《法学论坛》2007 年第 6 期。
51. 张玲:《署名权主体规则的困惑及思考》,载《中国法学》2017 年第 2 期。

52. 冯术杰、崔国振:《法国专利无效程序解析》,载《电子知识产权》2010 年第 10 期。
53. 柳励和:《论作品署名权的转让》,载《湖南科技大学学报(社会科学版)》2009 年第 3 期。
54. 李胜利、武颖怡:《论人工智能生成内容的著作权保护——以两大体系为视角》,载《黑龙江工业学院学报(综合版)》2022 年第 7 期。
55. 张娜:《论著作人格权保护在美国的演绎》,载《知识产权》2012 年第 4 期。
56. 曹新明:《知识产权主体制度的演进趋向》,载《法商研究》2005 年第 5 期。
57. 程一方、黄玉烨:《商标专用权的理论缺陷与注册商标的信誉保护》,载《理论月刊》1998 年第 9 期。
58. 郑新建:《试论商誉权的法律属性》,载《河北法学》2000 年第 1 期。
59. 吴汉东:《试论知识产权的“物上请求权”与侵权赔偿请求权——兼论〈知识产权协议〉第 45 条规定之实质精神》,载《法商研究(中南政法学院学报)》2001 年第 5 期。
60. 廖中洪:《中美知识产权刑事保护的比较研究》,载《法律科学(西北政法大学学报)》1997 年第 3 期。
61. 张玲:《我国专利间接侵权的困境及立法建议》,载《政法论丛》2009 年第 2 期。
62. 朱冬:《知识产权间接侵权连带赔偿责任的反思与重构》,载《法律科学(西北政法大学学报)》2017 年第 6 期。
63. 杨立新:《网络平台提供者的附条件不真正连带责任与部分连带责任》,载《法律科学(西北政法大学学报)》2015 年 1 期。
64. 吴汉东:《论网络服务提供者的著作权侵权责任》,载《中国法学》2011 年第 2 期。
65. 刘平:《著作权“间接侵权”理论之检讨与展望》,载《知识产权》2018 年第 1 期。

66. 张玉敏:《侵害知识产权民事责任归责原则研究》,载《法学论坛》2003 年第 3 期。
67. 蒋志培:《TRIPS 协议肯定的知识产权侵权赔偿的归责原则和赔偿原则》,载《法律适用》2000 年第 10 期。
68. 郑成思:《侵害知识产权的无过错责任》,载《中国法学》1998 年第 1 期。
69. 李明发:《关于公平责任原则若干问题的探讨》,载《法律科学(西北政法学院学报)》1990 年第 3 期。
70. 周杰:《严格责任与无过错责任之源流初探——用比较的视角看两大法系侵权法的发展》,载《私法》2007 年第 1 期。
71. 潘维大:《美国侵权行为法归责原因之变动及发展趋势》,载《复旦民商法学评论》编委会编:《复旦大学民商法学评论》总第 2 期,法律出版社 2003 年版。
72. 邱聪智:《庞德民事归责理论之评价》,载《台大法学论丛》第 2 期(1982 年)。
73. 程啸:《侵权法中的"违法性"概念的产生原因》,载《法律科学(西北政法学院学报)》2004 年第 1 期。
74. 张玲:《论专利侵权损害赔偿损失的归责原则》,载《中国法学》2012 年第 2 期。
75. 王迁:《版权法保护技术措施的正当性》,载《法学研究》2011 年第 4 期。
76. 熊琦:《论"接触权"著作财产权类型化的不足与克服》,载《法律科学(西北政法大学学报)》2008 年第 5 期。
77. 金渝林:《论作品的独创性》,载《法学研究》1995 年第 4 期。
78. 王艳芳:《论侵害信息网络传播权行为的认定标准》,载《中外法学》2017 年第 2 期。
79. 石必胜:《论链接不替代原则——以下载链接的经济分析为进路》,载《科技与法律》2008 年第 5 期。
80. 沈木珠、乔生:《网络链接与我国信息网络传播权保护之辨析》,载《法律科学(西北政法学院学报)》2004 年第 4 期。

81. 崔国斌:《著作权法下移动网络内容聚合服务的重新定性》,载《电子知识产权》2014 年第 8 期。
82. 蔡元臻:《新媒体时代著作权法定许可制度的完善——以“今日头条”事件为切入点》,载《法律科学(西北政法学院学报)》2015 年第 4 期。
83. 张庆玲:《新闻聚合类应用程序的版权问题研究——以“今日头条”为例》,载《中国广播》2015 年第 8 期。
84. 龙井瑢:《探析链接版权法律责任在欧盟和英国的新发展——兼评中国相关版权司法实践》,载《法学杂志》2014 年第 12 期。
85. 王迁:《“今日头条”著作权侵权问题研究》,载《中国版权》2014 年第 4 期。
86. 张红斌、左玉茹:《简评〈关于规范网络转载版权秩序的通知〉》,载君合法评网 2015 年 5 月 13 日,https://www.junhe.com/law-reviews/35。
87. 彭桂兵:《再论网络转载立法的历史变迁及动因——基于版权法哲学的阐释》,载《中国出版》2016 年第 9 期。
88. 冯晓青、邓永泽:《数字网络环境下著作权默示许可制度研究》,载《南都学坛》2014 年第 5 期。
89. 杨圣坤:《合同法上的默示条款制度研究》,载《北方法学》2010 年第 2 期。
90. 马德帅、刘强:《网络著作权默示许可研究》,载《中国出版》2015 年第 17 期。
91. 刘滢:《谁动了传统媒体的“奶酪”——美国报业与网络媒体的版权之争》载《新闻与写作》2009 年第 6 期。
92. 赵杨佩:《“剪报”服务的合理使用问题分析——以美联社诉融文集团案为视角》,载《知识经济》2015 年第 4 期。
93. 吕炳斌:《网络时代的版权默示许可制度——两起 Google 案的分析》,载《电子知识产权》2009 年第 7 期。
94. 张今、陈倩婷:《论著作权默示许可使用的立法实践》,载《法学杂志》2012 年第 2 期。

95. 万琦:《论英国版权法上的独创性》,载《知识产权》2017 年第 11 期。
96. 梅术文:《“谷歌税”的著作权意蕴及其展望》,载《编辑之友》2017 年第 8 期。
97. 李捷:《论网络环境下的著作权默示许可制度》,载《知识产权》2015 年第 5 期。
98. 赵莉:《质疑网络版权中“默示许可”的法律地位》,载《电子知识产权》2003 年第 12 期。
99. 尹卫民:《著作权默示许可的法律性质分析》,载《西南石油大学学报(社会科学版)》2014 年第 1 期。
100. 冯晓青、邓永泽:《数字网络环境下著作权默示许可制度研究》,载《南都学坛》2014 年第 5 期。
101. 华鹰:《数字出版环境下著作权默示许可制度的构建》,载《重庆工商大学学报(社会科学版)》2018 年第 1 期。
102. 刘志刚:《博客作品适用版权授权方式的可行性分析》,载《知识产权》2006 年第 4 期。
103. 罗施福:《海峡两岸专利无效制度之比较》,载《政法学刊》2010 年第 4 期。
104. 冯晓青、周鹏博:《网络新闻转载及其法律规制探析》,载《南都学坛》2019 年第 1 期。
105. 尤杰:《网络新闻转载规制的正当性边界——以〈关于规范网络转载版权秩序的通知〉为例》,载《新闻记者》2016 年第 4 期。
106. 田宏杰:《侵犯专利权犯罪刑事立法之比较研究——兼及我国专利权刑法保护的完善》,载刘科、程书兵编著:《侵犯知识产权犯罪专题整理》,中国人民公安大学出版社 2008 年版。
107. 左萌、孙方涛、郭风顺:《浅析美国专利无效的双轨制》,载《知识产权》2013 年第 12 期。
108. 刘点、肖冬梅:《日本专利异议制度回归缘由及其启示》,载《湘潭大学学报(哲学社会科学版)》2018 年第 3 期。

109. 任军民:《从法国和欧盟对文学艺术知识产权的刑法保护看中国有关立法的不足》,载赵秉志主编:《中国知识产权的刑事法保护及对欧盟经验的借鉴》,法律出版社 2006 年版。

110. 卢海君:《著作权法语境中的"创作高度"批判》,载《社会科学》2017 年第 8 期。

111. 冯术杰、崔国振:《法国专利无效程序解析》,载《电子知识产权》2010 年第 10 期。

112. 汤宗舜:《回忆专利法的起草》,载刘春田主编:《中国知识产权二十年》,专利文献出版社 1998 年版。

113. 李菊丹:《论知识产权侵权行为的刑事责任》,载搜狐网 2019 年 3 月 5 日,https://www.sohu.com/a/299289959_648952。

114. 曲平:《刑法干预必须把握"速度性"》,载《政治与法律》1995 年第 2 期。

115.《美国最高法院宣布将不再接受谷歌图书扫描案的上诉请求》,载观察者网,https://www.guancha.cn/america/2016_04_19_357462.shtml。

116. 腾讯研究院高级研究员等:《中国自媒体商业化的集体烦恼:从广告到电商,到底该如何变现?》,载虎嗅网 2016 年 7 月 4 日,https://www.huxiu.com/article/154803.html。

117. Matthias Leistner, *Europe's Copyright Decade: Recent Case Law of the European Court of Justice and Policy Perspectives*, Common Market Law Review, Vol. 51 (2014).

118. Daniel J. Gervais, *Feist Goes Global: A Comparative Analysis of the Notion of Originality in Copyright Law*, Journal of Copyright Society of the USA, Vol. 49 (2002).

119. William N. Eskridge, Jr., *Politics without Romance: Implications of Public Choice Theory for Statutory Interpertation*, Virgina Law Review, Vol. 74 (1988).

120. Ginsbrug, Jane C., *A Tale of Two Copyrights: Literary Property in Revolutionary France and America*, Tulane Law Review, Vol. 6 (1990).

121. *Copyright Royalty Board News* , Content Govdelivery (Jan. 29, 2018), https://content. govdelivery. com/accounts/USLOC/bulletins/1d6a528.

122. Michael Staines, *The European Parliament Has Passed Controversial New Copyright Laws that Critics Have Warned Could Threaten the Nature of the Internet*, Newstalk (June 26, 2019), https://www. newstalk. com/news/eu – controversial – copyright – 841506.

123. Council of the EU, *Copyright rules for the digital environment: Council Agrees its position*, Consilium Europa (May. 25, 2018), https://www. consilium. europa. eu/en/press/press – releases/2018/05/25/copyright – rules – for – the – digital – environment – council – agrees – its – position/.

124. IFLA, *IFLA Statement on Text and Data Mining*, IFLA Org (May. 11, 2015), http://www. ifla. org/publications/ifla – statementon – text – and – mining – 2013.

125. Jane C. Ginsburg, *From Having Copies to E. rpriencing Works: the DevelоPment of an Aceess Right in U. S. Copy – right Law*, Journal of the Copyright Soeiety of the USA, Vol. 50(2003).

126. OECD, *Participative Web and User – Created Content (UCC): New Report from Organization for Economic Co – operation and Development*, OECD Org (Oct. 23, 2008), http://www. biac. org/members/iccp/mtg/2008 – 06 – seoul – min/9307031E. pdf.

127. Charles W. Adams, *Indirect Infringement from a Tort Law Perspective*, U. Rich. L. Rev. , Vol. 42 (2007).

128. Dmitry Karshted, *Damages for Patent Indirect Infringement*, Wash. U. L. Rev. , Vol. 91 (2014).

129. Orit Afori, *Implied License: An Emerging New Standard in Copyright Law*, Santa Clara High Tech. L. J. , Vol. 39 (2008).

130. *Google Library Project Raises Serious Questions for Publishers and Authors*, Association of American Publisher Press, 2005.

131. Burkitt, Daniel, *Copyrighting Culture – the History and Cultural Specificity of the Western Model of Copyright*, Intellectual Property Quarterly, 2001.

二、专著

1. 张玲玲:《网络服务提供者侵犯著作权责任问题研究》,中国人民大学出版社 2019 年版。
2. 王晋:《网络服务提供者著作权侵权责任研究》,知识产权出版社 2016 年版。
3. 王迁:《知识产权法教程》(第 7 版),中国人民大学出版社 2021 年版。
4. [澳]彼得・德霍斯:《知识财产法哲学》,周林译,商务印书馆 2017 年版。
5. 李扬:《知识产权法基本原理Ⅱ——著作权法》,中国社会科学出版社 2013 年版。
6. 孔祥俊:《网络著作权保护法律理念与裁判方法》,中国法制出版社 2015 年版。
7. 张新宝:《侵权责任法》,中国人民大学出版社 2016 年版。
8. [德]图比亚特・莱特:《德国著作权法》,张怀岭、吴逸越译,中国人民大学出版社 2019 年版。
9. 邓洁、崔利刚:《中国发明专利无效行为及专利权稳定性研究》,科学出版社 2018 年版。
10. [德]M. 雷炳德:《著作权法》,张恩民译,法律出版社 2005 年版。
11. 李明德:《美国知识产权法》,法律出版社 2014 年版。
12. 李扬:《知识产权法总论》,中国人民大学出版社 2008 年版。
13. [德]马克斯・韦伯:《新教伦理与资本主义精神》,马奇炎、陈婧译,北京大学出版社 2012 年版。
14. 王迁:《知识产权法教程》,中国人民大学出版社 2011 年版。
15. 徐瑄:《知识产权的对价理论》,法律出版社 2013 年版。
16. 何敏:《知识产权基本理论》,法律出版社 2011 年版。

17. 郑成思:《知识产权法》,法律出版社 2003 年版。
18. 张俊浩主编:《民法学原理》(修订第 3 版)(下册),中国政法大学出版社 2000 年版。
19. 王利明:《人格权法》,中国人民大学出版社 2016 年版。
20. 杨立新:《人格权法》,法律出版社 2015 年版。
21. 魏振瀛主编:《民法》,北京大学出版社、高等教育出版社 2010 年版。
22. 郑成思主编:《知识产权——应用法学与基本理论》,人民出版社 2005 年版。
23. 齐效斌:《人的自我发展与符号形式的创造》,中国社会科学出版社 2002 年版。
24. [澳]布拉德·谢尔曼、[英]莱昂内尔·本特利:《现代知识产权法的演进》,金海军译,北京大学出版社 2006 年版。
25. [法]克洛德·科隆贝:《世界各国著作权和邻接权的基本原则——比较法研究》,高凌瀚译,上海外语教育出版社 1995 年版。
26. 胡康生主编:《中华人民共和国著作权法释义》,法律出版社 2002 年版。
27. 世界知识产权组织编:《WIPO 著作权与邻接权法律术语汇编》,刘波林译,北京大学出版社 2007 年版。
28. 刘春田主编:《知识产权法》,中国人民大学出版社 2014 年版。
29. 韦之:《著作权法原理》,北京大学出版社 1998 年版。
30. [日]半田正文、纹谷畅男编:《著作权法 50 讲》,魏启学译,法律出版社 1990 年版。
31. 吴汉东等:《知识产权基本问题研究》,中国人民大学出版社 2005 年版。
32. 李琛:《知识产权片论》,中国方正出版社 2004 年版。
33. 吴汉东主编:《知识产权法》,法律出版社 2014 年版。
34. [日]吉藤幸朔:《专利法概论》,宋永林、魏启学译,专利文献出版社 1990 年版。
35. [日]青山纮一:《日本专利法概论》,聂宁乐译,知识产权出版社 2014 年版。

36.《日本专利法》(第2版),杜颖译,经济科学出版社2009年版。
37. 程合红:《商事人格权论——人格权的经济利益内涵及其实现与保护》,中国人民大学出版社2002年版。
38. 吴汉东、胡开忠:《无形财产权制度研究》,法律出版社2005年版。
39. 关今华:《精神损害的认定与赔偿》,人民法院出版社1996年版。
40.《日本商标法》,李扬译,知识产权出版社2011年版。
41. 赵春兰:《知识产权侵权诉讼疑难问题研究》,法律出版社2013年版。
42. 阳平:《论侵害知识产权的民事责任——从知识产权特征出发的研究》,中国人民大学出版社2005年版。
43. 史尚宽:《债法总论》,中国政法大学出版社2000年版。
44. 王泽鉴:《侵权行为》,北京大学出版社2009年版。
45. 王利明:《侵权责任法研究》(第2版)(上卷),中国人民大学出版社2016年版。
46. 张新宝:《中国侵权行为法》,中国社会科学出版社1998年版。
47. 李明德、闫文军、黄晖、郃中林:《欧盟知识产权法》,法律出版社2010年版。
48. 杨立新:《侵权法论》,人民法院出版社2004年版。
49. [德]克雷斯蒂安·冯·巴尔:《欧洲比较侵权行为法》(上卷),张新宝、焦美华译,法律出版社2001年版。
50. 王利明:《侵权行为法归责原则研究》,中国政法大学出版社1992年版。
51. 杨立新:《侵权法论》,吉林人民出版社1998年版。
52. 赵秉志、田宏杰:《侵犯知识产权犯罪比较研究》,法律出版社2004年版。
53.《美国专利法》,易继明译,知识产权出版社2015年版。
54.《法国知识产权法典:法律部分》,黄晖译,商务印书馆1999年版。
55. 刘科:《中国知识产权刑事保护国际化研究》,中国人民公安大学出版社2009年版。
56. 吴汉东、胡开忠等:《走向知识经济时代的知识产权法》,法律出版社2002年版。

57. 吴汉东:《著作权合理使用制度研究》,中国政法大学出版社 2005 年版。
58. 李明德、许超:《著作权法》,法律出版社 2003 年版。
59. 王迁:《网络版权法》,中国人民大学出版社 2008 年版。
60. 王利明主编:《民法·侵权行为法》,中国人民大学出版社 1993 年版。
61. 杨立新主编:《类型侵权行为法研究》,人民法院出版社 2006 年版。
62. 范长军:《德国专利法研究》,科学出版社 2010 年版。
63. 龙井瑢:《网络传播中的版权侵权责任比较研究》,人民出版社 2018 年版。
64. 杨立新:《侵权责任法》,法律出版社 2015 年版。
65. [德]鲁道夫·冯·耶林:《罗马私法中的过错要素》,柯伟才译,中国法制出版社 2009 年版。
66. 王泽鉴:《不当得利》,北京大学出版社 2009 年版。
67. 黄立:《民法债编总论》,中国政法大学出版社 2002 年版。
68. 张新宝:《侵权责任法原理》,中国人民大学出版社 2005 年版。
69. 邱聪智:《民法研究(一)》,中国人民大学出版社 2002 年版。
70. 郑成思:《知识产权论》,社会科学文献出版社 2007 年版。
71. [美]约翰·G. 斯普兰克林:《美国财产法精解》,钟书峰译,北京大学出版社 2009 年版。
72. 徐爱国:《英美侵权行为法学》,北京大学出版社 2004 年版。
73. 欧洲侵权法小组编著:《欧洲侵权法原则:文本与评注》,于敏、谢鸿飞译,法律出版社 2009 年版。
74. 王利明:《侵权行为法归责原则研究》(修订 2 版),中国政法大学出版社 2004 年版。
75. [美]博登海默:《法理学法律哲学与法律方法》,邓正来译,中国政法大学出版社 1999 年版。
76. 于敏:《日本侵权行为法》,法律出版社 1998 年版。
77. 梁慧星、陈华彬编著:《物权法》,法律出版社 2003 年版。
78. 江平主编:《民法学》,中国政法大学出版社 2000 年版。

79. 张大伟主编:《美国版权法》,王智丽、杨丽娟、俞峥译,东方出版中心 2019 年版。
80. 穆伯祥:《知识产权刑法保护要论》,知识产权出版社 2016 年版。
81. 曲三强:《知识产权法原理》,中国检察出版社 2004 年版。
82. 王迁、[荷]Lucie Guibault:《中欧网络著作权保护比较研究》,法律出版社 2008 年版。
83. 乔生:《信息网络传播权研究》,法律出版社 2004 年版。
84. 郭威:《版权默示许可制度研究》,中国法制出版社 2014 年版。
85. [美]约纳森·罗森诺:《网络法:关于因特网的法律》,张皋彤等译,中国政法大学出版社 2003 年版。
86. 薛虹:《网络时代的知识产权法》,法律出版社 2000 年版。
87. [美]Jay Dratler Jr. :《知识产权许可》(上册),王春燕等译,清华大学出版社 2003 年版。
88. 江必新主编:《最高人民法院司法解释与指导性案例理解与适用》(第 4 卷),人民法院出版社 2016 年版。
89. 杨兴培、李翔:《经济犯罪和经济刑法研究》,北京大学出版社 2009 年版。
90. 于阜民:《专利权的刑事保护》,社会科学文献出版社 2005 年版。
91. 聂洪勇:《知识产权的刑法保护》,中国方正出版社 2000 年版。
92. 赵永红:《知识产权犯罪研究》,中国法制出版社 2004 年版。
93. 刘科、程书兵编著:《侵犯知识产权犯罪专题整理》,中国人民公安大学出版社 2008 年版。
94. 谢铭洋:《智慧财产法》,台北,元照出版有限公司 2008 年版。
95. 荣守宇主编:《专利法教程》,大连工学院出版社 1986 年版。
96. 魏东主编:《侵犯知识产权罪立案追诉标准与司法认定实务》,中国人民公安大学出版社 2010 年版。
97. 高铭暄、马克昌主编:《刑法学》(第 6 版),北京大学出版社、高等教育出版社 2000 年版。
98. 党建军主编:《侵犯知识产权罪》,中国人民公安大学出版社 2003 年版。

99. 苏惠渔主编:《刑法学》,中国政法大学出版社 1997 年版。
100. 吴汉东主编:《知识产权法学》,北京大学出版社 2000 年版。
101. 柏浪涛:《侵犯知识产权罪研究》,知识产权出版社 2011 年版。
102. [意]杜里奥·帕多瓦尼:《意大利刑法学原理》,陈忠林译,法律出版社 1998 年版。
103. 林子仪:《言论自由与新闻自由》,台北,月旦出版社 1993 年版。
104. Paul Richard,*Law of Contrac*,Law Press,2003.
105. Paul Goldstein,Marketa Trimble,*International Intellectual Property*,Foundation Press,2012.
106. Paul Goldstein, *Goldstein on Copyright*, Aspen Publishers, 2010.
107. D. I. Brainbridge, *Intellectual Property*, 4th edition, Financial Times & Pitman Publishing, 1999.
108. Jonathan Roenoer ,*Cyber Law—the Law of the Internet*, Springer - verlang New York Inc. , 1997.
109. Matbias Leistner,*Common Principles Secondary Liability? Commom Principles of European Intellceutal Property Law*, Mohr Siebeck, 2012.
110. European Group on Tort Law, *Principles of European Tort Law: Text and Commentary*, Springer, 2005.
111. Jane C. Ginsburg, *From Having Copies to E. rpriencing Works: the DeveloPment of an Aceess Right in U. S. Copy - right Law*, Journal of the Copyright Soeiety of the USA, Vol. 50(2003).

三、学位论文

1. 尹卫民:《著作权默示许可研究》,厦门大学 2019 年博士学位论文。
2. 王虎:《专利确权制度研究》,西南政法大学 2016 年博士学位论文。
3. 杨帆:《知识产权刑法的面向:强化和适正》,上海交通大学 2016 年博士学位论文。
4. 石妮婧:《“转换性使用”与著作权限制适用研究》,清华大学 2015 年硕士学位论文。

5. 王玮婧:《网络著作权侵权认定中的默示许可研究》,华东政法大学 2012 年硕士学位论文。

6. 马嘉楠:《我国知识产权善意侵权制度研究》,浙江师范大学 2016 年硕士学位论文。

7. 范丹丹:《基于成本收益理论的专利权刑法保护研究》,中原工学院 2021 年硕士学位论文。

8. 席建荣:《知识产权善意取得制度研究》,兰州大学 2014 年硕士学位论文。

四、案例判决

1. 北京菲林律师事务所诉北京百度网讯科技有限公司侵害署名权、保护作品完整权、信息网络传播权纠纷案,北京互联网法院(2018)京 0491 民初 239 号民事判决书。

2. 北京菲林律师事务所诉北京百度网讯科技有限公司侵害署名权、保护作品完整权、信息网络传播权纠纷案,北京知识产权法院(2019)京 73 民终 2030 号民事判决书。

3. 央视国际有限公司诉暴风股份有限公司侵害著作权纠纷案,北京市高级人民法院(2020)京民再字 127 号民事判决书。

4. 央视国际网络有限公司诉暴风集团股份有限公司侵害著作权纠纷案,北京知识产权法院(2015)京知民终字第 1055 号民事判决书。

5. 英特莱格公司诉乐高(天津)玩具有限公司、北京市复兴商业城著作权纠纷案,最高人民法院(2013)民申字第 1334 号裁定书。

6. 央视国际网络有限公司诉暴风集团股份有限公司侵害著作权纠纷案,北京知识产权法院(2015)京知民终字第 1055 号民事判决书。

7. 庄则栋等诉上海隐志网络科技有限公司侵害信息网络传播权纠纷上诉案,上海市第一中级人民法院(2011)沪一中民五(知)终字第 33 号民事判决书。

8. 正东唱片娱乐有限公司诉 Chinamp3 com 网案,北京市第一中级人民法院

(2004)一中民初字第400号民事判决书。

9. Chinamp3 com 网诉正东唱片娱乐有限公司案,北京市高级人民法院(2004)民终字第713号民事判决书。

10. 北京慈文影视制作公司诉北京正乐佳科技公司案,北京市海淀区人民法院(2005)民初字第21822号民事判决书。

11. 裴立、刘蔷诉山东景阳冈酒厂侵犯“武松打虎”著作权案,北京市第一中级人民法院(1997)一中知终字第14号民事判决书。

12. 魏明伦、王持久、陈翔宇诉帝豪集团、标格公司、未来公司著作权侵权案,北京市海淀区人民法院(2002)海民初字第4933号民事判决书。

13. 华纳唱片公司诉百度公司侵犯信息网络传播权案,北京市第一中级人民法院(2008)一中民初字第5026号民事判决书。

14. 环球唱片公司诉百度公司侵犯信息网络传播权纠纷案,北京市第一中级人民法院(2008)一中民初字第5043号民事判决书。

15. 索尼唱片公司诉百度公司侵犯信息网络传播权案,北京市第一中级人民法院(2008)一中民初字第5154号民事判决书。

16. 正东唱片诉世纪悦博侵犯信息网络传播权纠纷案,北京市高级人民法院(2004)高民终字第713号民事判决书。

17. 北京三面向版权代理有限公司诉青海省发展和改革委员会侵犯著作权案,西宁市中级人民法院(2006)宁民三初字第21号民事判决书。

18. 北京三面向版权代理有限公司诉青海省发展和改革委员会侵犯著作权案,青海市高级人民法院(2007)青民三终字第7号民事判决书。

19. 经济参考报社诉广州网易计算机系统有限公司侵害作品信息网络传播权案,广东省广州市中级人民法院(2014)穗中法知民终字第1020号民事判决书。

20. 北京字节跳动科技有限公司与江苏现代快报传媒有限公司、江苏现代快报传媒有限公司无锡分公司等著作权权属、侵权纠纷案,江苏省高级人民法院(2018)苏民终588号民事判决书。

21. 正东唱片公司诉百度公司侵犯信息网络传播权案,北京市第一中级人民法院(2005)一中民初字第 7978 号民事判决书。

22. 北大方正公司诉广州宝洁公司等侵犯著作权纠纷上诉案,北京市第一中级人民法院(2011)一中民终字第 5969 号民事判决书。

23. 浙江泛亚电子商务有限公司诉百度公司侵犯著作权案,北京市高级人民法院(2007)高民初字第 1201 号民事判决书。

24. 北京微梦创科网络技术有限公司诉北京淘友天下技术有限公司等利用脉脉软件经营不正当竞争案,北京知识产权法院(2016)京 73 民终 588 号民事判决书。

25. 淘宝(中国)软件有限公司诉安徽美景信息科技有限公司不正当竞争案,浙江省杭州市中级人民法院(2018)浙 01 民终 7312 号民事判决书。

26. Naruto v. David John Slater,2016 U. S. Dist. LEXIS 11041.

27. Feist Publications. ,Inc. v. Rural Telephone Service, 499 U. S. 340(1991).

28. Bleistein ,Inc. v. Donaldson Lithographing Co. , 188 U. S. 239(1903).

29. Campbell v. Acuff – Rose Music, Inc. , 510 U. S. 569, 114 S. Ct. 1164, U. S. 1994.

30. Kelly v. ArribaSoft Corp. , 336F. 3d 811(9th Cir. ,2003).

31. Sony Corp of American v. Universal City Studios, Inc. , 464 U. S. 417,220 USPQ 665(1984).

32. Gershwin Publ' g Corp v. Columbia Artists Mgmt. , Inc. ,443 F. 2d 1159 (2d Cir. 1971).

33. Metro – Goldwyn – Mayer Studios, Inc. v. Grokster, Ltd. ,545 U. S. 913 (2005).

34. Columbia Pictures Television v. Krypton Broad. of Birmingham, Inc. , 106 F. 3d 284,294(9th Cir. 1997).

35. Perfect 10 v. Google,Inc. ,416 F. Supp. 2d 828(C. D. Cal. 2006).

36. ABC v. Aereo,134 S. Ct. 2498(2014).

37. Field v. Google,Inc. , 412 F. Supp. 2d 1106(2006).

38. Authors Guild v. Google,Inc. , 804 F. 3d 202(2nd Cir. 2015).

39. Authors Guild v. Google, Inc. ,954 F. Supp. 2d. 282(2013).

40. Authors Guild v. Google, Inc. ,98 U. S. P. Q. 2D(BNA)1229.

41. Shetland Times Ltd. v. Dr. Jonathan Willis and Zetnews Ltd. , Scotland Court of Sessions(Oct. 24, 1996).

五、法律法规

1. 2020 年修订的中国《专利法》。

2. 2020 年修订的中国《著作权法》。

3. 2013 年修订的中国《商标法》。

4. 2010 年修订的中国《著作权法》。

5. 2013 年修订的中国《信息网络传播权保护条例》。

6. 中国《反不正当竞争法(修订草案征求意见稿)》。

7. European Commissoin, Copyright and Related Rights in the Information Society – Green Paper, COM(95)382 final, 1995.

8. Eu Database Directive.

9. European Commission, Proposal for a Directive of the European Parliament and of the Council on copyright in the Digital Single Market.

10. The European Parliament and the Council of the European Union. Directive (EU)2019/790 of the European Parliament and of the Council of 17 April 2019 on Copyright and Related Rights in the Digital Single Market and Amending Directives.

11. Digital Performance Rights in Sound Recordings Act(1995).

后　记

在新冠疫情结束之后，终于完成本书的初稿。未料想仅一年之后，科技发展取得了重大的突破，能够根据语言提示自动生成文本、绘画乃至视频的人工智能技术先后问世。人工智能技术的重大进展对于知识产权法学领域产生了重大影响，也引发前所未有的分歧。生成式 AI 产生的成果是否受版权保护，共享文化成果的公共利益与激励创新的私益界限如何公平分割等问题，在法学研究及司法实践领域均产生了诸多纷争。相似案情的判决迥然相异，法学大家对同一事件的评判截然不同。知识产权法的发展似乎因技术的突破来到了一个临界点。我们对待新生事物应本着知识产权法基本的利益平衡原则，在新技术背景下探求新的平衡模式，不能固执迷恋激励创新的初衷主导下的旧有模式。知识产权法的发展既要有利于新技术、新产业的发展，也应考虑知识文化的传播共享，实现人类社会利益的最大化。我们应当在更宏大和宽广的视角下，重新寻求人类进步与维护知识产权私益的平衡点。

路漫漫其修远兮，吾等将上下而求索。

全红霞

2024 年 4 月